해국도지【三】

海國圖志 三

해국도지 海國圖志 【三】

초판 1쇄 인쇄 2021년 10월 15일
초판 1쇄 발행 2021년 10월 25일

—

저 자 | 위원魏源
역주자 | 정지호 · 이민숙 · 고숙희 · 정민경
발행인 | 이방원
발행처 | 세창출판사

신고번호 · 제1990-000013호
주소 · 03736 서울특별시 서대문구 경기대로 58 경기빌딩 602호
전화 · 02-723-8660 팩스 · 02-720-4579
홈페이지 · http://www.sechangpub.co.kr 이메일 · edit@sechangpub.co.kr

—

ISBN 979-11-6684-053-1 94900
ISBN 979-11-6684-040-1 (세트)

—

이 역주서는 2017년 대한민국 교육부와 한국연구재단의 지원을 받아 수행된 연구임.
(NRF-2017S1A5A7020082)

—

이 책은 한국연구재단의 지원으로 세창출판사가 출판, 유통합니다.
잘못 만들어진 책은 구입하신 서점에서 바꾸어 드립니다.

해국도지

海國圖志

【三】

(권4)

위원魏源 저

정지호 · 이민숙 · 고숙희 · 정민경 역주

세창출판사

옮긴이의 말

『해국도지』 출판 배경

1839년 호광총독湖廣總督 임칙서林則徐(1785~1850)는 도광제道光帝(재위 1820~1850)의 특명을 받고 아편 무역을 단속하기 위해 흠차대신欽差大臣(특정한 사항에 대해 황제의 전권을 위임받아 처리하는 대신)으로 광주廣洲에 파견되었다. 그의 목적은 아편 수입의 급증에 따른 경제적 혼란과, 관료와 군인들의 아편 흡입으로 제국의 기강이 무너지는 것을 방지하기 위한 것이었다. 광주에 도착한 임칙서는 외국 상인에게서 약 2만여 상자의 아편을 몰수한 후 석회를 섞어 소각해서 바다로 흘려보냈다. 아편 1상자가 약 1백 명이 1년간 상용할 수 있는 양이라고 하니 당시 소각한 아편은 엄청난 양이었음을 알 수 있다.

임칙서는 아편을 단속하는 한편, 서양 정세에도 깊은 관심을 기울였다. 그러나 당시 서양의 실상을 알기 위한 중국 서적이 거의 없는 상황에서 그는 서양 사정에 관한 다양한 자료를 수집하여 번역하는 작업에 착수했다. 번역 팀은 양진덕梁進德, 원덕휘袁德輝, 아맹亞孟, 임아적林亞適 등으로 구성되었다. 이 중 양진덕은 중국 최초의 기독교 선교사로서 『권세양언勸世良言』을 저술한 양발梁發의 아들이다. 독실한 기독교 가정에서 자란 그는 미국인 선교사 엘리자 콜먼 브리지먼Elijah Coleman Bridgman으로부터 영어를 배웠다고 한다.

임칙서는 수집한 자료 중에서 영국인 휴 머레이Hugh Murray(중국명 모단慕端)가 저술한 『세계지리대전*The Encyclopaedia of Geography*』(London, 1834)을 번역하게 한 후 이를 윤색하여 『사주지四洲志』를 편찬했다. 『사주지』는 원저의 요점을 간추려서 20분의 1 분량으로 요약했다고 하는데, 임칙서가 윤색에 어느 정도 관여했는지는 명확하지 않다. 임칙서는 1841년 6월에 아편전쟁의 책임을 지고 이리伊犁로 좌천되었는데, 도중 양주揚洲 근처 경구京口(강소성 진강鎭江)에서 위원을 만나 『사주지』를 비롯해 그동안 수집한 다양한 자료 등을 전해 주었다.

공양학자公羊學者이면서 일찍부터 해방海防에 관심이 높았던 위원은 임칙서가 전해 준 『사주지』 등의 자료를 토대로 1년 만인 1842년 『해국도지海國圖志』 50권본을 출간했다. 그 후 1847년에는 60권본으로 증보 개정했고, 1852년에는 방대한 분량의 100권 완간본을 출간했다. 『해국도지』는 그 서명에서도 알 수 있듯이 대륙 중심의 중국이 처음으로 해양을 통한 세계 여러 나라에 관심을 기울이게 된 기념비적인 서적이라고 할 수 있다.

위원은 『해국도지』 서문에서 이 서적의 특징에 대해 "이전 사람들의 책이 모두 중국인의 입장에서 서양을 언급한 것이라면, 이 책은 서양인의 관점에서 서양을 언급한 것이다"라고 밝히고 있다. 나아가 "서양의 힘을 빌려 서양을 공격하고(以夷攻夷), 서양의 힘을 빌려 서양과 화친하며(以夷款夷), 서양의 뛰어난 기술을 배워(爲師夷長技) 서양을 제압하기 위해서 저술한 것이다(以制夷而作)"라고 언급하고 있다. 당시 중화사상에 입각해 외국에 배운다고 하는 것에 저항감이 있었던 중국의 현실에서 위원은 서양을 제압하기 위해서는 서양의 뛰어난 기술을 배울 필요가 있다고 호소한 것이다. 근대 계몽사상가인 량치차오梁啓超는 『중국근삼백년학술사中國近三百年學術史』에서 『해국도지』에 대해 "근래 백 년 동안 중국의 민심을 지배했고, 오늘날까지 그 영향력이 적지 않을 뿐만 아니라 … 중국 사대부의 지리에 관한 지식은 모두 이 책에서 비롯되었다"라고 높게 평가하고 있다.

위원의 생애

위원魏源(1794~1857)은 청대 정치가이며 계몽사상가이다. 호남성湖南省 소양邵陽 사람으로, 자는 묵심默深, 묵생墨生, 한사漢士이며, 호는 양도良圖이다. 그의 아버지 위방로魏邦魯(1768~1831)는 강소성 가정현嘉定縣 등에서 지방관을 역임했다. 위원은 주로 강소성 지역에서 활동하면서 해방에 대해 관심이 높았는데, 이러한 해방 의식의 형성 배경에는 이 지역이 해상으로부터 피해를 입기 쉬운 곳이라는 지역적 특성이 작용한 듯하다.

위원은 유봉록劉逢祿으로부터 공양학公羊學을 전수받았다. 공양학은 『춘추공양전春秋公羊傳』에 입각하여 성인의 미언대의微言大義(간결한 언어로 심오한 대의를 논하는 것)를 연구하는 학문이다. 그는 특히 동중서董仲舒 『춘추번로春秋繁露』의 미언대의 중에서 '도道'와 '세勢'의 관계에 주목했다. 도뿐만 아니라 세를 중시하는 그의 사상은 세상을 일대 변국으로 보고 다양한 정치 개혁을 착수하는 데 밑거름이 되었던 것이다.

위원은 도광 2년(1822) 향시鄕試에 합격해 거인擧人이 되었으나 이후 거듭되는 과거 시험의 낙방으로 결국은 연납捐納을 통해 관직에 진출했다. 이후 내각중서內閣中書로 일하면서 황실 도서를 이용할 수 있게 되어 이를 바탕으로 『성무기聖武記』를 저술했다. 이 책은 위원이 10여 년의 시간을 들여 청조의 홍기에서 아편전쟁에 이르기까지 국내의 여러 반란이나 주변 민족의 평정 등에 대해 서술한 것으로 청조의 전법戰法, 군사, 재정에 대해 종합적으로 논한 것으로 평가되고 있다. 위원은 37세가 되던 1830년 임칙서 등과 함께 선남시사宣南詩社를 결성했다. 이는 문인들의 모임이지만, 아편 엄금론을 주장한 황작자黃爵滋, 고증학자로 유봉록에게서 공양학을 전수받은 공자진龔自珍 등 당시로서는 개혁적 성향을 지닌 인사들의 교류 공간이었다. 위원은 1840년 아편전쟁이 발발하자 임칙서의 추천으로 양절총독 유겸裕謙의 막료로 들어갔다. 영국 장교 앤스트러더Anstruther를 만난 것은 바로 이 시기이다. 위원은 앤스트러더에게서 영국의 제반 상황을 전해 듣고 1841년 『영길리소기英吉利小記』라는 소책자를 출간하면서 서양에 대해 본격적인 관심을 기울였다. 마침 같은 해 아편전쟁 패배의 책임을 지고 이리로 좌천되어 가던 임칙서에게서

『사주지』를 비롯해 서양 관련 자료를 전해 받았다. 위원은 "서양 오랑캐를 물리치려면 먼저 서양 오랑캐의 실정을 자세하게 파악하는 데서 시작해야 한다(欲制外夷者, 必先悉夷情始)"(『해국도지海國圖志』 권1 「주해편籌海篇」)라는 인식하에 이듬해인 1842년 마침내 『해국도지』 50권본을 편찬하게 되었다.

위원은 도광 25년(1845)에 비로소 진사가 되어 고우현高郵縣 지주知洲를 지냈으나 만년에는 벼슬을 버리고 불교에 심취했다. 주요 저작으로는 『공양고미公羊古微』, 『동자춘추발미董子春秋發微』, 『춘추번로주春秋繁露注』, 『시고미詩古微』, 『서고미書古微』, 『원사신편元史新篇』, 『고미당시문집古微堂詩文集』, 『성무기』 등이 있는데, 경학經學, 사학史學, 지리학, 문학, 정치, 경제 및 군사 등 다방면의 내용을 다루고 있다.

『해국도지』의 판본

『해국도지』는 모두 3종의 판본이 있다. 50권본(1842), 60권본(1847), 100권본(1852)이 그것이다. 그 외, 후에 영 존 앨런Young John Allen에 의하여 20권본이 증보된 120권본이 있는데, 여기에서는 전자인 3종의 판본에 대해 설명한다.

1. 50권본

『해국도지』 50권본은 이 책의 「서敍」에 따르면, "도광 22년(1842), 임인년 가평월(음력 12월) 양주에서 내각중서 소양 사람 위원이 쓰다(道光二十有二載, 歲在壬寅嘉平月, 內閣中書魏源邵陽敍于揚洲)"라고 되어 있다. 즉 1842년 12월 57만 자에 이르는 『해국도지』 50권본이 처음으로 세상에 모습을 드러낸 것이다. 이 책에는 23폭의 지도와 8쪽에 이르는 서양 화포 도면이 수록되어 있다. 「서」에 따르면, 임칙서의 『사주지』를 토대로 더 많은 내용을 첨가해서 "동남양·서남양은 원서(『사주지』)에 비해 10분의 8이 늘어났고, 대소서양·북양·외대양은 원서(『사주지』)보다 10분의 6이 더 늘어났다(大都東南洋·西南洋, 增于原書者十之八, 大小西洋·北洋·外大洋增于原書者十之六)"라고 기록하고 있다.

2. 60권본

『해국도지』 60권본은 이 책의 「원서原敍」에 따르면 "도광 27년(1847)에 양주에서 판각되었다(道光二十七載刻于揚洲)"라고 기록하고 있다. 위원은 50권본을 출간한 이후 5년간의 노력 끝에 60여만 자로 확충해 『해국도지』 60권본을 편찬한 것이다. 이 책은 50권본에 비해 해외 각 나라의 당시 상황과 서양의 기예技藝 부분 1권을 8권으로 확충했는데, 위원에 따르면 임칙서가 번역한 서양인의 『사주지』와 중국 역대의 사지史志, 명明 이래의 도지島志 그리고 최근의 외국 지도와 외국 저술에 의거하여 편찬했다고 한다.

3. 100권본

『해국도지』 100권본은 "함풍 2년(1852)에 책 내용을 더 보태 100권본으로 만들어서 고우주에서 판각했다(咸豐二年重補成一百卷, 刊于高郵洲)"고 한다. 『해국도지』 「후서後敍」에 따르면 함풍 2년 88만 자로 확충해서 100권본을 출간했다고 언급하고 있는데, 이 책에서는 지도 75폭, 서양 기예 도면도가 57쪽, 지구천문합론도식地球天文合論圖式 7폭이 보충되었다. 이후 이를 정본으로 하여 위원의 사후에도 중국 각지에서 100권본에 대한 재간행이 이루어졌다. 그중에서 위원의 후손인 위광도魏光燾가 광서光緒 2년(1876)에 『해국도지』를 재간행했는데, 이 책에는 좌종당左宗棠의 서문이 실려 있다. 최근에는 지난대학暨南大學의 천화陳華 등이 주석을 단 악록서사본岳麓書社本(1988)이 간행되어 『해국도지』를 읽어 나가는 데 유익함을 주고 있다. 본 역주 작업은 광서 2년본 『해국도지』를 저본으로 삼아 악록서사본 및 그 외 판본 등을 참조하여 진행했음을 미리 밝혀 둔다.

『해국도지』의 구성 및 내용

『해국도지』의 구성은 다음과 같다.

권수	구성
권1~2	주해편籌海篇
권3~4	해국연혁각도海國沿革各圖
권5~70	동남양東南洋(동남아시아, 일본), 서남양西南洋(인도, 서·중앙아시아), 소서양小西洋(아프리카), 대서양大西洋(유럽), 북양北洋(러시아와 발틱 국가들), 외대서양外大西洋(남북아메리카)의 인문지리
권71~73	동서양 종교, 역법, 기년법 비교표
권74~76	세계 자연지리 총론: 오대주와 곤륜崑崙에 대한 서양의 지도 소개
권77~80	주해방론籌海總論-중국 저명인사의 해방론에 대한 상주문과 해방관련 글
권81~83	청대 신문잡지에 실린 대외 관련 기사
권84~93	해방을 위한 대포, 포탄 등 무기 12종에 관한 논의와 도설
권94~95	망원경 제작 방법 등 서양의 과학 기술에 대한 소개, 아편의 중국 수입 통계 등.
권96~100	지구천문합론地球天文合論, 칠정七政과 일월식日月蝕 등 14종의 지구과학적 자연현상에 대한 해설

각 권의 요지는 다음과 같다.

권1~2 주해편은 『해국도지』를 편찬하는 목적이라고 할 수 있는 해방론을 다룬 부분이다. 여기에서 위원은 아편전쟁에서 패한 교훈을 근거로 방어와 화친에 대해 논한다. 먼저 '방어란 무엇인가? 어떻게 방어할 것인가?'라는 문제에 대해 "바다를 지키는 것은 해구海口를 지키는 것만 못하고, 해구를 지키는 것은 내륙의 하천을 지키는 것만 못하다"라는 원칙하에 해안보다는 내지 하천의 방비를 강화할 것을 주장한다. 특히 안남국과 미얀마가 영국을 무찌른 사례를 들어 중국의 지세를 활용한 방어책의 중요성을 강조하며, 나아가 군사 모집의 방법과 용병술에 대해 서술하고 있다. 내부의 방어를 견고히 한 후 외국의 공격을 막기 위해서는 적을 이용해 적을 공격하는 이른바 '이이공이以夷攻夷'를 제기한다. 당시 적국인 영국과 사이가 좋지 않은 러시아와 프랑스를 끌어들여 영국을 견제하게 하는 방안이다. 이와 함께 해상전을 위해 광동과 복건 등지에 조선소를 건설해서 군함을 비롯한 선박을 제조하고 적합한 인재를 양성해 해군력을 강화할 것을 주장한다. 화친에 대해서는 단지 열강과의 충돌이 두려워 그들의 요구를 수용(예를 들면 아편 무역을 허용)하기보다는 대체 무역을 통해 그들의 이익을 보장해 주어 화친할 것을 논하고 있다.

권3~4에서는 동남아시아와 서남아시아·아프리카·대서양 유럽 및 남북아메리카의 연혁과 함께 지도를 수록하고 있다. 역사적으로는 지도를 통해 한대부터 위진 남북조, 당대, 원대까지 역대 사서에 기록된 서역 각 나라의 연혁을 서술하여 세계 각 나라의 지리를 한눈에 볼 수 있게 했다.

권5~18의 동남양에서는 역사적으로 중국과 관계가 깊은 베트남을 필두로 해서 태국, 미얀마[이상을 연안국(海岸諸國)으로 분류], 루손, 보르네오, 자와, 수마트라, 일본[이상을 섬나라(海島諸國)로 분류] 등 각 나라의 지리, 역사, 문화 특색 및 중국을 비롯한 서양 국가들과의 대외관계를 서술하고 있다. 동남아시아의 주요 국가를 기술하면서 일본을 포함시킨 이유에 대해 바다로부터 침입을 막은 해방의 경험이 있기 때문이라고 하며, 조선과 류큐는 해방과는 거리가 멀어 언급하지 않는다고 밝히고 있다. 그리고 베트남을 제일 먼저 서술하고 있는 것에 대해 베트남이 역사상 중요한 조공국인 것도 있지만, 그보다도 지리적 여건을 이용해 여러 차례 네덜란드를 비롯한 서양 선박을 물리친 사실에서 중국이 해방을 하는 데 유의할 만한 사례라고 언급하고 있다. 나아가 베트남에서 아편을 금지한 것도 일본에서 기독교를 금지한 것과 함께 높게 평가하고 있다. 이 동남양에서는 중국에서 동남아시아 제 지역으로 가는 항로에 대해서도 상세하게 소개하고 있어 마치 독자로 하여금 직접 여행하는 기분을 느끼게 해 준다.

권19~32에서는 서남양의 인도 및 서아시아에 대해 서술하고 있다. 먼저 인도를 동인도·서인도·남인도·북인도·중인도로 나누어 이들 지역에 존재했던 왕국의 지리, 역사, 문화 등에 대해 언급하고 아울러 중국을 비롯한 서양 국가들과의 대외관계에 대해 서술하고 있다. 그리고 영국 동인도 회사의 설립과 해산 과정, 영국 속지의 지리, 역사, 문화, 종교, 인구, 풍속 등을 기술하고 있다. 또한 페르시아, 유다 왕국, 터키의 지리, 역사, 문화 및 서양과의 대외관계에 대해 기술하고 있는데, 여기에서는 특히 천주교가 중국에 어떠한 경로를 통해 전래되었는지를 보여 주는 『대진경교유행중국비大秦景敎流行中國碑』 전문을 소개하고 있다. 위원은 천주교의 교리에 대해서도 많은 지면을 할애해서 소개하면서 그 교리의 문제점에 대해 비판적인 자세를 보이고 있다.

권33~36의 소서양에서는 아프리카대륙에 대한 전반적인 소개를 비롯해서 이집트, 에티오피아 등 아프리카대륙 국가들의 역사, 지리, 문화, 대외관계 등에 대해서 기술하고 있다. 특히 로마와 카르타고의 전쟁에 대해 상세하게 서술하고 있어 흥미롭다.

권37~53의 대서양에서는 유럽대륙에 대한 전반적인 소개를 하고 포르투갈을 필두로 해서 유럽 각 나라의 역사, 지리, 문화, 대외관계 등에 대해 기술하고 있다. 포르투갈 편에서는 옹정제 시기 포르투갈 국왕에 대한 하사품으로 일반적인 은상 외에 인삼, 비단, 자기 등 수십여 가지 품목을 구체적으로 기록하고 있어 서양과의 조공무역 일단을 살피는 데 유익하다. 위원은 영국에 대해 특히 많은 관심을 보여 다른 국가에 비해 많은 지면을 할애하여 영국의 역사, 지리, 문화, 정치, 경제, 사회, 대외관계 등에 대해 상세하게 소개하고 있다. 영국과의 아편전쟁이 『해국도지』 편찬에 중요한 계기가 되었음을 보여 주는 좋은 사례라 하겠다.

권54~58 북양·대서양에서는 러시아와 북유럽 국가의 역사, 지리, 민족, 언어, 정치 제도, 종교, 문화 등에 대해 상세하게 소개하고 있다. 특히 러시아 지역을 백해 부근, 백러시아, 발트해 연안, 신러시아, 시베리아 등 여러 지역으로 구분해서 각 지역의 복잡다단한 역사와 지리, 지역적 특성에 대해 고찰하고 있어 러시아에 대한 전반적인 이해를 돕는 데 유익하다. 위원이 러시아에 대해 영국과 마찬가지로 많은 지면을 할애하고 있는 것은 영국과 대립하고 있는 러시아를 이용해 영국을 견제하고자 하는 의도가 담겨 있는 것이라고 하겠다.

권59~70 외대서양에서는 콜럼버스의 아메리카대륙 발견 과정과 남북아메리카대륙의 위치와 기후, 물산의 특징에 대해 서술하고 있다. 특히 미국의 역사와 정치, 종교, 교육, 복지, 경제 및 미국인들의 인격 등에 대해서 상세하게 설명하고 있다. 보스턴 차 사건을 계기로 미국이 영국으로부터 독립을 쟁취하기까지의 과정을 상세히 살펴보면서 미국의 독립을 높게 평가하고 있다. 위원이 영국을 '영이英夷(영국 오랑캐)'라고 표기하면서도 미국을 '미이美夷'라고 표기하지 않은 것 역시 영국에 대한 적대적 감정과 함께 미국을 통해 영국을 견제하고자 하는 의도가 담겨 있는 것이라 하겠다.

권71~73 표에서는 동서양의 종교, 역법, 기년법의 차이에 대해 상세하게 서술하고 있다.

권74~76 지구총설에서는 불교 경전과 서양의 도설에 의거해 오대주와 세계의 지붕이라고 불리는 곤륜(파미르고원)의 자연지리 및 설화 등에 대해 상세한 소개를 하고 있다.

권77~80 주해총론은 당대 관료와 학자들의 변방과 해안 방어에 관한 각종 대책과 상주문을 모은 것으로 19세기 당시 중국 엘리트 지식인들의 영국, 프랑스 등 서양 각 나라에 대한 인식을 비롯해 영국을 제압하기 위한 방도 및 급변하는 시국에 적절한 인재 양성 등을 논하는 내용을 다루고 있다.

권81~83 이정비채夷情備采에서는 『오문월보澳門月報』를 비롯한 서양 신문 잡지에 실린 내용을 통해 외국의 눈에 비친 중국의 모습을 소개하고 있으며, 서양의 중국에 대한 관심 및 아편 문제, 중국 해군의 취약점 등을 상세하게 서술하고 있다.

권84~93에서는 해방을 위한 서양의 전함과 대포 및 포탄 등 병기 제조, 전술, 측량술 등을 도면과 함께 상세하게 소개하고 있다.

권94~95에서는 망원경 제작 방법 등 서양의 다양한 과학 기술을 소개하고 있으며, 아편의 중국 수입량에 대한 통계를 다루고 있다.

권96~100에서는 포르투갈 출신의 예수회 선교사 호세 마르티노 마르케스José Martinho Marques의 저술에 의거하여 칠정七政, 즉 일日·월月·화성火星·수성水星·금성金星·목성木星·토성土星을 소개하고, 이외 일월식日月蝕, 공기, 바람, 천둥과 번개, 조수 및 조류, 지진, 화산 등 다양한 자연 현상의 발생 원인과 양상에 대해 구체적으로 설명하고 있다. 나아가 일월과 조수의 관계, 절기에 따른 태양의 적위, 서양 역법의 기원에 대해서도 다루고 있다.

『해국도지』의 조선 및 일본에의 전래

전근대 중국의 세계관은 고도의 문명을 자랑하는 중국(華)을 중심으로 해서 그

주변에 아직 문명이 미치지 않은 오랑캐(夷)가 존재한다고 하는 일원적인 세계관을 전제로 했다. 화이관에 입각한 중국의 지배 질서는 황제의 덕이 미치는 정도에 따라 중앙과 지방의 이원적 구조를 뛰어넘어 표면상으로는 전 세계에 걸쳐 있었다. 이른바 '천하일통天下一統'의 관념이 존재했던 것이다. 이러한 화이사상에 근거한 중화 세계 질서는 아편전쟁 이후 서구 열강의 침략을 받게 되면서 서서히 무너져 가기 시작한다. 중국이 서구 열강을 중심으로 하는 국제 질서에 편입하게 됨에 따라 '중국'은 더 이상 세계의 중심이 아니라 많은 나라 중의 하나에 불과하며, 세계는 서로 다른 문화를 가진 각 나라가 서로 경합하는 다원적인 공간이라고 하는 인식의 변화가 일어난 것이다. 이러한 인식의 변화는 당시 중국의 엘리트 지식인들에게는 일찍이 경험해 보지 못한 미증유의 세계였다. 위원이 편찬한 『해국도지』는 중국의 지식인들이 새로운 세계에 눈을 돌릴 수 있는 계기를 제공한 것으로, 그것은 단순히 지리적 세계뿐만 아니라 정신적 세계로의 길잡이 역할을 한 것이다. 이리하여 『해국도지』는 당시 중국 지식인들이 '천하'에서 '세계'로 세계상을 전환하면서 중화사상이라는 자기중심적 세계상에서 탈출하는 힘들고 어려운 여행길에 나설 수 있게 해 주었다.

『해국도지』 50권본은 출간되자마자 조선에 전래되었다. 남경조약이 체결되고 나서 1년여가 지난 1844년 10월 26일 조선은 겸사은동지사兼謝恩冬至使를 북경에 파견했는데, 이듬해인 1845년 3월 28일 겸사은동지사의 일행 중에서 정사正使 흥완군興完君 이정응李最應, 부사 예조판서 권대긍權大肯이 『해국도지』 50권본을 가지고 귀국한 것이다. 이 50권본은 일본에는 전해지지 않았다. 이후 많은 학자들이 북경에 다녀올 때마다 『해국도지』를 구입해 들여와서 개인 소장할 정도로 인기가 높았다고 한다. 가령 김정희金正喜(1786~1856)는 『완당선생전집阮堂先生全集』에서 "『해국도지』는 반드시 필요한 책이다(海國圖志是必需之書)"라고 했으며, 또한 허전許傳(1792~1886)의 『성재집性齋集』에 실린 「해국도지발海國圖志跋」에는 "그 대강을 초록해 놓음으로써 자세히 살피고 검토하는 데 보탬이 된다(故略抄其槩, 以資考閱云爾)"라고 언급하고 있는 것으로 보아 당시에 이미 요약본도 있었음을 알 수 있다. 나아가 최한기崔漢綺(1803~1877)는 『해국도지』 등을 참고하여 『지구전요地球典要』를 썼고, 1871년 신미양요 중에 김병학金炳學은 『해국도지』를 인용하여 국왕에게 미국의 정세를 보고했으며, 1872년 박규수는 중국에 다녀온 뒤로 당시 청년 지식인들에게 해외에 관한 관심과 이해를 강조하며 『해국도지』를 권장했다고 할 정도로 『해국도지』는 조선의 지식인들에게 외국에 대한 이해를 넓히고 새로운 세계 문명지리에 대한 지식을 갖게 해 주었다. 특히 신헌申憲(1810~1884)은 『해국도지』에 제시된 무기도武器圖에 근거하여 새로운 무기를 만들었다고 할 정도이니 그 영향이 매우 컸음을 알 수 있다.

이러한 상황은 일본의 경우도 마찬가지이다. 『해국도지』는 1851년 처음 일본에 전해졌지만, 1854년 미일통상수교조약이 체결된 뒤에 정식으로 수입이 허가되었다. 그 뒤로 막부 말기에 가와지 도시아키라川路聖謨가 사재를 들여 스하라야 이하치須原屋伊八에게 번각翻刻 출간하게 함으로써 일반인에게도 알려졌다. 그 뒤로 메이지 원년(1868)까지 간행된 『해국도지』는 23종에 이를 정도로 널리 보급되었으며, 일본 근대화에 큰 영향을 미친 사쿠마 쇼잔佐久間象山, 요시다 쇼인吉田松陰, 사이고 다카모리西郷隆盛 등은 이 책의 열렬한 독자였다고 전해진다.

『해국도지』 역주 작업의 경과 및 의의

『해국도지』 역주 작업은 한국연구재단 명저번역 사업의 일환으로 진행되었다. 번역진은 필자를 포함해 모두 4인으로 총 3년에 걸쳐 초벌 번역을 진행했으며, 이후 지속적이고 꼼꼼한 윤독 과정을 거치며 번역문에 대한 수정 작업에 전념했다. 위원이 『해국도지』의 서문에서 100권이라는 분량의 방대함에 너무 질리지 않았으면 좋겠다고 한 것에서 알 수 있듯이 방대한 분량으로 인해 당초 3년이라는 시간 내에 역주 작업을 마칠 수 있을까 하는 염려가 없지 않았으나, 번역진의 부단한 노력 끝에 무사히 번역 작업을 완수할 수 있게 되었다.

본 역주 작업은 광서 2년에 간행된 『해국도지』 100권을 저본으로 삼아 기존에 간행된 판본과의 비교 검토를 진행하면서 글자의 출입을 정리하는 것에서부터 시작했다. 이 작업에는 악록서사 교점본에 많은 도움을 받았다.

번역 작업은 그 자체로 험난한 여정이었다. 『해국도지』는 세계 문명지리서인

만큼 외국의 수많은 국명과 지명, 인명이 한자어로 표기되어 있는데, 독자들의 가독성을 위해 가급적 원어 명칭을 찾으려고 노력했다. 유럽과 아메리카의 경우 다른 대륙에 비해 명칭 확인이 비교적 용이했지만, 지금은 사라진 국명이나 전혀 알려지지 않은 지명 등의 원어 명칭을 찾는 일은 그 자체로 수고로운 일이었다. 끊임없는 노력을 기울였음에도 원어 명칭을 찾지 못해 한자어 명칭을 그대로 표기한 것도 있는데, 이에 대해서는 독자들의 양해를 구하는 바이다.

또한 이미 언급했듯이 100권이라는 방대한 분량에 각 권의 내용도 상당히 난해하여 해석하고 주석을 다는 일 역시 쉬운 작업은 아니었다. 지금까지 『해국도지』의 중요성을 모두 인식하고 있음에도 불구하고 아직 완역본이 나오지 않은 것 역시 역주 작업의 어려움을 간접적으로 말해 주는 것이다. 이에 본서는 『해국도지』에 대한 세계 최초의 역주서라는 점에서 그 의의를 높게 살 만하지 않을까 생각한다. 게다가 본 번역진의 완역 작업을 통해 그동안 일부 전문 연구자의 전유물이었던 『해국도지』를 일반 독자에게도 제공할 수 있게 되었다는 점에 의미를 부여하고자 한다. 그럼에도 불구하고 본 역주 작업에는 번역진이 미처 인지하지 못한 번역상의 문제가 있을 수 있으니, 독자 여러분의 아낌없는 질정을 바라는 바이다.

마지막으로 어려운 출판 여건 속에서도 좋은 책을 만들기 위해 항상 애쓰시는 세창출판사 관계자 여러분께 깊은 감사를 드린다. 특히 김명희 이사님과 정조연 편집자님의 끝없는 관심과 세세한 교정 덕분에 본서의 완성도를 한층 더 높일 수 있게 되었다고 생각한다.

고황산 연구실에서 역주자를 대표해 정지호 씀

차례

해국도지
海國圖志

【三】

(권4)

해국도지 전체 차례

해국도지 권75

지구총설 중 國地總論中

마테오 리치 지도설 利瑪竇地圖說

알레니 오대륙 지도 총설 艾儒略五大洲總圖略度解

알레니 사해 총설 艾儒略四海總說

해국도지 권76

지구총설 하 國地總論下

페르비스트 『곤여도설』 南懷仁『坤輿圖說』

천하명천 天下名河

마르케스 『지리비고』 서설 西洋人瑪吉士『地理備考』敘

마르케스 『지구총론』 瑪吉士『地球總論』

『지구추방도설』 『地球推方圖說』

해국도지 권77

주해총론 1 籌海總論一

진륜형 『천하연해형세록』 陳倫炯『天下沿海形勢錄』

영국 조공 관련 문서 英夷入貢舊案

해국도지 권78

주해총론 2 籌海總論二

광동시박론 粵東市舶論

광동상주 1 粵東章奏一

영국의 화친 요구를 대신하여 올린 미국의 상주 奏彌利堅代英夷請款疏

해국도지 권79

주해총론 3 籌海總論三

각 나라의 사정을 복주하여 올린 상주 覆奏各國夷情疏

프랑스의 사정을 올린 상주 奏佛蘭西國夷情疏

각 나라의 사정을 복주하여 올린 상주 覆奏各國夷情疏

인도의 사정을 복주하여 올린 상주 覆奏印度夷情疏

영국의 사정을 복주하여 올린 상주 覆奏英夷情形疏

베트남의 알선 정황을 복주하여 올린 상주 覆奏越南軋船情形疏

베트남의 알선 정황을 재주하여 올린 상주 再奏越南軋船情形疏

해국도지 권80

주해총론 4 籌海總論四

오랑캐 토벌군 약법 7조 剿夷兵勇約法七條

장군 혁산의 광동성 방어 6조에 대한 회답 答奕將軍防禦粵省六條

오랑캐 선박 제압 방법 보고 稟夷船克制之法

천진의 오랑캐 방어 상황 상주 陳天津禦夷情形疏

문무 과시 확대를 청하는 상주 請推廣文武科試疏

해국도지 권81

이정비채 1 夷情備采一

『오문월보』 1 『澳門月報』一

『오문월보』 2 『澳門月報』二

『오문월보』 3 『澳門月報』三

해국도지 권82

이정비채 2 夷情備采二

『오문월보』 4 『澳門月報』四

『오문월보』 5 『澳門月報』五

해국도지 권83

이정비채 3 夷情備采三

『화사이언』 요지 『華事夷言』錄要

『무역통지』 『貿易通志』

바텔 『국제법』 滑達爾『各國律例』

법률의 원리와 정의가 실려 있는 제39조 法律本性正理所載第三十九條

제172조 一百七十二條

제292조 二百九十二條

일러두기

1. 본 번역은 『해국도지海國圖志』 광서光緖 2년본(平慶涇固道署重刊), 『해국도지』 도광본道光本과 천화陳華 등이 교점한 『해국도지』(岳麓書社, 1998)(이하 '악록서사본'으로 약칭) 등 『해국도지』 관련 여러 판본을 참고, 교감하여 진행했다.

2. 『해국도지』는 다음 원칙에 준해 번역한다.

① 본 번역은 광서 2년본에 의거하되, 글자의 출입이나 내용상의 오류가 발견될 경우 악록서사본 등을 참고하여 글자를 고쳐 번역하고 주석으로 밝혀 둔다.

예) 태국은 미얀마의 동남東南[1]쪽에서 위태롭게 버텨 오다가 건륭 36년(1771)에 미얀마에게 멸망되었다.

暹羅國踦長, 居緬東南, 緬于乾隆三十六年滅之.

1) 동남쪽: 원문은 '동남東南'이다. 광서 2년본에는 '서남西南'으로 되어 있으나, 악록서사본에 따라 고쳐 번역한다.

② 본 번역은 가능한 한 직역을 위주로 하고 직역으로 문맥이 통하지 않을 경우에는 본뜻에 벗어나지 않는 범위 내에서 의역하며, 문맥의 이해를 돕기 위해 필요시 [ ]부분을 삽입해 번역한다.

③ 본 번역에서 언급되는 중국의 국명, 지명, 인명, 서명의 경우, 한국식 독음으로 표기하며, 조목마다 처음에만 한자어를 병기한다. 다만 홍콩, 마카오와 같이 한국인에게 널리 알려진 지명의 경우는 그대로 사용하며, 지금의 지명으로 설명이 필요한 경우는 중국 현대어 발음으로 표기한다.

④ 중국을 제외한 외국의 국명, 지명, 인명, 서명의 경우, 외래어 표기법에 의거하여 해당 국가의 현대식 표기법을 따르고, 조목마다 처음에만 해당 지역의 영문 표기를 병기한다. 나머지 필요한 상황은 주석으로 처리한다. 외국의 국명, 지명, 인명 등에 대한 음역의 경우, 이해를 돕기 위해 두음법칙을 적용하지 않았다.

예) 캘리컷Calicut[1)]

1) 캘리컷Calicut: 원문은 '고리古里'로, 인도 서남부의 캘리컷을 가리킨다. 지금의 명칭은 코지코드Kozhikode이다.

⑤ 외국 지명은 현대식 표기법을 따를 때 역사적 사건과 사실이 잘 드러나지 않는 경우가 있다. 안남安南의 경우, 오늘날의 베트남을 지칭하지만, 역사적으로 보면 베트남의 한 왕국 이름이다. 따라서 이 경우에는 부득이하게 한자음을 그대로 따르고 처음 나올 때 이를 주석에 명기한다.

예) 안남安南[1)]

1) 안남安南: 지금의 베트남을 가리키는 말로, 당대에 이곳에 설치된 안남도호부安南都護府에서 유래되었다. 청대에는 베트남을 안남국, 교지국 등으로 구분하여 불렀다. 또한 안남국은 꽝남국을 가리키기도 한다.

⑥ '안案', '안按', '원안源案' 및 부가 설명은 번역문과 원문에 그대로 노출시킨다. 본문 안의 안과 부가 설명은 본문보다 작게 표기하고 안은 본문보다 연하게 다른 서체로 표기한다. 다만 본문 가장 뒤에 나오는 '안'과 '원안'의 경우는 번역문과 원문 모두 진하게 표기하고 본문 안의 안과 같은 서체로 표기해 구분한다.

예1) 이에 스페인 사람들은 소가죽을 찢어 몇천 길의 길이로 고리처럼 엮어 필리핀의 땅을 두르고는 약속대로 해 달라고 했다. 살펴보건대 마닐라 땅을 [소가죽 끈으로] 두르고 약속대로 해 달라고 했다고 해야 한다.

其人乃裂牛皮, 聯屬至數千丈, 圍呂宋地, 乞如約. 案: 當云圍蠻里喇地, 乞如約.

예2) **영국·네덜란드령 아체와 스리비자야**

단, 3국은 같은 섬으로, 당唐나라 이전에는 파리주婆利洲 땅이었다.

수마트라의 현재 이름이 아체이다. 스리비자야의 현재 이름이 팔렘방Palembang이다.

英荷二夷所屬亞齊及三佛齊島

三國同島, 卽唐以前婆利洲地. 蘇門答剌, 今名亞齊. 三佛齊, 今名舊港.

예3) 위원이 살펴보건대 베트남의 서도는 후에에 있으니 곧 참파의 옛 땅이다. 여기에서 별도로 본저국을 가리켜 참파라고 하는데, 옳지 않다. 본저국은 캄보디아, 즉 옛 첸라국이다. 『해록』이 상인과 수군의 입에서 나온 책이기 때문에 보고 들은 것은 비록 진실에 속할지 모르지만, 고대의 역사사실을 고찰함에 있어 오류가 많다. 이에 특별히 부록을 달아 바로잡는다. 참파의 동남쪽 바다에 있는 빈동룡국은 바로 『송사』에서 말하는 빈다라賓陀羅로, 빈다라는 참파와 서로 이어져 있고 지금도 나란히 꽝남 경내에 속해 있는 것으로 보아 아마도 용내의 땅인 것 같다. 명나라 왕기王圻가 편찬한 『속통고續通考』에는 『불경』의 사위성舍衛城이라고 잘못 가리키고 있는데, 이에 대해서는 말루쿠제도Maluku 뒤에서 바로잡는다.

源案: 越南之西都, 在順化港, 卽占城舊地也. 此別指本底爲占城, 非是. 本底爲柬埔寨, 卽古眞臘國. 『海錄』出於賈客舟師之口, 故見聞雖眞, 而考古多謬. 特附錄而辯之. 至占城東南瀕海, 尙有賓童龍國, 卽『宋史』所謂賓陀羅者, 與占城相連, 今竝入廣南境內, 疑卽龍柰之地. 明王圻『續通考』謬指爲『佛經』之舍衛城, 辯見美洛居島國後.

⑦ 주석 번호는 편별로 시작한다.

⑧ 본서에서 언급하고 있는 '원본'은 임칙서林則徐의 『사주지四洲志』이다.

예) 원본에는 없으나, 지금 보충한다.

해국도지 원서[1]

『해국도지』 60권은 무엇에 의거했는가? 첫째로 전 양광총독兩廣總督이자 병부상서兵部尙書였던 임칙서林則徐[2]가 서양인[3]의 저서를 번역한 『사주지四洲志』[4]에 의거했다. 둘째로 역대 사지史志[5] 및 명대明代 이래의 도지島志,[6] 그리고 최근의 외국 지도[7]·외국어 저술[8]에 의거했다. 철저하게 조사·고찰하고 일목요연하게 정리하여 새로운 길을 열고자 한다. 대체로 동남양東南洋,[9] 서남양西南洋[10]은 원본에 비해 10분의 8 정도를 증보했고, 대서양大西洋·소서양小西洋,[11] 북양北洋,[12] 외대서양外大西洋[13] 역시 10분의 6 정도를 증보했다. 또한 지도와 표를 날줄과 씨줄로 하고 다양한 사람들의 논점을 폭넓게 참고하여 논의를 진행했다.

[이 책이] 이전 사람들의 해도海圖에 관한 서적과 다른 점은 무엇인가? 이전 사람들의 책이 모두 중국인의 입장에서 서양[14]을 언급한 것이라면, 이 책은 서양인의 관점에서 서양을 언급했다는 것이다.[15]

이 책을 저술한 이유는 무엇인가? 서양의 힘을 빌려 서양을 공격하고

(以夷攻夷), 서양의 힘을 빌려 서양과 화친하며(以夷款夷), 서양의 뛰어난 기술을 배워(爲師夷長技) 서양을 제압하기 위해서 저술한 것이다(以制夷而作).

『주역周易』에 다음과 같은 기록이 있다.

"사랑과 증오가 서로 충돌함에 따라 길흉吉凶을 낳고, 장래의 이익과 눈앞의 이익을 취함에 따라 회린悔吝을 낳으며, 진실과 거짓이 서로 감응함에 따라 이해利害를 낳는다."[16] 그러므로 똑같이 적을 방어한다고 해도 그 상황을 아는 것과 모르는 것은 손익 면에서 아주 큰 차이가 난다. 마찬가지로 적과 화친한다고 해도 그 사정을 아는 것과 모르는 것은 손익 면에서 커다란 차이가 있다. 과거 주변 오랑캐[17]를 제압한 경우에, 적의 상황을 물어보면 자기 집 가구를 대하듯이 잘 알고 있었으며, 적의 사정을 물어보면 일상다반사와 같이 잘 알고 있었다.

그렇다면 이 서적만 있으면 서양을 제압할 수 있다는 것인가? 그렇다고 할 수도 있지만, 아닐 수도 있다. 이것은 군사적 전략은 될 수 있지만, 근본적인 대책은 아니다. 유형의 전략이지 무형의 전략은 아니다. 명대 관료는 말하길 "해상의 왜환倭患을 평정하고자 한다면 우선 사람들의 마음속에 쌓인 우환을 다스려야 한다"라고 했다. 사람들의 마음속에 쌓인 우환이란 무엇인가? [이것은] 물도 아니고 불도 아니며 칼도 아니고 돈도 아니다. 연해의 간민奸民도 아니고 아편을 흡입하거나 판매하는 악인도 아니다. 그러므로 군자는 [무공을 칭송한] 「상무常武」와 「강한江漢」[18]의 시를 읽기 전에 [인정을 칭송한] 「운한雲漢」과 「거공車攻」[19]을 읽으면서 『시경詩經』의 「대아大雅」와 「소아小雅」 시인들이 발분한 원인을 깨달았다. 그리고 『주역』 괘사卦辭와 효사爻辭[20]의 내괘內卦(하괘), 외괘外卦(상괘), 소식괘消息卦[21]를 음미하면서 『주역』을 지은 자가 근심한[22] 원인을 알았다. 이 발분과 우환이야말로 하늘의 도(天道)가 부否를 다해서 태泰로 움직이게 하는 것[23]이고 사람들의 마음(人心)이 몽매함을 벗어나 각성하게 하는 것이며 사람들의 재주(人才)가 허虛를 고쳐서 실實로 옮겨 가게 하는 것이다.

예전 강희康熙·옹정雍正 시기에 세력을 떨쳤던 준가르도 건륭乾隆 중기 순식간에 일소되어 버렸다.[24] 오랑캐의 아편[25]이 끼친 해로움은 그 해악이 준가르보다 더 크다. 지금 폐하[26]의 어짊과 근면함은 위로는 열조列祖[27]에 부합하고 있다. 하늘의 운행과 사람의 일에 길흉화복[28]은 언제나 번갈아 가며 변하는 것이니 어찌 [서양을] 무찔러 버릴 기회가 없음을 근심하는가? 어찌 무위武威를 떨칠 시기가 없음을 근심하는가? 지금이야말로 혈기 있는 자는 마땅히 분발해야 할 때이며, 식견을 가진 자는 마땅히 원대한 계획을 세워야 할 때이다.

첫째로, 허위虛僞와 허식을 버리고 재난에 대한 두려움을 버리며, 중병을 키우지 말고 자신의 안위만을 추구하지 않는다면 사람들의 우매한 병폐는 제거될 것이다.

둘째로, 실제의 일을 가지고 실제의 성과를 평가하고, 실제의 성과를 가지고 실제의 일을 평가해야 한다. 쑥은 삼 년간 묵혀서 쌓아 두고[29] 그물은 연못에 가서 엮고,[30] 맨몸으로 황하를 건너지 말며,[31] 그림의 떡을 바라지 않는다면,[32] 인재가 부족하다는 근심은 사라질 것이다.

우매함이 제거되면 태양이 밝게 빛나고, 인재가 부족하다는 근심이 사라지면 우레가 칠 것이다. 『전』에 이르기를 "누가 집안을 어지럽게 하고서 나라를 다스릴 수 있겠는가? 천하가 안정되니 월상越裳[33]도 신하 되기를 청하네"라고 한다.[34]

『해국도지』의 내용은 다음과 같다.

첫 번째, 「주해편籌海篇」[35]에서는 방어를 통해 공격하고 방어를 통해 화친하며, 오랑캐를 이용해서 오랑캐를 제압하는 열쇠를 쥐고 있는 것은 누구인가에 대해 서술한다.

두 번째, 「각 나라 연혁도各國沿革圖」에서는 3천 년의 시간과 9만 리의 공간을 씨실과 날실로 삼으면서, 지도와 역사적 사실을 아울러 서술한다.

세 번째, 「동남양 연안 각 나라東南洋海岸各國」에서는 기독교[36]와 아편을 영내에 들어오지 못하게 하면 우리의 속국[37]도 또한 적개심을 불태울 수 있다는 것에 대해 서술한다.

네 번째, 「동남양 각 섬東南洋各島」에서는 필리핀[38]과 자와는 일본과 같은 섬나라이지만, 한쪽(필리핀과 자와)은 병합되고 한쪽(일본)은 강성함을 자랑하는 것은 교훈으로 삼을 만하다[39]는 것에 대해 서술한다.

다섯 번째, 「서남양 오인도西南洋五印度」에서는 종교가 세 차례나 변하고,[40] 국토는 오인도[41]로 분할되어 까치집(인도)에 비둘기(영국)가 거주하는 것과 같은 형국이니, 이는 중국[42]에게도 재앙이 되고 있는 것에 대해 서술한다.

여섯 번째, 「소서양 아프리카小西洋利未亞」에서는 백인[43]과 흑인[44]은 거주하는 영역이 멀리 떨어져 있는데도 불구하고 흑인이 부림을 당하고 내몰리고 있는데, 이에 대해서는 해외에서 온 외국인[45]에게 자문한 것을 서술한다.

일곱 번째, 「대서양 유럽 각 나라大西洋歐羅巴各國」에서는 대진大秦[46]과 해서海西[47]에는 다양한 오랑캐[48]가 살고 있는데, 이익과 권위로 반림泮林의 올빼미[49]와 같이 감화시킬 수 있다는 것에 대해 서술한다.

여덟 번째, 「북양 러시아北洋俄羅斯國」에서는 동서양에 걸쳐 있고 북쪽은 북극해에 접해 있으니, 근교원공近交遠攻 정책을 취할 시에 육상전에 도움이 되는 우리 이웃 국가에 대해 서술한다.

아홉 번째, 「외대양 미국外大洋彌利堅」에서는 영국의 침략에 대해서는 맹렬히 저항했지만, 중국에 대해서는 예의를 다하니 원교근공遠郊近攻 정책을 취할 시에 해상전에 도움이 되는 나라에 대해 서술한다.

열 번째, 「서양 각 나라 종교 표西洋各國教門表」에서는 사람은 모두 하늘을 근본으로 하고 가르침은 성인에 의해 세워져 있으니, 이합집산을 되풀이하면서도 조리를 가지고 문란하지 않은 것에 대해 서술한다.

열한 번째, 「중국·서양 연표中國西洋紀年表」에서는 1만 리 영토의 기년紀年이 하나로 통일되어 있는 점에서 중화에는 미치지 못하지만, 단절되면서도 연속되어 있는 아랍[50]과 유럽[51]의 기년에 대해 서술한다.

열두 번째, 「중국·서양 역법 대조표中國西曆異同表」에서는 중국력은 서양력의 바탕이 되지만, 서양력은 중국력과 차이가 있으며, 사람들에게 농사짓는 시기를 알려 주는 것에 있어서는 중국력이 근간을 이루고 있다는 것에 대해 서술한다.

열세 번째, 「지구총설國地總論」에서는 전쟁은 지세의 이점을 우선하는데, 어찌 먼 변방이라고 해서 경시하겠는가! 쌀이나 모래로 지형을 구축해서 지세를 파악한다면[52] 조정은 전쟁에서 승리할 수 있다는 것에 대해 서술한다.

열네 번째, 「주이장조籌夷章條」에서는 지세의 이점도 사람들의 화합에는 미치지 못하며, 기공법奇攻法과 정공법正攻法을 병용한다면 작은 노력으로도 커다란 성과를 거둘 수 있다는 것에 대해 서술한다.

열다섯 번째, 「이정비채夷情備采」에서는 적을 알고 나를 알면 화친할 수도 있고 싸울 수도 있으니, 병의 증상을 알지 못하면 어찌 처방할 것이며, 누가 어지럽고 눈앞이 캄캄한 증상을 치료할 수 있겠는가에 대해 서술한다.

열여섯 번째, 「전함조의戰艦條議」에서는 해양국이 선박에 의지하는 것은 내륙국이 성벽에 의지하는 것과 같으니, 뛰어난 기술을 배우지는 않고 풍파를 두려워하는 것은 누구인가에 대해 서술한다.

열일곱 번째, 「화기화공조의火器火攻條議」에서는 오행이 상극하여 금金과 화火[53]가 가장 맹렬하니, 우레가 지축을 흔들듯이 공격과 수비도 같은 이치라는 것에 대해 서술한다.

열여덟 번째, 「기예화폐器藝貨幣」에서는 차궤와 문자[54]는 다르지만, 화폐의 기능은 같으니, 이 신기한 것을 유용하게 활용하기 위해서 어찌 지혜를 다하지 않겠는가에 대해 서술한다.

도광 22년(1842) 임인년 12월, 내각중서 소양 사람 위원이 양주에서 쓴다.

海國圖志原敍

『海國圖志』六十卷何所據? 一據前兩廣總督林尙書所譯西夷之『四洲志』. 再據歷代史志及明以來島志, 及近日夷圖·夷語. 鉤稽貫串, 創榛闢莽, 前驅先路. 大都東南洋·西南洋, 增於原書者十之八, 大·小西洋·北洋·外大西洋增於原書者十之六. 又圖以經之, 表以緯之, 博參羣議以發揮之.

何以異於昔人海圖之書? 曰彼皆以中土人譚西洋, 此則以西洋人譚西洋也.

是書何以作? 曰爲以夷攻夷而作, 爲以夷款夷而作, 爲師夷長技以制夷而作. 『易』曰: "愛惡相攻而吉凶生, 遠近相取而悔吝生, 情僞相感而利害生." 故同一禦敵, 而知其形與不知其形, 利害相百焉. 同一款敵, 而知其情與不知其情, 利害相百焉. 古之馭外夷者, 諏以敵形, 形同几席, 諏以敵情, 情同寢饋.

然則執此書卽可馭外夷乎? 曰: 唯唯, 否否. 此兵機也, 非兵本也. 有形之兵也, 非無形之兵也. 明臣有言: "欲平海上之倭患, 先平人心之積患." 人心之積患如之何? 非水, 非火, 非刃, 非金. 非沿海之奸民, 非吸煙販煙之莠民. 故君子讀「雲漢」·「車攻」, 先於「常武」·「江漢」, 而知二雅詩人之所發憤. 玩卦爻內外消息, 而知大『易』作者之所憂患. 憤與憂, 天道所以傾否而之泰也, 人心所以違寐而之覺也, 人才所以革虛而之實也.

昔準噶爾跳踉於康熙·雍正之兩朝, 而電埽於乾隆之中葉. 夷煙流毒, 罪萬準夷. 吾皇仁勤, 上符列祖. 天時人事, 倚伏相乘, 何患攘剔之無期? 何患奮武之無會? 此凡有血氣者所宜憤悱, 凡有耳目心知者所宜講畫也.

去僞, 去飾, 去畏難, 去養癰, 去營窟, 則人心之寐患祛, 其一. 以實事程實功, 以實功程實事. 艾三年而蓄之, 網臨淵而結之, 毋馮河, 毋畫餅, 則人材之虛患祛, 其二. 寐患去而天日昌, 虛患去而風雷行. 『傳』曰: “孰荒於門, 孰治於田? 四海既均, 越裳是臣.” 敍『海國圖志』.

以守爲攻, 以守爲款, 用夷制夷, 疇司厥楗, 述「籌海篇」第一.

縱三千年, 圜九萬里, 經之緯之, 左圖右史, 述「各國沿革圖」第二.

夷教夷煙, 毋能入界, 嗟我屬藩, 尙堪敵愾, 志「東南洋海岸各國」第三.

呂宋·爪哇, 嶼埒日本, 或噬或駾, 前車不遠, 志「東南洋各島」第四.

教閱三更, 地割五竺, 鵲巢鳩居, 爲震旦毒, 述「西南洋五印度」第五.

維晳與黔, 地遼疆閡, 役使前驅, 疇諏海客, 述「小西洋利未亞」第六.

大秦海西, 諸戎所巢, 維利維威, 實懷泮鴞, 述「大西洋歐羅巴各國」第七.

尾東首西, 北盡冰溟, 近交遠攻, 陸戰之鄰, 述「北洋俄羅斯國」第八.

勁悍英寇, 恪拱中原, 遠交近攻, 水戰之援, 述「外大洋彌利堅」第九.

人各本天, 教綱於聖, 離合紛紜, 有條不紊, 述「西洋各國教門表」第十.

萬里一朔, 莫如中華, 不聯之聯, 大食·歐巴, 述「中國西洋紀年表」第十一.

中曆資西, 西曆異中, 民時所授, 我握其宗, 述「中國西曆異同表」第十二.

兵先地利, 豈間遐荒! 聚米畫沙, 戰勝廟堂, 述「國地總論」第十三.

雖有地利, 不如人和, 奇正正奇, 力少謀多, 述「籌夷章條」第十四.

知己知彼, 可款可戰, 匪證奚方, 孰醫瞑眩, 述「夷情備采」第十五.

水國恃舟, 猶陸恃堞, 長技不師, 風濤誰讐, 述「戰艦條議」第十六.

五行相克, 金火斯烈, 雷奮地中, 攻守一轍, 述「火器火攻條議」第十七.

軌文匪同, 貨幣斯同, 神奇利用, 盍殫明聰, 述「器藝貨幣」第十八.

道光二十有二載, 歲在壬寅嘉平月, 內閣中書邵陽魏源敍於揚洲.

주석

1 원서: 이 서문은 원래 『해국도지』 50권본의 서문이다. 악록서사본에 따르면 이는 도광 22년 12월(1843년 1월)에 서술되어 도광 27년(1847) 『해국도지』 60권본을 출판할 때, 단지 50권본의 '5' 자를 '6' 자로 바꾸고 '서敍'를 '원서原敍'로 수정했다. 나머지 내용은 전부 50권본 그대로이다.

2 임칙서林則徐: 임칙서(1785~1850)는 청말의 정치가로 복건성 복주 출신이다. 자는 소목少穆, 호는 문충文忠이다. 1837년 호광총독湖廣總督으로 재임 중 황작자黃爵滋의 금연 정책에 호응해서 아편 엄금 정책을 주장했다. 호북湖北·호남湖南에서 금연 정책의 성공을 인정받아 흠차대신으로 등용되어 광동에서의 아편 무역을 단속하게 된다. 1839년 광동에 부임하여 국내의 아편 판매 및 흡연을 엄중히 단속하고 외국 상인이 소유하던 아편을 몰수했으며, 아편 상인을 추방하여 아편 무역을 근절하고자 했다. 그러나 이에 항의한 영국이 함대를 파견하자 이에 대한 책임을 지고 면직되어 신강성新疆省에 유배되었다.

3 서양인: 원문은 '서이西夷'이다.

4 『사주지四洲志』: 임칙서가 휴 머레이Hugh Muray 『세계지리대전*The Encyclopædia of Geography*』의 일부를 양진덕梁進德 등에게 번역시킨 후, 직접 원고의 일부분을 수정해서 펴낸 책이다. 이하 본서에서 언급하고 있는 원본은 바로 『사주지』를 가리킨다.

5 사지史志: 『해국도지』에 인용되어 있는 24사를 비롯해 『통전通典』, 『문헌통고文獻通考』, 『속문헌통고續文獻通考』, 『황조문헌통고皇朝文獻通考』, 『통지通志』, 『수경주水經注』, 『책부원귀冊府元龜』, 『대청일통지大淸一統志』, 『광동통지廣東通志』, 『무역통지貿易通志』 등의 서적을 가리킨다.

6 도지島志: 『해국도지』에 인용되어 있는 주달관周達觀의 『진랍풍토기眞臘風土記』, 왕대연汪大淵의 『도이지략島夷志略』, 사청고謝淸高의 『해록海

錄』, 장섭張燮의 『동서양고東西洋考』, 황충黃衷의 『해어海語』, 황가수黃可垂의 『여송기략呂宋紀略』, 왕대해汪大海의 『해도일지海島逸志』, 장여림張汝霖의 『오문기략澳門紀略』, 진륜형陳倫炯의 『해국문견록海國聞見錄』, 줄리오 알레니Giulio Aleni의 『직방외기職方外紀』, 페르디난트 페르비스트Ferdinand Verbiest의 『곤여도설坤輿圖說』 등의 서적을 가리킨다.

7 외국 지도: 원문은 '이도夷圖'이다. 서양에서 제작된 지도를 가리킨다.

8 외국어 저술: 원문은 '이어夷語'이다. 서양인이 저술한 서적을 가리킨다.

9 동남양東南洋: 위원이 말하는 동남양은 동남아시아Southeast Asia 해역, 한국Korea·일본Japan 해역 및 오세아니아Oceania 해역 등을 가리킨다.

10 서남양西南洋: 위원이 말하는 서남양은 아라비아해Arabian Sea 동부에 있는 남아시아South Asia 해역 및 서남아시아 동쪽의 아라비아해 서부 등의 해역을 포괄해서 가리킨다.

11 대서양大西洋·소서양小西洋: 위원이 말하는 대서양은 서유럽West Europe 및 스페인Spain·포르투갈Portugal의 서쪽 해역, 즉 대서양Atlantic Ocean에 인접해 있는 여러 국가 및 북해North Sea의 남부와 서부를 가리킨다. 위원이 말하는 소서양은 인도양Indian Ocean과 대서양에 인접해 있는 아프리카Africa 지역을 가리킨다.

12 북양北洋: 위원이 말하는 북양은 북극해Arctic Ocean 및 그 남쪽의 각 바다에 인접해 있는 유럽Europe과 아시아Asia 두 대륙 일부, 일부 발트해 연안 국가의 해역, 덴마크Denmark 서쪽의 북해 동부 및 북아메리카North America의 그린란드Greenland 주위 해역, 즉 노르웨이Norway·러시아·스웨덴Sweden·덴마크·프로이센Preussen 5개국의 해역 및 크림반도 주변 해역을 가리킨다.

13 외대서양外大西洋: 위원이 말하는 외대서양은 대서양에 인접해 있는 남북아메리카 일대를 가리킨다.

14 서양: 대서양 양안의 구미 각 나라를 가리킨다.

15 이 책은 … 언급했다는 것이다: 도광 27년(1847)의 60권본의 5, 7, 13, 14, 16, 20~23, 25~33, 36~38, 40~43권은 유럽인 원찬(歐羅巴人原撰), 후관 임

칙서 역侯官林則徐譯, 소양 위원 중집邵陽魏源重輯이라고 기록하고 있는데, 이 부분은 『사주지』를 원본으로 하고 다른 서적을 참고해서 증보한 것이다.

16 사랑과 증오가 … 낳는다: 『주역』 제12장 「계사전繫辭傳」 하에 보인다. 길吉은 좋은 것, 흉凶은 나쁜 것이다. 회悔는 후회하는 것이고, 린吝은 개선하려고 하지 않는 것이다. 흉과 길이 이미 벌어진 일이라면 회와 린은 일종의 전조와 같은 것으로 회는 길할 전조, 린은 흉할 전조가 된다.

17 주변 오랑캐: 원문은 '외이外夷'이다.

18 「상무常武」와 「강한江漢」: 모두 『시경』 「대아」의 편명이다. 주나라 선왕宣王이 회북淮北의 오랑캐를 정벌하여 무공을 떨친 것을 기리기 위해 지은 것이다.

19 「운한雲漢」과 「거공車攻」: 「운한」은 『시경』 「대아」의 편명이고 「거공」은 「소아」의 편명이다. 주나라 선왕이 재해를 다스리고 제도를 정비한 것 등 내정을 충실히 한 것을 기리기 위해 지은 것이다.

20 괘사卦辭와 효사爻辭: 『주역』은 본래 양(—)과 음(--)의 결합에 의해 64괘로 이루어져 있다. 이 64괘에 대한 설명을 괘사라고 한다. 그리고 괘를 구성하고 있는 (—)과 (--)을 효라고 하는데, 이에 대한 의미를 설명한 것을 효사라고 한다. 1괘당 6개의 효가 있어 효사는 모두 384개로 이루어져 있다.

21 내괘內卦(하괘), 외괘外卦(상괘), 소식괘消息卦: 원문은 '내외소식內外消息'이다. 모두 『주역』의 용어로서 끊임없는 변화를 의미한다.

22 『주역』을 지은 자가 근심한: 『주역』 「계사전」 하에 의하면 "『주역』이 흥기한 것은 중고 시대일 것이다. 『주역』을 지은 자는 근심을 품고 있을 것이다(『易』之興也, 其於中古乎. 作『易』者其有憂患乎)"라고 언급하고 있다.

23 부否를 다해서 태泰로 움직이게 하는 것: '부'와 '태'는 모두 『주역』 64괘의 하나이다. '부'는 막혀 있는 상태, '태'는 형통하고 있는 상태로서 양자는 정반대의 위치에 있다. '부'가 지극해지면 '태'로 변화하는데, 이는 분노와 우환이 막혀 있는 상태에서 형통하는 상태로 변화하는 것을 의

미한다.

24 준가르도 … 일소되어 버렸다: 준가르는 17세기 초에서 18세기 중엽에 걸쳐 세력을 떨친 서북 몽골의 오이라트계 몽골족이다. 17세기 말경 종종 중국의 서북 변경에 침입했으나 1755년 청나라군의 공격을 받아 준가르가 붕괴되고 나아가 1758년 완전히 멸망되었다.

25 오랑캐의 아편: 원문은 '이연夷烟'이다.

26 폐하: 도광제道光帝(재위 1820~1850)를 가리킨다.

27 열조列祖: 청조의 역대 제왕을 가리킨다.

28 길흉화복: 원문은 '의복倚伏'이다. 노자老子 『도덕경道德經』의 "화란 것은 복이 의지하는 곳이고, 복은 화가 숨어 있는 곳이다(禍兮福之所倚, 福兮禍之所伏)"라는 말에서 유래한다.

29 쑥은 삼 년간 묵혀서 쌓아 두고: 원문은 '애삼년이축지艾三年而蓄之'이다. 『맹자孟子』「이루離婁」 하편에 "7년의 병을 치료하기 위해서는 삼 년간 숙성된 쑥이 필요하다(七年之病救三年之艾)"는 말이 있다.

30 그물은 연못에 가서 엮고: 원문은 '망임연이결지網臨淵而結之'이다. 『한서漢書』「동중서전董仲舒傳」에 "연못에 임해서 고기를 탐하는 것은 물러나 그물을 만드는 것보다 못하다(臨淵羨魚, 不如退而結網)"라는 말이 있다.

31 맨몸으로 황하를 건너지 말며: 원문은 '무풍하毋馮河'이다. 『논어論語』「술이述而」편에 "맨손으로 호랑이를 잡고 맨몸으로 황하를 건너다가 죽어도 후회가 없다는 사람과는 나는 함께하지 않을 것이다(暴虎馮河, 死而無悔者, 吾不與也)"라는 말이 있다.

32 그림의 떡을 바라지 않는다면: 원문은 '무화병毋畵餠'이다.

33 월상越裳: 서주 초기의 '월상'은 막연하게 중국 남쪽의 아주 먼 나라를 가리키기 때문에 정확한 지역은 알 수 없다. 삼국 시대 이후에 등장하는 '월상'은 대체로 베트남 중부의 월상현越裳縣을 가리키며, 지금의 하띤성Ha Tinh 일대에 해당한다. 또한 라오스Laos나 캄보디아Cambodia를 가리키기도 한다.

34 『전』 … 한다: 『후한서後漢書』「남만전南蠻傳」에 의하면 월상은 베트남

의 남쪽에 있던 나라로 주공周公 시기 여러 번이나 통역을 거쳐서 입조해서 흰 꿩을 바쳤다는 일화가 등장하는데, "누가 집안을 … 신하 되기를 청하네"는 한유韓愈의 시 「월상조越裳操」에서 인용한 것이다.

35 「주해편籌海篇」: '의수議守', '의전議戰', '의관議款' 세 항목으로 구성되어 있다.

36 기독교: 원문은 '이교夷教'이다.

37 속국: 원문은 '속번屬藩'이다.

38 필리핀: 원문은 '여송呂宋'이다.

39 교훈으로 삼을 만하다: 원문은 '전거불원前車不遠'이다. 이 말은 앞 수레가 넘어지면 뒤 수레의 경계가 된다는 의미의 '전거복철前車覆轍'과 은나라가 망한 것을 거울로 삼아야 할 것은 멀리 있지 않다는 의미의 '은감불원殷鑑不遠'의 앞뒤 두 글자를 따온 것이다.

40 종교가 세 차례나 변하고: 원문은 '교열삼경教閱三更'이다. '종교의 나라'로로 불리는 인도는 힌두교와 불교의 탄생지이며, 10세기경에는 이슬람군이 인도의 델리 지방을 점거하면서 이슬람교가 전파되기 시작했다.

41 오인도: 원문은 '오축五竺'으로, 동인도·남인도·서인도·북인도·중인도를 가리킨다. 악록서사본에 따르면 오인도는 다음과 같이 구분되고 있다. 동인도Pracys는 지금의 인도 아삼주Assam 서부, 서벵골주West Bengal의 중부와 남부, 오디샤Odisha의 북부와 중부 및 현 방글라데시Bangladesh의 중부와 남부이다. 북인도Udicya는 현 카슈미르주Kashmir, 인도의 펀자브주Punjab, 하리아나주Haryana, 파키스탄의 서북 변경, 펀자브주 및 아프가니스탄의 카불강Kabul River 남쪽 양측 강변 지역이다. 서인도Aparanta는 현 파키스탄 중부와 남부, 인도 구자라트주Gujarat의 북부와 동부, 마디아프라데시주Madhya Pradesh의 북부와 서부, 라자스탄주Rajasthan의 남부이다. 『대당서역기大唐西域記』에는 '인도국'이 아니라고 명확히 밝히고 있다. 중인도Madhyadesa는 현 방글라데시 북부, 인도의 서벵골주 북부, 라자스탄주 북부, 우타르프라데시주Uttar Pradesh이다. 네팔Nepal을 중인도에 넣고 있는데, 이는 옳지 않다. 선학들도 이미 논한 바 있다. 남인도

Daksinapatha는 인도차이나반도상의 오디샤주의 남부, 중앙주의 동남부, 마하라슈트라주Maharashtra와 위에서 서술한 세 곳 이남의 인도 각주 및 서북쪽으로 면한 카티아와르반도Kathiawar Peninsular이다. 『대당서역기』에는 '인도국'이 아니라고 명확히 밝히고 있다. 위원이 『해국도지』를 편찬할 때 무굴 제국Mughal Empire은 이미 멸망하여 잘 알지 못했기 때문에 『직방외기』에서 언급한 동·북·중·서인도가 무굴 제국에 병합되었다고 하는 설의 영향을 크게 받았다. 확실하게 영국의 동인도 회사가 직접 통치하는 벵골(현 방글라데시와 인도의 서벵골주 지역)을 동인도로 하고 카슈미르를 북인도라 한 것을 제외하고는 예전 중·서인도 및 동·북인도의 나머지 지역을 '중인도'라고 했다. 또한 지금 이란의 아라비아반도에 이르는 일대를 '서인도'라고도 했다.

42 중국: 원문은 '진단震旦'으로, 지나支那와 같이 중국을 달리 부르는 말이다.

43 백인: 원문은 '석皙'이다.

44 흑인: 원문은 '검黔'이다.

45 해외에서 온 외국인: 원문은 '해객海客'이다.

46 대진大秦: 고대 로마 제국Roman Empire, 또는 동로마 제국Byzantium Empire을 가리킨다.

47 해서海西: 고대 로마 제국, 또는 동로마 제국을 가리킨다.

48 오랑캐: 원문은 '융戎'이다. 고대 중국은 주변 민족을 동이東夷, 서융西戎, 남만南蠻, 북적北狄으로 불렀다. 여기에서 융은 중국의 서쪽에 있는 이민족을 가리킨다.

49 반림泮林의 올빼미: 원문은 '반효泮鴞'이다. 『시경』「노송魯頌·반수泮水」편에 "훨훨 날아다니는 올빼미가 반궁 숲에 내려앉았네. 우리 뽕나무의 오디를 먹고서는 나에게 듣기 좋은 소리로 노래해 주네(翩彼飛鴞, 集于泮林, 食我桑黮, 懷我好音)"라고 하는데, 이는 훨훨 나는 올빼미가 오디를 먹고 감화되었다는 것을 의미한다.

50 아랍: 원문은 '대식大食'이다. 대식은 원래 이란의 한 부족명이었는데, 후에 페르시아인은 이를 아랍인의 국가로 보았다. 중국은 당조唐朝 이후

대식을 아랍 국가의 명칭으로 사용하고 있다.

51 유럽: 원문은 '구파歐巴'이다.

52 쌀이나 모래로 … 파악한다면: 원문은 '취미화사聚米畵沙'이다. 『후한서』 권24 「마원열전馬援列傳」에 의하면, 후한 광무제가 농서隴西의 외효隗囂를 치기 위하여 친정했을 때, 농서 출신 복파장군伏波將軍 마원馬援이 쌀을 모아서 산과 골짜기 등 지형을 그림처럼 만들어 보여 주자 광무제가 오랑캐가 내 눈앞에 들어왔다고 기뻐했다는 고사가 전해진다.

53 금金과 화火: 금과 화는 음양오행설의 목·화·토·금·수의 순서에 따라 상극(상승) 관계에 있다. 동시에 여기에서는 무기, 화기를 나타낸다. 『주역』에 "우레가 지축을 흔든다(雷奮地中)"라는 말이 있다.

54 차궤와 문자: 『예기禮記』 「중용中庸」편에 "지금 천하의 수레는 차궤를 같이하고, 서적은 문자를 같이하며, 행실은 윤리를 같이한다(今天下車同軌, 書同文, 行同倫)"라고 한다. 여기에서 차궤, 문자, 행실은 넓은 의미에서 인류 사회의 문명을 의미한다.

해국도지 후서

서양의 지리에 대해 이야기할 경우에는 명대 만력萬曆[1] 중엽 서양[2]인 마테오 리치Matteo Ricci[3]의 『곤여도설坤輿圖說』[4]과 줄리오 알레니Giulio Aleni[5]의 『직방외기職方外紀』[6]에서부터 시작해야 한다. 이들 책이 처음 중국에 소개되었을 때, 중국인들은 대체로 추연鄒衍[7]이 천하를 논하는 것과 같다고 생각했다.[8] 청조[9] 시기에 이르러 광동에서 통상무역[10]이 활발해지면서 중국어와 산스크리트어가 두루 번역됨에 따라 지리에 관한 많은 서적이 중국어로 번역·간행되었다. 예를 들면, 북경 흠천감欽天監[11]에서 근무하던 페르디난트 페르비스트Ferdinand Verbiest[12]와 미셸 베누아Michel Benoist[13]의 『지구전도地球全圖』가 있다. 광동에서 번역 출간된 것으로서 초본鈔本[14]인 『사주지四洲志』·『외국사략外國史略』[15]이 있고, 간행본으로는 『만국지리전도집萬國地理全圖集』[16]·『평안통서平安通書』[17]·『매월통기전每月統紀傳』[18]이 있는데, 하늘의 별처럼 선명하고 손금을 보는 것처럼 명료했다. 이에 비로소 해도海圖와 해지海志를 펼쳐 보지 않았으면 우주의 창대함과 남북극의 상하가 둥글다는 것을 몰랐다는 사실조차 몰랐을 것이다. 다만, 이 발행물들은 대부분 서양 상인들이 발행한 것으로 섬 해안가 토산물의 다양함, 항구도시 화물 선박의 수, 더위와 추위 등 하늘의 운행에 따른 절기에 대해서는 상세하다. 그리고 각 나라 연혁의 전모나 행정 구역의 역사로 보아 각 나라 사서史書에 9만 리를 종횡하고 수천 년을 이어져 온 산천 지리를 기록할 수 있을 것 같은데, [이들 책에서는] 유감스럽게도 아직 들어 보지 못했다.

다만 최근에 나온 포르투갈[19]인 호세 마르티노 마르케스José Martinho Marques[20]의 『지리비고地理備考』,[21] 미국[22]인 엘리자 콜먼 브리지먼Elijah Coleman Bridgman[23]의 『미리가합성국지략美理哥合省國志略』[24]은 모두 그 나라의 문인들이 고대 전적典籍[25]을 세세하게 살펴 [집필하여] 문장의 조리가 매우 분명해 이해하기가 쉽다. 그리고 『지리비고』의 「구라파주총기歐羅巴洲總記」 상하 2편[26]은 더욱 걸작으로, 바로 오랫동안 막혀 있던 마음을 확 트이게 해 주었다. 북아메리카[27]에서는 부락이 군장을 대신하고[28] 그 정관이 대대로 이어지는데도 폐단이 없고, 남아메리카[29] 페루국[30]의 금은은 세계에서 제일 풍부하지만, 모두 역대로 들은 바가 없다. 이미 [『해국도지』는] 100권을 완성해 앞에 총론을 제시해서 독자들로 하여금 그 대강을 파악한 후에 그 조목을 상세하게 알게 해 두었으니 분량의 방대함에 질려 탄식하지 않기를 바란다.

또한 예전 지도는 단지 앞면과 뒷면 2개의 전도全圖만 있고, 또한 각 나라가 모두 실려 있지 않아 좌우에 지도와 역사서를 모두 갖추는 바람을 채우지 못했다. 그런데 지금 광동과 홍콩에서 간행된 화첩畫帖[31] 지도를 보면 각각 지도는 일국의 산수와 성읍의 위치를 구륵鉤勒, 즉 동그라미로 표시하고 색칠해 두었으며 경도[32]와 위도[33]를 계산하는 데 조금도 어긋나지 않았다. 이에 고대부터 중국과 교류가 없었던 지역임에도 산천을 펼쳐 보면 마치 『일통지一統志』의 지도를 보는 것 같았고 풍토를 살펴보면 마치 중국 17개 성省의 지방지를 읽는 것 같았다. 천지 기운의 운행이 서북쪽에서 동남쪽으로 해서 장차 중외가 일가를 이루려고 하는 것인가!

무릇 그 형세를 자세하게 알면 다스리는 방법이 틀림없이 「주해편」에 들어 있다는 것을 알게 될 것이다. 「주해편」은 작게 쓰면 작은 효용이, 크게 쓰면 큰 효용이 있을 것이니 이로써 중국의 명성과 위엄을 떨칠 수 있다면 이는 밤낮으로 매우 원하던 바이다.

마르케스의 『천문지구합론天文地球合論』과 최근 수전에서 사용되었던 화공과 선박, 기기의 도면을 함께 뒤쪽에 부록으로 실어 두었으니, 지식을 넓히는 데 보탬이 되고, 유익하게 활용하는 데 도움이 되기를 바란다.

함풍咸豐 2년(1852), 소양 사람 위원이 고우주高郵洲에서 쓴다.

海國圖志原敍

譚西洋輿地者, 始於明萬曆中泰西人利馬竇之『坤輿圖說』, 艾儒略之『職方外紀』. 初入中國, 人多謂鄒衍之談天. 及國朝而粤東互市大開, 華梵通譯, 多以漢字刊成圖說. 其在京師欽天監供職者, 則有南懷仁·蔣友仁之『地球全圖』. 在粤東譯出者, 則有鈔本之『四洲志』·『外國史略』, 刊本之『萬國地理全圖集』·『平安通書』·『每月統紀傳』, 爛若星羅, 瞭如指掌. 始知不披海圖海志, 不知宇宙之大, 南北極上下之渾圓也. 惟是諸志多出洋商, 或詳於島岸土產之繁, 埠市貨船之數, 天時寒暑之節. 而各國沿革之始末·建置之永促, 能以各國史書誌富媪山川縱橫九萬里·上下數千年者, 惜乎未之聞焉.

近惟得布路國人瑪吉士之『地理備考』與美里哥國人高理文之『合省國志』, 皆以彼國文人留心丘索, 綱擧目張. 而『地理備考』之『歐羅巴洲總記』上下二篇尤爲雄偉, 直可擴萬古之心胸. 至墨利加北洲之以部落代君長, 其章程可垂奕世而無弊, 以及南洲孛露國之金銀富甲四海, 皆曠代所未聞. 旣彙成百卷, 故提其總要於前, 俾觀者得其綱而後詳其目, 庶不致以卷帙之繁, 望洋生歎焉.

又舊圖止有正面背面二總圖, 而未能各國皆有, 無以愜左圖右史之願. 今則用廣東香港冊頁之圖, 每圖一國, 山水城邑, 鉤勒位置, 開方里差, 距極度數, 不爽毫髮. 於是從古不通中國之地, 披其山川, 如閱『一統志』之圖, 覽其風土, 如讀中國十七省之志. 豈天地氣運, 自西北而東南, 將中外一家歟!

夫悉其形勢, 則知其控馭必有於「籌海」之篇. 小用小效, 大用大效, 以震疊中國之聲靈者焉, 斯則夙夜所厚幸也. 夫至瑪吉士之『天文地球合論』與夫近日水戰火攻船械之圖, 均附於後, 以資博識, 備利用.

咸豐二年, 邵陽魏源敍於高郵洲.

주석

1 만력萬曆: 명나라 제13대 황제 신종神宗 주익균朱翊鈞(재위 1573~1620)의 연호이다.

2 서양: 원문은 '태서泰西'이다. 널리 서방 국가를 가리키는데, 일반적으로 서유럽과 미국을 의미한다.

3 마테오 리치Mateo Ricci: 원문은 '이마두利馬竇'이다. 마테오 리치(1552~1610)는 이탈리아 마체라타Macerata 출신으로 1583년에는 광동에 중국 최초의 천주교 성당을 건립해 그리스도교를 전파했다. 그는 유학에도 상당히 조예가 깊었으며, 철저한 중국화를 위해 스스로 유학자의 옷을 입었다. 그리고 조상 숭배도 인정하는 융통성을 보여 유학자들로부터 '서양의 유학자(泰西之儒士)'라고 불리었다. 대표적인 저작으로 자신과의 대화 형식을 빌려 천주교 교리를 설명한 『천주실의天主實義』가 있다.

4 『곤여도설坤輿圖說』: 청대 초기 흠천감을 맡고 있던 페르비스트(1623~1688)는 천문 역법뿐만 아니라 세계 지리와 지도, 천주교 등 다양한 유럽 문화를 소개했는데, 그중 세계 지리서로 간행한 것이 바로 『곤여도설』이다. 이 책은 상하 2권 1책으로 구성되어 있다. 여기에서 마테오 리치의 저술이라고 한 것은 오류이다. 마테오 리치는 1601년 『만국도지萬國圖志』를 그려서 만력제에게 선물했으며, 세계 지도 위에 지리학과 천문학적인 설명을 덧붙여 놓은 『곤여만국전도坤輿萬國全圖』를 번역하기도 했다. 본문에서 『곤여도설』은 『곤여만국전도』의 오류가 아닌가 생각한다.

5 줄리오 알레니Giulio Aleni: 원문은 '애유략艾儒略'이다. 알레니(1582~1649)는 이탈리아 출신의 예수회 소속 선교사이다. 중국의 복장과 예절을 받아들여 '서양의 공자'라고 일컬어졌다.

6 『직방외기職方外紀』: 알레니가 한문으로 저술한 세계지리도지世界地理圖

志이다. 마테오 리치의 『만국도지』를 바탕으로 증보했으며, 아시아, 유럽, 아프리카, 아메리카 및 해양에 관한 내용을 적고 있다. 『주례周禮』에 기록된 관제 중에 직방씨職方氏가 있는데, 천하의 땅을 관장하기 위해 지도를 맡아 관리했다. 이에 따르면 천하는 중국과 주위의 사이四夷, 팔만八蠻, 칠민七閩, 구맥九貊, 오융五戎, 육적六狄으로 구성되어 있다. 이에 알레니는 중국 사람들에게 천하에는 이들 이외에 중국에 조공하지 않는 많은 나라가 있음을 이 책을 통해 알려 주려고 한 것이다.

7 추연鄒衍: 추연(기원전 305~기원전 240)은 중국 전국 시대戰國時代 제齊나라 사람으로 제자백가 중 음양가陰陽家의 대표적 인물이다. 오행사상五行思想과 음양이원론陰陽二元論을 결합하여 음양오행사상을 구축했다.

8 천하를 논하는 것과 같다고 생각했다: 여기에서 천문은 추연의 대구주설大九洲說을 말하는 것이다. 『사기史記』에 따르면, "중국을 이름 붙이기를 적현신주赤縣神洲라고 했다. 적현신주의 안에 구주九洲라는 것이 있는데, 우禹임금이 정한 구주가 바로 이것이나, 대구주는 아니다. 중국의 밖에는 적현신주 같은 것이 9개가 있는데, 이것이 구주인 것이다"라고 되어 있다. 즉 추연은 우공의 구주 전체를 적현신주라 하고 이와 똑같은 것이 8개가 더 합쳐져서 전 세계가 하나의 주를 구성하고 있다고 보았다. 추연의 대구주설은 처음에는 이단으로 받아들여졌으나, 서양의 세계 지도가 중국에 전래되면서 관심을 끌게 되었다고 한다.

9 청조: 원문은 '국조國朝'이다.

10 통상무역: 원문은 '호시互市'이다. 본래 중국의 역대 왕조가 국경 지대에 설치한 대외무역소를 가리키는데, 명청 시대에는 책봉 관계를 체결하지 않은 외국과의 대외무역 체제를 의미한다.

11 흠천감欽天監: 명청 시대 천문·역법 등에 관한 일을 담당하던 기관으로 서양 선교사들이 황실의 천문을 살펴 주고 그 사업을 주도했다.

12 페르디난트 페르비스트Ferdinand Verbiest: 원문은 '남회인南懷仁'이다. 벨기에 출신으로 1659년 중국에 와서 전도에 일생을 바쳤다. 당초 예수회 수사 아담 샬Adam Schall을 도와 흠천감(국립천문대)에서 근무했는데, 이

는 서양의 천문학과 수학에 통달했기 때문이었다. 강희 원년(1662) 양광선楊光先을 중심으로 하는 보수파의 반대 운동에 부딪혀 아담 샬과 함께 북경 감옥에 갇혔다. 이어 보수파가 실각하자 다시 흠천감의 일을 맡게 되었으며, 궁정의 분수 등을 만들어 강희제의 신임을 받아 공부시랑工部侍郎의 직위를 하사받았다. 또한 서양풍의 천문기기를 주조하고 그것을 해설한 『영대의상지靈臺儀像志』(1674) 16권을 출판했으며, 같은 해에 『곤여도설坤輿圖說』이라는 세계 지도를 펴냈다.

13 미셸 베누아Michel Benoist: 원문은 '장우인蔣友仁'이다. 미셸 베누아(1715~1774)는 프랑스 출신의 예수회 선교사, 천문학자이다.

14 초본鈔本: 인쇄 기술에 의존하지 않고 손으로 직접 글을 써서 제작한 도서나 출판물을 가리킨다. 필사본이라고도 한다.

15 『외국사략外國史略』: 영국인 선교사 로버트 모리슨Robert Morrison의 작품으로 『해국도지』에 커다란 영향을 미쳤다.

16 『만국지리전도집萬國地理全圖集』: 광서 2년본에는 '『만국도서집萬國圖書集』'으로 되어 있으나, 악록서사본에 따라 고쳐 번역한다.

17 『평안통서平安通書』: 미국 선교사 디비 베튠 매카티Divie Bethune McCartee의 저서로, 기독교 교의와 과학 지식, 천문天文·기상氣象 관련 상식들을 소개하고 있다.

18 『매월통기전每月統紀傳』: 원명은 『동서양고매월통기전東西洋考每月統記傳』으로, 카를 귀츨라프Karl Gützlaff가 1833년에 광주廣州에서 창간한 중국어 월간지이다.

19 포르투갈: 원문은 '포로국布路國'이다.

20 호세 마르티노 마르케스José Martinho Marques: 원문은 '마길사瑪吉士'이다. 마규사馬圭斯, 혹은 마귀사馬貴斯라고도 한다. 마르케스(1810~1867)는 어려서부터 마카오의 성요셉 수도원에서 한학을 배웠다. 1833년 23세 때 통역사 자격을 취득한 후 마카오 의사회에서 통번역 일을 했으며, 1848년부터는 프랑스 외교사절의 통역에 종사했다.

21 『지리비고地理備考』: 전 10권으로 구성되어 있다. 제1권은 지리학, 천문학

과 기상학, 제2권은 지진, 화산 등 각종 자연 현상, 제3권은 포르투갈의 정치 무역을 비롯해 각 나라의 기원과 역사에 대해, 제4권에서 제10권은 지구총론, 유럽, 아시아, 아프리카, 아메리카, 오세아니아주의 정치, 지리, 경제 현상에 대해 서술하고 있다.

22 미국: 원문은 '미리가국美里哥國'이다.

23 엘리자 콜먼 브리지먼Elijah Coleman Bridgman: 원문은 '고리문高理文'이나, 비치문裨治文으로 표기하는 것이 일반적이다. 브리지먼(1801~1861)은 중국에 파견된 최초의 미국 프로테스탄트 선교사이다. 성서 번역 외에 영어판 월간지 *Chinese Repository*를 창간했다. 또한 싱가포르에서 한문으로 미국을 소개한 『미리가합성국지략』을 간행했는데, 이 책은 위원의 『해국도지』에서 미국 부분을 서술하는 데 중요한 참고자료가 되었다.

24 『미리가합성국지략美理哥合省國志略』: 원문은 '『합성국지合省國志』'이다. 혹자는 이 말을 오해해서 『합성국지』가 『해국도지』 100권본에 이르러 비로소 인용되었다고 하지만, 악록서사본에 따르면 이미 『해국도지』 50권본에서 이 책을 인용하고 있다고 한다.

25 고대 전적典籍: 원문은 '구색索丘'이다. 『팔색八索』과 『구구九丘』를 아울러 칭한 것으로 일반적으로 고대의 모든 전적을 가리킨다.

26 『지리비고地理備考』의 「구라파주총기歐羅巴洲總記」 상하 2편: 위원은 『지리비고』의 「방국법도원유정치무역근본총론邦國法度原由政治貿易根本總論」의 전문을 각색해서 「구라파주총기」 상하 두 편으로 표제를 수정했다.

27 북아메리카: 원문은 '묵리가북주墨利加北洲'이다.

28 부락이 군장을 대신하고: 원문은'이부락대군장以部落代君長'으로, 미국의 연방제를 가리키는 것으로 보인다.

29 남아메리카: 원문은 '남주南洲'이다.

30 페루국: 원문은 '패로국孛露國'이다.

31 화첩畵帖: 원문은 '책혈冊頁'이며, 화책畵冊이라고도 한다.

32 경도: 원문은 '개방이차開方里差'이다. 오늘날 시간대를 나타내는 이차의 원리는 원나라 이후 널리 알려져 절기와 시각, 일식과 월식을 예측하는

데 널리 적용됐다.

33 위도: 원문은 '거극도수距極度數'이다.

海國圖志
卷四

해국도지
권4

소양邵陽 위원魏源 찬

본권에서는 아프리카·유럽·아메리카 전도와 각 나라 지도를 제시하고, 『해국도지』 편찬에 활용한 『황조통고皇朝通考』, 『일통지一統志』, 『진랍풍토기眞臘風土記』, 『범해소록泛海小錄』, 『해록海錄』, 『동서양고東西洋考』, 『해어海語』, 『전계滇繫』, 『정문록庭聞錄』, 『남양여측南洋蠡測』, 『여송기략呂宋紀略』, 『해도일지海島逸志』, 『비해기유裨海紀遊』, 『오문기략澳門紀略』, 『해국문견록海國聞見錄』, 『서역문견록西域聞見錄』, 『영환지략瀛環志略』, 『영길리이정기략英吉利夷情紀略』, 『직방외기職方外紀』, 『곤여도설坤輿圖說』, 『평안통서平安通書』, 『지구도설地球圖說』, 『외국사략外國史略』, 『지리비고地理備考』, 『미리가국지美理哥國志』, 『매월통기전每月統紀傳』, 『천하만국지리전도집天下萬國地理全圖集』, 『사주지四洲志』, 『무역통지貿易通志』 등의 동서양 서적에 대해 언급하고 있다.

아프리카 각 나라 지도

利未亞州
各國圖

利未亞洲全圖

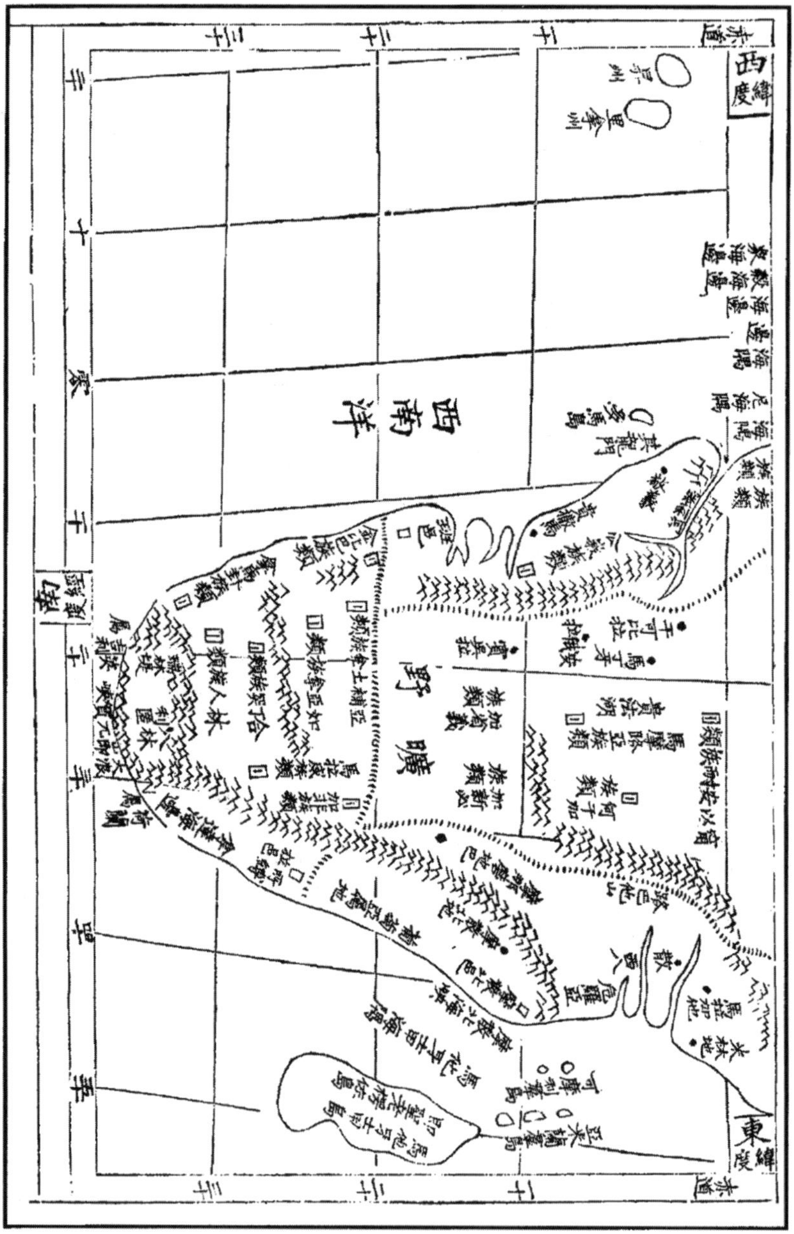

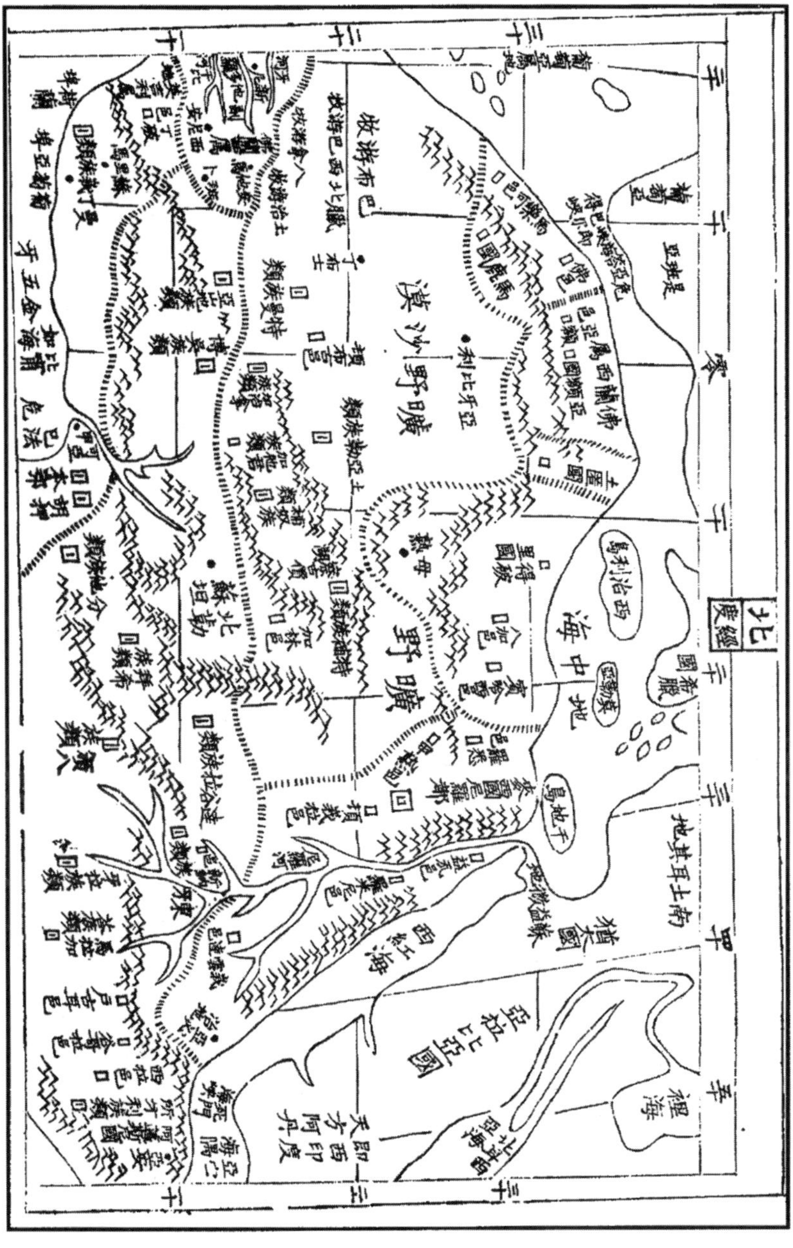

리해裡海: 지금의 카스피해Caspian Sea이다. 리해裏海라고도 한다.

남토이기지南土耳其地: 남터키Southern Turkey 지역이다.

유태국猶太國: 지금의 유대Judea 지역이다.

소익미지蘇益微地: 지금의 수에즈지협Isthmus of Suez이다.

간지도干地島: 지금의 그리스 크레타섬Creta Island이다.

희랍국希臘國: 지금의 그리스Greece이다.

막륵아莫勒亞: 지금의 몰타Malta이다.

지중해地中海: 지중해Mediterranean Sea는 대서양으로 이어지는 바다로, 해역 대부분이 3개의 주요 대륙에 둘러싸여 있다. 북쪽은 유럽, 남쪽은 아프리카, 동쪽은 아시아에 접한다.

서치리도西治里島: 지금의 이탈리아 시칠리아Sicilia이다.

득파리국得破里國: 지금의 트리폴리Tripoli이다. 트리폴리는 리비아 북서부에 위치하며, 지중해에 접한 항구도시이다. 기원전 7세기에 카르타고에 의해 건설된 페니키아인의 식민도시 3개를 통틀어서 그리스어로 '3개의 도시'를 의미하는 트리폴리스Tripolis라고 지칭한 데서 유래한 명칭이다.

토닉국土匿國: 지금의 튀니지Tunisia이다.

불란서속아액국佛蘭西屬亞額國: 프랑스령 알제리French Algeria를 가리킨다. 알제리라는 국명은 수도인 알제에서 따온 것이다. 알제리는 1830년 프랑스의 침입으로 식민지가 되었다가, 1962년 7월에 국민투표를 통해 독립을 선포하고 9월 알제리 인민민주공화국République Algérienne Démocratique et Populaire을 수립했다.

아액읍亞額邑: 지금의 알제리 수도 알제Alger이다.

시반아是班亞: 지금의 스페인Spain이다.

포도아葡萄亞: 지금의 포르투갈Portugal이다.

불읍佛邑: 페스Fes로, 지금의 모로코 북부에 있다.

위아답해협危亞答海峽: 지금의 지브롤터해협Strait of Gibraltar으로 파이득협巴爾得峽이라고도 한다.

포도아속지葡萄亞屬地: 포르투갈의 속지이다.

북이서아해北耳西亞海: 지금의 페르시아만Persian Gulf이다.

아랍비아국亞拉比亞國: 지금의 사우디아라비아Saudi Arabia이다.

서홍해西紅海: 지금의 홍해Red Sea이다.

라미니읍羅米尼邑: 지금의 에리트레아Eritrea이다.

익와읍益瓦邑: 지금의 에리트레아 수도 아스마라Asmara로 추정된다.

돈아랍읍頓峩拉邑: 지금의 이집트 알와디알자디드Al Wadi al Jadid로 추정된다.

갑숙읍甲熟邑: 지금의 이집트 마트루Matruh로 추정된다.

맥서국니라도麥西國尼羅都: 지금의 이집트 수도 카이로Cairo이다.

라실읍羅悉邑: 지금의 이집트의 항구도시 로제타Rosetta로, 아랍어로 라시드Rashld라고 한다.

빈합서읍賓哈西邑: 지금의 리비아 알바이다Al-Bayda이다.

팔가읍八加邑: 지금의 리비아 벵가지Benghazi이다.

광야曠野: 지금의 리비아사막Libyan Desert이다. 북아프리카에 있는 사막으로서, 사하라사막의 북동쪽 부분에 있다.

모숙母熟: 지도상에는 표시되어 있으나, 현재 어떤 지역을 가리키는지는 미상이다.

아아비리亞牙比利: 지금의 알제리이다.

광야사막曠野沙漠: 지금의 사하라사막Sahara Desert이다.

마록국馬鹿國: 지금의 모로코Morocco이다.

마락가읍馬樂可邑: 지금의 모로코 수도 라바트Rabat이다.

파포유목巴布游牧: 파포유목의 bābù라는 중국어 발음, 유목이라는 특성, 지리적 위치를 고려할 때 베르베르인Berber의 거주지로 추정된다.

천방아단天方阿丹: 지금의 아라비아반도 남서부에 위치한 예멘의 항구도시 아덴Aden이다.

아저해우亞亡海隅: 지금의 아덴만Gulf of Aden이다.

사문해협死門海峽: 지금의 바브엘만데브해협Bab-el-Mandeb Strait이다.

아필치지亞必治地: 아비시니아Abyssinia로, 지금의 에티오피아Ethiopia의 옛 명칭이다.

아운달읍峩雲達邑: 지금의 에티오피아 수도 아디스아바바Addis Ababa이다.

니라하尼羅河: 지금의 나일강Nile River이다.

신납읍新納邑: 지금의 와디할파Wadi Halfa로 추정된다.

동아족류東牙族類: 발음상의 유사성과 지리적 위치를 고려할 때 딩카인Dinka 거주지로 추정된다.

달곡랍족류達谷拉族類: 지도상에는 표시되어 있으나, 현재 어떤 지역을 가리키는지는 미상이다.

특보족류特補族類: 투부족Toubou 거주지를 가리킨다.

가림읍加林邑: 지금의 차드Chad이다.

찰고가호察古價湖: 지금의 차드호Lake Chad이다.

북륵소탄北勒蘇坦: 지금의 수단Sudan이다.

토아륵족류土亞勒族類: 투아레그족Tuareg 거주지를 가리킨다.

보노족류補奴族類: 지도상에는 표시되어 있으나, 현재 어떤 지역을 가리키는지는 미상이다.

가타군족류加他君族類: 지도상에는 표시되어 있으나, 현재 어떤 지역을 가리키는지는 미상이다.

가치나족류加治拿族類: 지도상에는 표시되어 있으나, 현재 어떤 지역을 가리키는지는 미상이다.

돈포고읍頓布古邑: 지도상에는 표시되어 있으나, 현재 어떤 지역을 가리키는지는 미상이다.

정포사丁布士: 지도상에는 표시되어 있으나, 현재 어떤 지역을 가리키는지는 미상이다.

랍북서파유목臘北西巴游牧: 지도상에는 표시되어 있으나, 현재 어떤 지역을 가리키는지는 미상이다.

팔나유목八拿游牧: 발음상의 유사성과 유목이라는 특성, 지리적 위치를 고려할 때 풀라인Fula 거주지로 추정된다.

특만족류特曼族類: 지도상에는 표시되어 있으나, 현재 어떤 지역을 가리키는지는 미상이다.

토치유목土治游牧: 발음상의 유사성과 유목이라는 특성, 지리적 위치를 고려할 때 도곤인Dogon 거주지로 추정된다.

박오족류博吳族類: 지도상에는 표시되어 있으나, 현재 어떤 지역을 가리키는지는 미상이다.

아산지족류亞山地族類: 발음상 유사성과 지리적 위치를 고려할 때 아샨티인Ashanti 거주지로 추정된다.

안타마安他馬: 지도상에는 표시되어 있으나, 현재 어떤 지역을 가리키는지는 미상이다.

반복班卜: 지도상에는 표시되어 있으나, 현재 어떤 지역을 가리키는지는 미상이다.

불란서속佛蘭西屬: 프랑스 속지이다.

서니안西尼安: 세네감비아Senegambia로, 세네갈Senegal과 감비아Gambia로 이루어진 지역이다. 서아프리카에 존재했던 국가 연합으로, 1982년 2월 1일에 세네감비아 연합이 출범했다가 1989년 9월 30일에 해체되었다.

신니아하新尼亞河: 지금의 세네갈강Senegal River이다.

간비하干比河: 지금의 감비아강Gambia River이다.

아안亞安: 지금의 소말리아Somalia이다.

아매사니국阿邁斯尼國: 지금의 에티오피아이다.

소아리족류所牙利族類: 발음과 지리상으로 고려할 때 소말리족Somali 거주지로 추정된다.

서랍읍西拉邑: 지도상에는 표시되어 있으나, 현재 어떤 지역을 가리키는지는 미상이다.

곡가랍읍谷哥拉邑: 지도상에는 표시되어 있으나, 현재 어떤 지역을 가리키는지는 미상이다.

호고이읍戶古耳邑: 지도상에는 표시되어 있으나, 현재 어떤 지역을 가리키는지는 미상이다.

마랍가창족류馬拉加蒼族類: 지도상에는 표시되어 있으나, 현재 어떤 지역을 가리키는지는 미상이다.

아랍족류 牙拉族類: 아랍족 거주지를 가리킨다.

반팔족류頒八族類: 지도상에는 표시되어 있으나, 현재 어떤 지역을 가리키는지는 미상이다.

배희족류拜希族類: 지도상에는 표시되어 있으나, 현재 어떤 지역을 가리키는지는 미상이다.

분타족류分他族類: 발음을 고려해 볼때 반투족Bantu 거주지로 추정된다.

가아갑可亞甲: 지금의 나이지리아Nigeria이다.

호압족류胡押族類: 하우사족Hausa 거주지를 가리킨다.

본악족류本鄂族類: 지도상에는 표시되어 있으나, 현재 어떤 지역을 가리키는지는 미상이다.

위니해우危尼海隅: 지금의 기니만Gulf of Guinea이다.

사법해우巳法海隅: 노예해안Slave Coast으로, 지금의 나이지리아에 위치한다.

비녕해우比寗海隅: 지금의 베냉만Bight of Benin이다.

여해변如海邊: 지도상에는 표시되어 있으나, 현재 어떤 지역을 가리키는지는 미상이다.

금해변金海邊: 황금해안Costa do Ouro으로, 지금의 가나에 위치한다.

오곡해변五穀海邊: 곡물해안Grain Coast으로, 후추해안Pepper Coast이라고도 하며 지금의 라이베리아, 시에라리온 연안 지대를 가리키는 용어이다.

아상해변牙象海邊: 상아해안Ivory Coast으로, 지금의 코트디부아르Côte d'Ivoire이다. 상아해안이라는 명칭은 15세기 후반부터 이 지역 해안에서 주로 상아를 산출한 데서 유래한 것이다.

소리마蘇里馬: 지금의 시에라리온이다.

정파읍丁破邑: 지금의 시에라리온 수도 프리타운Freetown이다.

영길리속지英吉利屬地: 영국 속지이다.

만정아족류曼丁峩族類: 시에라리온의 종족 중 하나인 맨데족 거주지를 가리킨다.

포도아부葡萄亞埠: 포르투갈령 부두이다.

하란부荷蘭埠: 네덜란드령 부두이다.

미림지米林地: 지금의 케냐 말린디Malindi이다.

마랍가타馬拉加他: 지도상에는 표시되어 있으나, 현재 어떤 지역을 가리키는지는 미상이다.

산서팔散西八: 지금의 탄자니아 잔지바르Zanzibar이다.

위라아危羅亞: 지금의 말라위Malawi이다.

아미란군도亞米蘭羣島: 지금의 세이셸 아미란트제도Amirante Islands이다.

가마리군도可摩利羣島: 지금의 코모로제도Comoro Islands이다.

로파타산路巴他山: 지도상에는 표시되어 있으나, 현재 어떤 지역을 가리키는지는 미상이다.

영이안내족류寗以安耐族類: 지도상에는 표시되어 있으나, 현재 어떤 지역을 가리키는지는 미상이다.

하간가족류何干加族類: 지도상에는 표시되어 있으나, 현재 어떤 지역을 가리키는지는 미상이다.

귀법호貴法湖: 지도상에는 표시되어 있으나, 현재 어떤 지역을 가리키는지는 미상이다.

마정아馬丁牙: 지도상에는 표시되어 있으나, 현재 어떤 지역을 가리키는지는 미상이다.

간가비랍干可比拉: 지도상에는 표시되어 있으나, 현재 어떤 지역을 가리키는지는 미상이다.

안아랍安俄拉: 지금의 앙골라Angola이다.

새리하塞利河: 지금의 자이르강Zaire River으로, 콩고강Congo River이라고도 한다.

경의敬義: 지금의 가봉 포르장티Port-Gentil로 추정된다.

공아족류公峩族類: 지도상에는 표시되어 있으나, 현재 어떤 지역을 가리키는지는 미상이다.

귀살마貴撒馬: 지도상에는 표시되어 있으나, 현재 어떤 지역을 가리키는지는 미상이다.

기룡문其龍門: 지금의 비오코섬Bioko Island으로, 아프리카 서부 기니만에 위치한 적도기니의 섬이다.

다마도多馬島: 지금의 상투메섬Ilha de São Tomé으로, 적도 이북에 위치한다.

이나주里拿州: 발음과 위치상으로 고려할 때 세인트헬레나섬Saint Helena Island으로 추정된다.

승주昇州: 지금의 어센션섬Ascension Island이다.

마타아사갑도馬他牙士甲島: 지금의 마다가스카르Madagascar이다. 성노릉좌도聖老楞佐島라고도 한다.

마타아사갑해우馬他牙士甲海隅: 지금의 마다가스카르해협이다.

마산북해협摩散北海峽: 지금의 모잠비크해협Mozambique Channel이다.

마산북지摩散北地: 지금의 모잠비크Mozambique이다.

마산북읍摩散北邑: 지금의 모잠비크 수도 마푸투Maputo이다.

포도아속지葡萄亞屬地: 포르투갈 속지이다.

마나마지파摩那磨地巴: 지금의 짐바브웨Zimbabwe이다.

가신필족류加新必族類: 지도상에는 표시되어 있으나, 현재 어떤 지역을 가리키는지는 미상이다.

가성의족류加省義族類: 지도상에는 표시되어 있으나, 현재 어떤 지역을 가리키는지는 미상이다.

빈오랍賓吳拉: 지금의 잠비아Zambia로 추정된다.

광야曠野: 지금의 칼라하리사막Kalahari Desert으로, 아프리카 남부에 있는 사막이며 보츠와나Botswana, 남아프리카 공화국Republic of South Africa, 나미비아Namibia에 걸쳐 있다.

반읍班邑: 지금의 앙골라 벵겔라주Benguela이다.

소박랍읍所縛拉邑: 지금의 모잠비크 소팔라주Sofala이다.

가비족류加非族類: 지도상에는 표시되어 있으나, 현재 어떤 지역을 가리키는지는 미상이다.

마랍위족류馬拉威族類: 말라위족 거주지를 가리킨다.

아보토나족亞補土拿族類: 지도상에는 표시되어 있으나, 현재 어떤 지역을 가리키는지는 미상이다.

여아나족류如亞拿族類: 지도상에는 표시되어 있으나, 현재 어떤 지역을 가리키는지는 미상이다.

합정돌족류合丁突族類: 코이코이족Khoikhoin 거주지를 가리킨다.

임인족류林人族類: 지도상에는 표시되어 있으나, 현재 어떤 지역을 가리키는지는 미상이다.

금비파족류金比巴族類: 지도상에는 표시되어 있으나, 현재 어떤 지역을 가리키는지는 미상이다.

나마괘족류拿馬卦族類: 나미비아족 거주지를 가리킨다.

나달해변拿達海邊: 지금의 남아공 콰줄루나탈KwaZulu-Natal이다. 1910년 5월부터 1994년 4월까지 존재했던 남아공의 나탈주Natal로, 이후 콰줄루반투스탄KwaZulu-Bantustan과 함께 콰줄루나탈주KwaZulu-Natal가 되었다.

하란속荷蘭屬: 네덜란드 속지이다.

팔림리닉八林利匿: 지도상에는 표시되어 있으나, 현재 어떤 지역을 가리키는지는 미상이다.

서림제瑞林堤: 지도상에는 표시되어 있으나, 현재 어떤 지역을 가리키는지는 미상이다.

대랑산大浪山: 바로 올하협兀賀峽으로, 지금의 희망봉Cape of Good Hope이다.

영길리속英吉利屬: 영국 속지이다.

서남양西南洋: 지금의 대서양Atlantic Ocean이다.

北
經度
地中海
曠野沙漠
曠野
蘇北勒垣
西紅海
亞拉比亞國
裡海
赤道
西南洋
曠野
南

麥西國圖

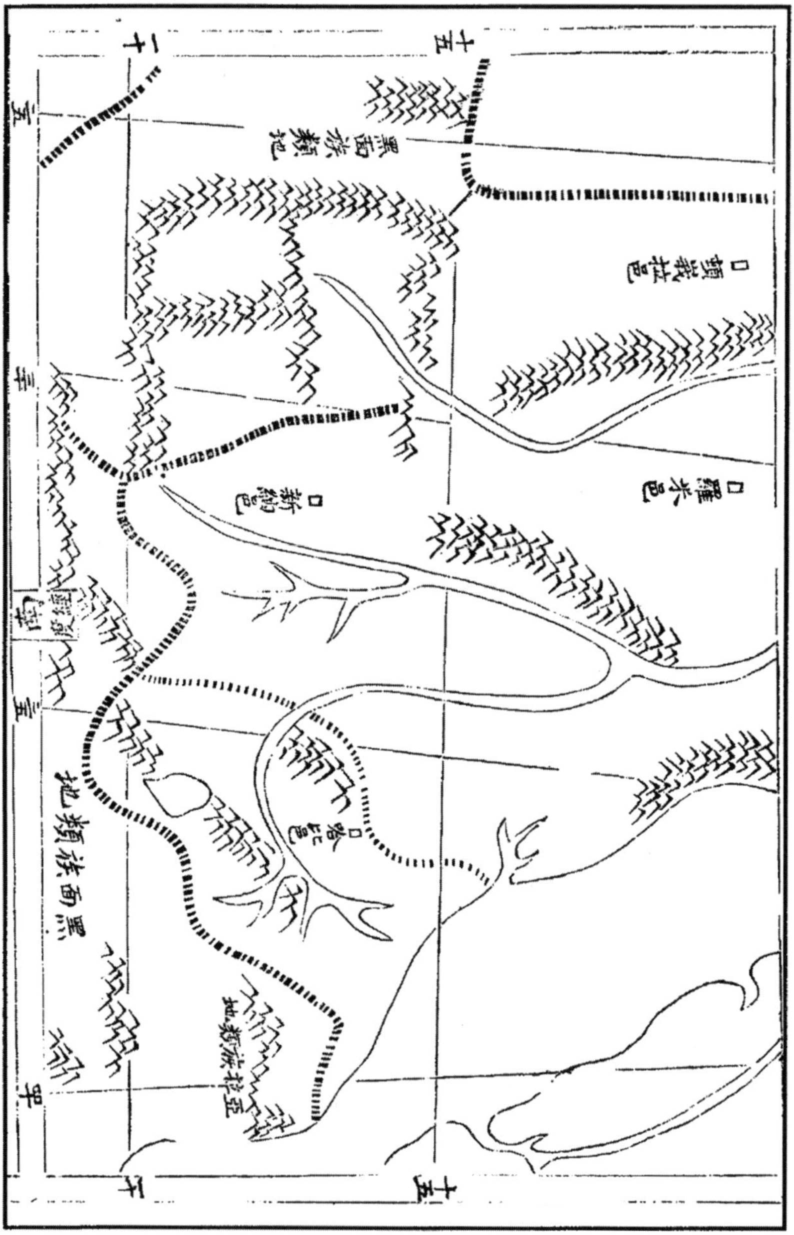

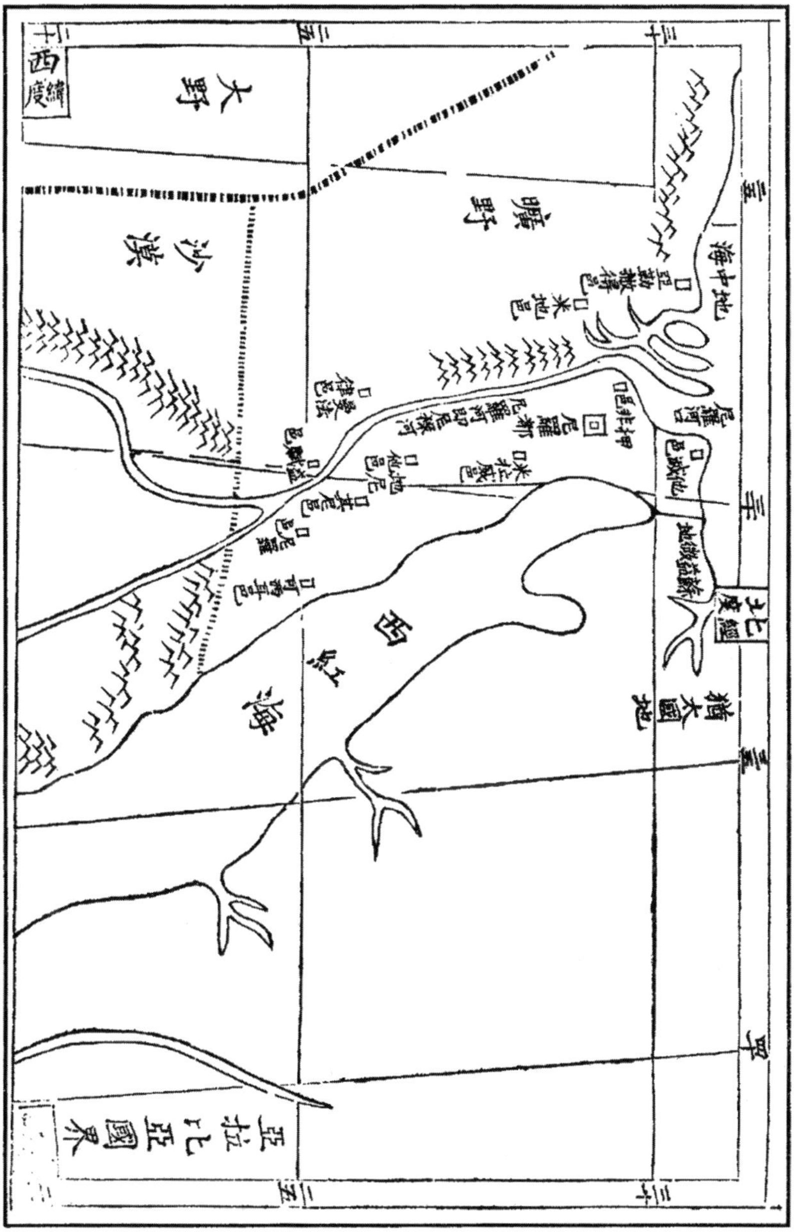
地中海
曠野
沙漠
大野
西紅海
猶太國地
亞拉比亞國界

이집트 지도

유태국지猶太國地: 유대Judea의 땅이다.

소익미지蘇益微地: 지금의 수에즈지협Isthmus of Suez이다.

타멸읍他滅邑: 지금의 이집트 다미에타Damietta이다.

니라하구尼羅河口: 지금의 나일강Nile River 하구이다.

지중해地中海: 지중해Mediterranean Sea는 대서양으로 이어지는 바다로, 해역 대부분이 3개의 주요 대륙에 둘러싸여 있다. 북쪽은 유럽, 남쪽은 아프리카, 동쪽은 아시아에 접한다.

아륵살득읍亞勒撒得邑: 지금의 이집트 북부에 위치한 알렉산드리아 Alexandria이다.

서홍해西紅海: 지금의 홍해Red Sea이다.

압비읍押非邑: 지금의 이집트 탄타Tanta로 추정된다.

니라도尼羅都: 지금의 이집트 수도 카이로Cairo이다.

미랍위읍米拉威邑: 지금의 이집트 수에즈Suez로 추정된다.

니라하尼羅河: 지금의 나일강으로 니록하尼祿河라고도 한다.

지니타읍地尼他邑: 지금의 이집트 후르가다Hurghada로 추정된다.

기니읍其尼邑: 지금의 이집트 케나Qena이다. 고대 로마 시대에는 케네폴리스Caenepolis라는 이름으로 알려졌으며, 홍해 연안과 인접한 교통의 요충지이다.

만법률읍曼法律邑: 지금의 나일강 서안에 위치한 아시우트Asyut로 추정된다.

미지읍米地邑: 지금의 나일강 중류 서안에 위치한 기자Giza로, 수도 카이로와 나일강을 사이에 두고 있다.

광야曠野: 지금의 리비아사막Libyan Desert이다.

가서이읍可西耳邑: 지금의 이집트 사파가Safaga로 추정된다.

니라읍尼羅邑: 지금의 이집트 룩소르Luxor로 추정된다.

익부읍益賦邑: 지금의 나일강 서안에 위치한 에드푸Edfu로 추정된다.

아랍비아국계亞拉比亞國界: 지금의 사우디아라비아 경계이다.

사막대야沙漠大野: 지금의 사하라사막Sahara Desert이다.

나미읍羅米邑: 지금의 아스완Aswān으로 추정된다.

돈아랍읍頓峩拉邑: 지금의 이집트 알와디알자디드Al Wadi al Jadid로 추정된다.

아랍족류지亞拉族類地: 아랍족 거주지를 가리킨다.

합비읍哈比邑: 지금의 할라입Halayeb으로 추정된다. 이집트 남부와 수단 북부 접경지대에 위치한다.

신납읍新納邑: 지금의 와디할파Wadi Halfa로 추정된다.

흑면족류지黑面族類地: 누비아족Nubian 거주지를 가리킨다.

利未亞北方各國圖

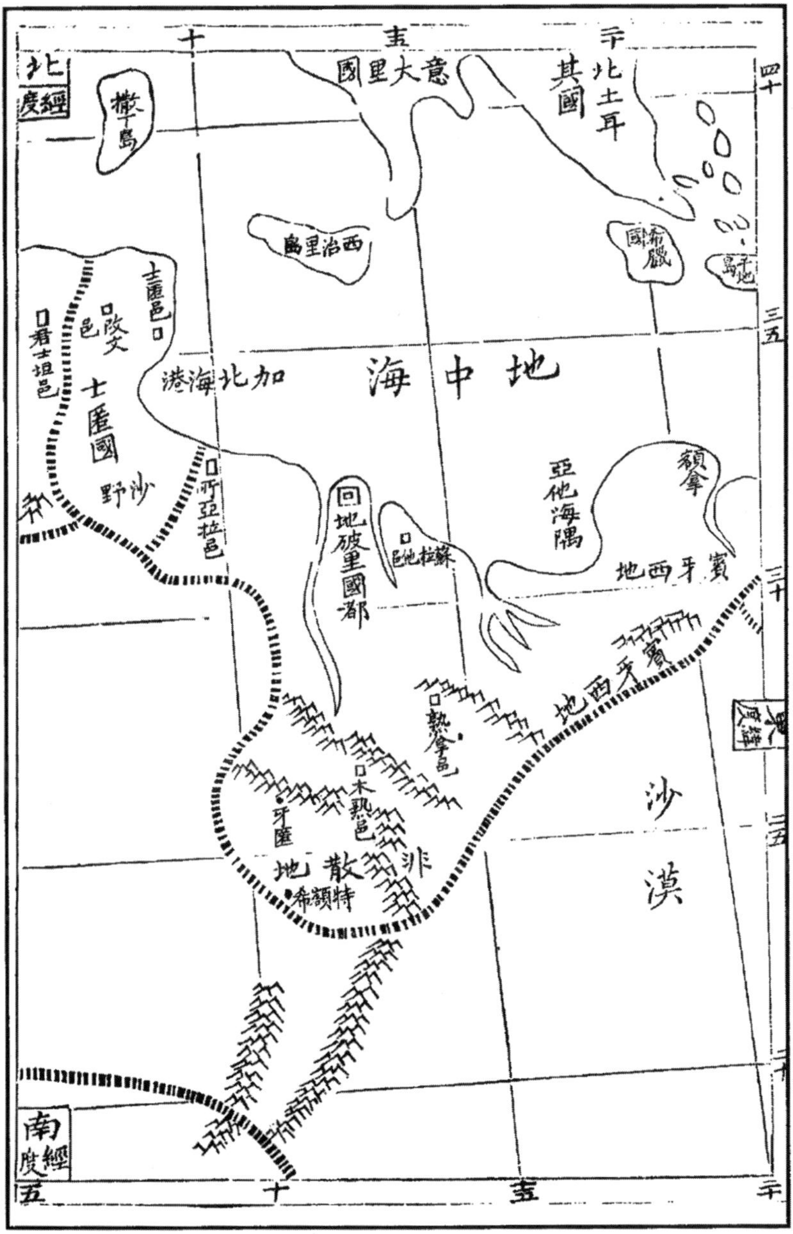

北度經
意大里國
北土耳其國
西治里島
地中海
加北海港
士匿國
沙野
回回地破里國都
亞他海隅
賓乎西地
沙漠
南度經

아프리카 북방 각 나라 지도

북토이기국北土耳其國: 북터키Northern Turkey이다.

간지도干地島: 지금의 그리스 크레타섬Creta Island이다.

희랍국希臘國: 지금의 그리스Greece이다.

의태리국意大里國: 지금의 이탈리아Italia이다.

서치리도西治里島: 지금의 이탈리아 시칠리아Sicilia이다.

살정도撒丁島: 지금의 이탈리아 사르데냐섬Sardegna Island이다.

마약가도馬約加島: 지금의 마요르카섬Majorca Island으로, 지중해 발레아레스 제도Balearic Islands에 위치한 스페인에서 가장 큰 섬이다.

미나가도米那加島: 지금의 메노르카섬Menorca Island으로, 스페인 발레아레스제도의 한 섬이다.

시반아是班牙: 지금의 스페인Spain이다.

포도아葡萄亞: 지금의 포르투갈Portugal이다.

위압달해협危押達海峽: 지금의 지브롤터해협Strait of Gibraltar이다.

액나額拿: 지금의 리비아 데르나Darnah이다.

아타해우亞他海隅: 지금의 시드라만Gulf of Sidra으로, 지중해에 접한 리비아 북부의 만이다.

빈아서지賓牙西地: 지금의 리비아 벵가지Benghazi 지역이다.

사막沙漠: 지금의 리비아사막Libyan Desert이다.

소랍타읍蘇拉他邑: 지금의 리비아 북부의 시르테Sirte이다.

지파리국도地破里國都: 지금의 리비아 수도 트리폴리Tripoli이다.

숙나읍熟拿邑: 지도상에는 표시되어 있으나, 현재 어떤 지역을 가리키는 지는 미상이다.

목숙읍木熟邑: 지도상에는 표시되어 있으나, 현재 어떤 지역을 가리키는지는 미상이다.

아닉牙匿: 지도상에는 표시되어 있으나, 현재 어떤 지역을 가리키는지는 미상이다.

비산지非散地: 지금의 리비아 남부 페잔Fezzan 지역이다.

특액희特額希: 지도상에는 표시되어 있으나, 현재 어떤 지역을 가리키는지는 미상이다.

소아랍읍所亞拉邑: 지금의 리비아 주와라Zuwarah이다.

가북해항加北海港: 지금의 튀니지 가베스Gabès이다.

사닉읍士匿邑: 지금의 튀니지 수도 튀니스Tunis이다.

개문읍改文邑: 지금의 튀니지 카이르완Kairouan으로 추정된다.

사닉국士匿國: 지금의 튀니지Tunisia이다.

사야沙野: 지금의 그랜드 에르그 오리엔탈Grand Erg Oriental이다.

군사탄읍君士坦邑: 지금의 알제리 콩스탕틴Constantine이다.

서시西時: 지금의 알제리 북부의 세티프Sétif이다.

불란서번속佛蘭西藩屬: 프랑스 속지로, 지금의 알제리 동북부 지역이다.

필가랍必加拉: 지금의 알제리 비스크라Biskra이다.

압액도押額都: 지금의 알제리 수도 알제Alger이다.

돌옥突獄: 지금의 알제리 투구르트Touggourt이다.

압액국押額國: 지금의 알제리Algeria이다.

식절읍識折邑: 지도상에는 표시되어 있으나, 현재 어떤 지역을 가리키는지는 미상이다.

마가랍馬加拉: 지도상에는 표시되어 있으나, 현재 어떤 지역을 가리키는지는 미상이다.

아란阿蘭: 지금의 알제리 북부에 위치한 오랑Oran이다.

특미신特米新: 지금의 알제리 북부에 위치한 틀렘센Tlemcen이다.

산조지지産棗之地: 대추야자 생산 지역이다.

미리랍米里拉: 지금의 모로코 멜리야Melilla이다.

북미北米: 지금의 모로코 북부, 지브롤터해협 연안에 위치한 세우타Ceuta 이다.

살사撒士: 지도상에는 표시되어 있으나, 현재 어떤 지역을 가리키는지는 미상이다.

살분薩分: 지도상에는 표시되어 있으나, 현재 어떤 지역을 가리키는지는 미상이다.

살리撒里: 지금의 모로코 살레Salé이다.

마록국馬鹿國: 지금의 모로코Morocco이다.

타묵나他默拿: 지도상에는 표시되어 있으나, 현재 어떤 지역을 가리키는지는 미상이다.

살비薩非: 지금의 모로코 사피Safi이다.

압랍산押臘山: 지금의 아틀라스산맥Atlas Mountains이다.

소랍蘇拉: 지금의 모로코 에사우이라Essaouira이다.

리납림裏拉林: 지도상에는 표시되어 있으나, 현재 어떤 지역을 가리키는지는 미상이다.

타비륵他非勒: 지도상에는 표시되어 있으나, 현재 어떤 지역을 가리키는지는 미상이다.

마록도馬鹿都: 지금의 모로코이다.

압가押加: 지금의 모로코 아가디르Agadir이다.

달합부達哈部: 지금의 모로코 다클라우에드에드다하브Dakhla-Oued Ed-Dahab

이다.

광야사막曠野沙漠: 지금의 사하라사막Sahara Desert이다.

흑면족류지黑面族類地: 누비아족Nubian의 땅이다.

英吉利所屬利未亞洲南方各地圖

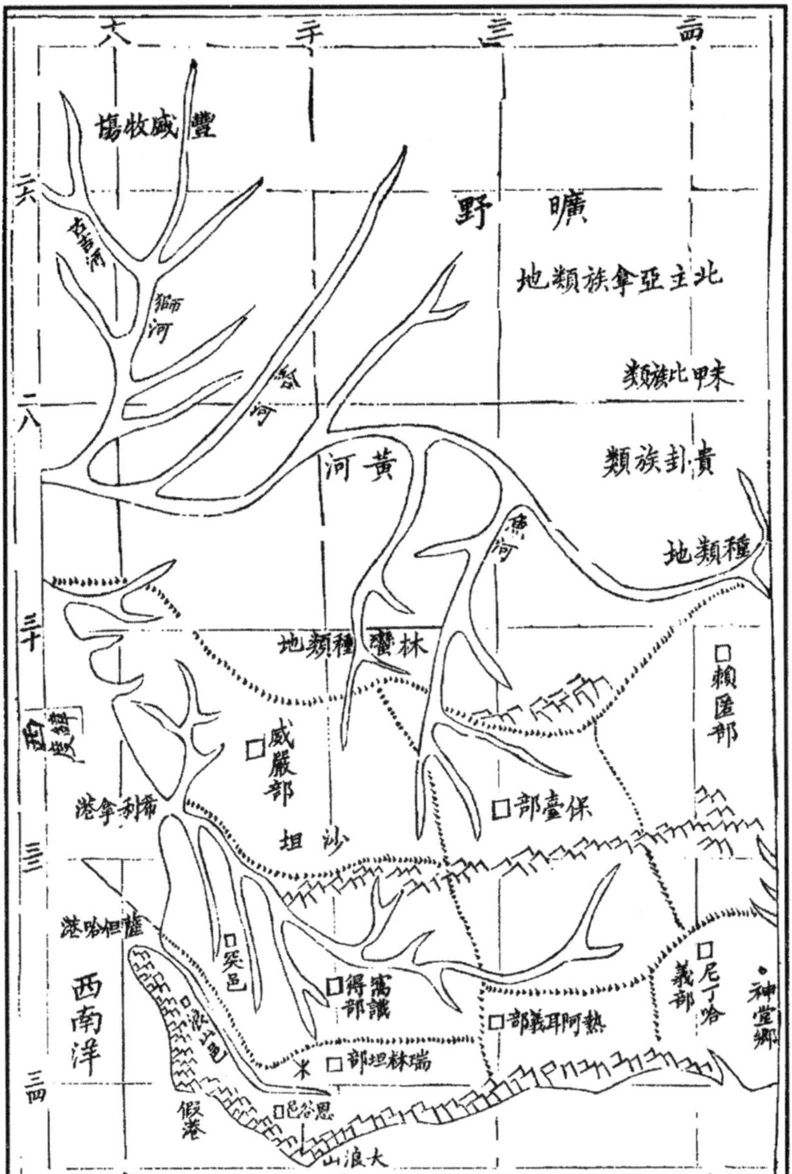

文古士族類地
母布妻族類地
馬拉哈牙巴族類地
他馬齊族類
馬拿他帝族類地
可巴拿族類地
巴蘇他族類地
亞馬蘇拉族類
丁比亞
馬希他
加非利族類
義門是族類
亞馬可撒族類
東南洋
南海

영국령 아프리카 남부 지도

득랍아아항得拉峩亞港: 지도상에는 표시되어 있으나, 현재 어떤 지역을 가리키는지는 미상이다.

마희타항馬希他港: 지금의 모잠비크 마푸투항Port Maputo으로 추정된다.

정비아丁比亞: 지금의 모잠비크 샤이샤이XaiXai로 추정된다. 이 지역을 1928~1975년 사이에는 옛 행정관의 이름을 따 주앙벨루João Belo라고 불렀다.

마희타馬希他: 지금의 모잠비크 수도 마푸투Maputo로 추정된다.

문고사족류지文古士族類地: 지도상에는 표시되어 있으나, 현재 어떤 지역을 가리키는지는 미상이다.

모포처족류지母布妻族類地: 지도상에는 표시되어 있으나, 현재 어떤 지역을 가리키는지는 미상이다.

마랍합아파족류지馬拉哈牙巴族類地: 지도상에는 표시되어 있으나, 현재 어떤 지역을 가리키는지는 미상이다.

타마사족류他馬査族類: 지도상에는 표시되어 있으나, 현재 어떤 지역을 가리키는지는 미상이다.

마나타제족류지馬拿他帝族類地: 지도상에는 표시되어 있으나, 현재 어떤 지역을 가리키는지는 미상이다.

황하黃河: 지금의 오렌지강Orange River이다. 가리프강Gariep River, 그루테강Groote River, 센쿠강Senqu River이라고 한다.

랍타고읍拉他古邑: 지도상에는 표시되어 있으나, 현재 어떤 지역을 가리키는지는 미상이다.

광야曠野: 지금의 나미브사막Namib Desert으로, 나미비아와 앙골라 남부의 사막이다.

북주아나족류지北主亞拿族類地: 지도상에는 표시되어 있으나, 현재 어떤 지역을 가리키는지는 미상이다.

주갑비족류朱甲比族類: 지도상에는 표시되어 있으나, 현재 어떤 지역을 가리키는지는 미상이다.

풍성목장豐盛牧場: 지도상에는 표시되어 있으나, 현재 어떤 지역을 가리키는지는 미상이다.

고길하古吉河: 지도상에는 표시되어 있으나, 현재 어떤 지역을 가리키는지는 미상이다.

사하獅河: 지도상에는 표시되어 있으나, 현재 어떤 지역을 가리키는지는 미상이다.

급하給河: 지도상에는 표시되어 있으나, 현재 어떤 지역을 가리키는지는 미상이다.

가파나족류지可巴拿族類地: 지도상에는 표시되어 있으나, 현재 어떤 지역을 가리키는지는 미상이다.

아마소랍족류亞馬蘇拉族類: 지도상에는 표시되어 있으나, 현재 어떤 지역을 가리키는지는 미상이다.

파소타족류지巴蘇他族類地: 바수톨란드Basutoland로, 지금의 레소토Lesotho이다.

괘람파산挂藍巴山: 지금의 남아프리카 드라켄즈버그산맥Drakensberg Mountains 이다.

임만종류지林蠻種類地: 지도상에는 표시되어 있으나, 현재 어떤 지역을 가리키는지는 미상이다.

귀괘족류貴卦族類: 지도상에는 표시되어 있으나, 현재 어떤 지역을 가리키는지는 미상이다.

어하魚河: 지금의 피시강Fish River이다.

동남양東南洋: 지금의 인도양Indian Ocean이다.

가비리족류加非利族類: 케어필리인Caerphilly으로, 지금의 남아공 콰줄루나탈주에 있다.

아문시족류峩門是族類: 지도상에는 표시되어 있으나, 현재 어떤 지역을 가리키는지는 미상이다.

아마가살족류亞馬可撒族類: 지도상에는 표시되어 있으나, 현재 어떤 지역을 가리키는지는 미상이다.

소묵절부所默折部: 지금의 남아공 이스턴케이프주Eastern Cape로 추정된다.

갑호읍甲鎬邑: 지도상에는 표시되어 있으나, 현재 어떤 지역을 가리키는지는 미상이다.

압아아니押峩亞尼: 지금의 남아공 포트엘리자베스Port Elizabeth이다.

압아아항押峩亞港: 알고아만Algoa Bay으로, 지금의 남아공 포트엘리자베스이다.

뢰닉부賴匿部: 지도상에는 표시되어 있으나, 현재 어떤 지역을 가리키는지는 미상이다.

보대부保臺部: 지도상에는 표시되어 있으나, 현재 어떤 지역을 가리키는지는 미상이다.

위엄부威嚴部: 지도상에는 표시되어 있으나, 현재 어떤 지역을 가리키는지는 미상이다.

사탄沙坦: 사막이다.

니정합읍尼丁哈邑: 지금의 남아공 유텐헤이그Uitenhage로 추정된다.

희리나항希利拿港: 지금의 나미비아 월비스베이Walvis Bay로 추정된다.

살단합항薩但哈港: 지금의 남아공 살다냐항Port of Saldanha이다.

신당향神堂鄉: 지도상에는 표시되어 있으나, 현재 어떤 지역을 가리키는지는 미상이다.

니정합의부尼丁哈義部: 지도상에는 표시되어 있으나, 현재 어떤 지역을 가리키는지는 미상이다.

열아이의부熱阿耳義部: 지금의 조지아Georgia이다.

와식득부窩識得部: 코이코이족Khoikhoin 부락이다.

서림탄부瑞林坦部: 지도상에는 표시되어 있으나, 현재 어떤 지역을 가리키는지는 미상이다.

돌읍突邑: 지도상에는 표시되어 있으나, 현재 어떤 지역을 가리키는지는 미상이다.

낭산읍浪山邑: 지금의 남아공 케이프Cape이다.

가항假港: 지금의 남아공 케이프타운Cape Town이다.

은곡읍恩谷邑: 지도상에는 표시되어 있으나, 현재 어떤 지역을 가리키는지는 미상이다.

대랑산大浪山: 지금의 희망봉Cape of Good Hope이다.

유럽 각 나라 지도

歐羅巴州
各國圖

歐羅巴洲全圖

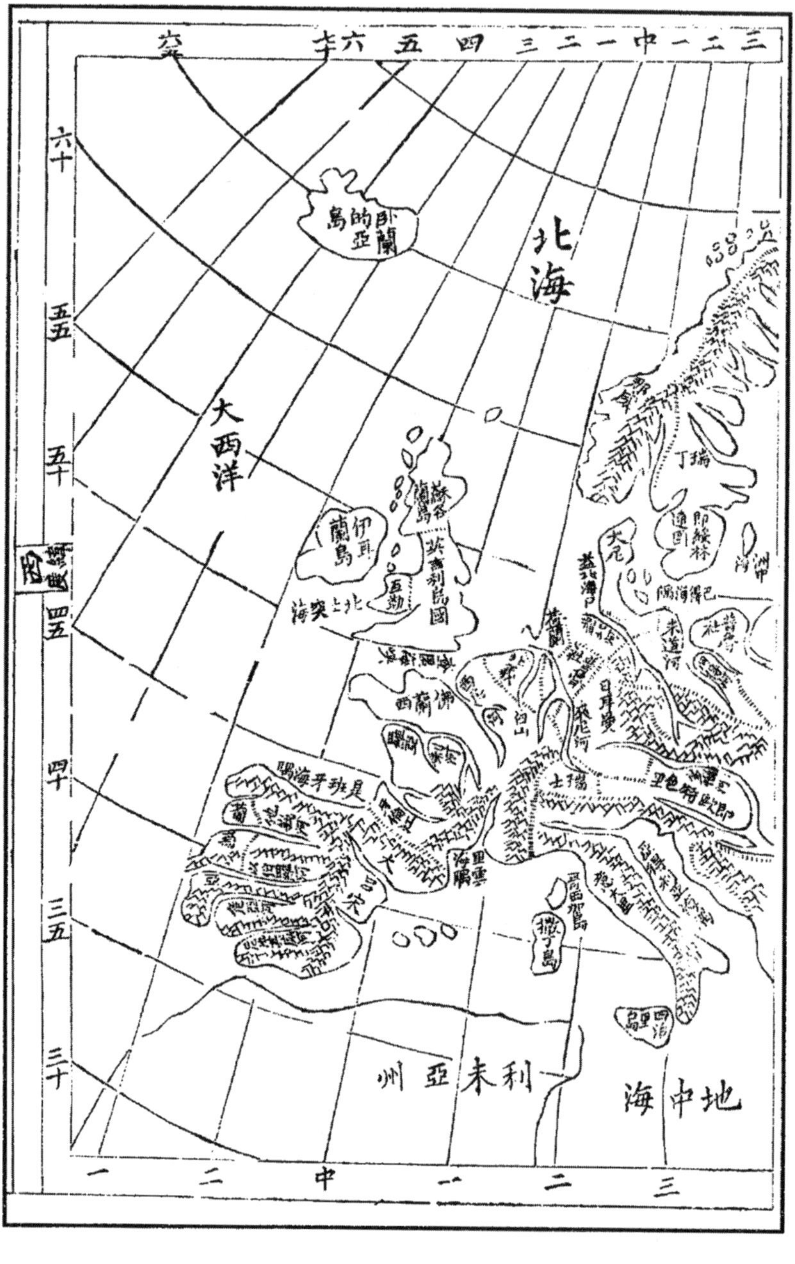

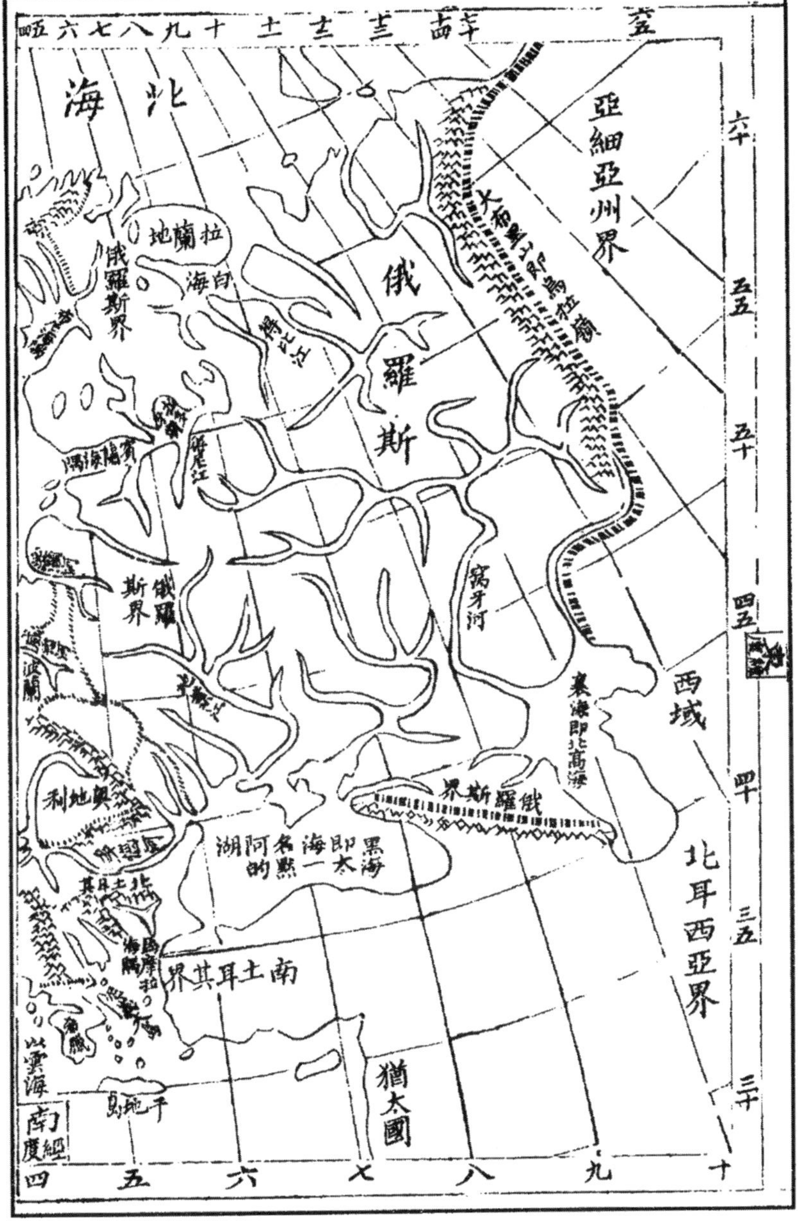
北海
亞細亞州界
俄羅斯
拉蘭地
白海
俄羅斯界
俄羅斯界
窩牙河
西域
裏海即北高海
俄羅斯界
黑海即太海一名黙阿的湖
奧地利
南土耳其界
北耳西亞界
猶太國
四
五
六
七
八
九
十

유럽 전도

북해北海: 북해North Sea는 유럽 대륙붕에 있는 부속해로, 대서양 동북부 연해이며 발트해와 닿아 있다.

아세아주계亞細亞州界: 아시아 경계이다.

대포리산大布里山: 우랄산맥Ural Mountains이다. 우랄산맥은 카자흐스탄 북부에서 북극해까지 러시아를 남북으로 종단하는 산맥으로, 아시아와 유럽의 경계를 형성한다.

아라사俄羅斯: 지금의 러시아Russia이다.

득비강得比江: 지금의 세베르나야드비나강Severnaya Dvina River이다.

백해白海: 백해White Sea는 러시아 북서쪽 해안에 있는 바렌츠해Barents Sea의 만이다.

랍란지拉蘭地: 지금의 콜라반도Kola Peninsula이다.

아라사계俄羅斯界: 러시아 경계이다.

포니해우布尼海隅: 보트니아만Gulf of Bothnia이다.

와란적아도臥蘭的亞島: 지금의 아이슬란드Iceland이다.

랍다아호拉多牙湖: 지금의 라도가호Ladozhskoye Ozero이다.

득니강得尼江: 지금의 자파드나야드비나강Zapadnaya Dvina River이다.

빈란해우賓蘭海隅: 지금의 핀란드만Gulf of Finland이다.

와아하窩牙河: 지금의 볼가강Volga River이다. 러시아 서부의 강으로, 유럽에서 가장 긴 강이며 러시아의 중요한 교통로이다. 와이아하窩爾牙河, 와리아하窩里牙河, 와와하窩瓦河, 복랍가강服拉加江, 와이가하窩爾加河라고도 한다.

필액하必額河: 지금의 프레골라강Pregoła River이다.

위실하威悉河: 지금의 비스와강Wisła River이다.

지업강地業江: 지금의 드네스트르강Dniester River이다.

파란波蘭: 지금의 폴란드Poland이다.

나위那威: 지금의 노르웨이Norway이다.

서정瑞丁: 지금의 스웨덴Sweden으로, 수림련국綏林連國이라고도 한다.

주중해洲中海: 지금의 발트해Baltic Sea이다.

파득해우巴得海隅: 지금의 발트해 연안이다.

대니大尼: 지금의 덴마크Denmark이다.

익북해구益北海口: 지금의 엘베강 해구이다.

익북하益北河: 지금의 엘베강Elbe River이다.

보로사普魯社: 프러시아Prussia, 즉 프로이센preussen을 가리킨다.

미도하未道河: 바르타강Warta River이다.

아득하阿得河: 오데르강Odra River이다.

하란荷蘭: 지금의 네덜란드Netherlands이다.

소격란도蘇格蘭島: 지금의 영국 스코틀랜드Scotland이다.

영길리도국英吉利島國: 지금의 영국 잉글랜드England이다.

와륵瓦勒: 지금의 영국 웨일스Wales이다.

이이란도伊耳蘭島: 지금의 아일랜드Ireland이다.

북사돌해北士突海: 지금의 브리스틀해협Bristol Channel이다.

사닉해협查匿海峽: 옛 명칭은 라망슈해협La Manche으로, 지금의 영국해협 English Channel을 가리킨다.

서역西域: 서역은 중국인들이 중앙아시아와 서아시아를 통칭해 부르던 말이다.

리해裏海: 지금의 카스피해로, 북고해北高海라고도 한다.

북토이기계北土耳其界: 북터키 경계이다.

흑해黑海: 지금의 흑해Black Sea로, 태해太海, 묵아적호默阿的湖라고도 한다.

오지리奧地利: 지금의 오스트리아Austria로, 구특색리歐特色里라고도 한다.

다뇌하多惱河: 지금의 도나우강Donau River이다.

북토이기北土耳其: 북터키Northern Turkey이다.

마마랍해우馬摩拉海隅: 마르마라해Sea of Marmara이다.

남토이기계南土耳其界: 남터키 경계이다.

니아대도尼峩大島: 지금의 네그로폰테Negroponte로, 그리스의 에비아섬 Euboea Island이다.

이운해以雲海: 지금의 이오니아해Ionian Sea이다.

유태국猶太國: 지금의 이스라엘Israel이다.

희랍국希臘國: 지금의 그리스Greece이다.

간지도干地島: 지금의 그리스 크레타섬Creta Island이다.

일이만日耳曼: 지금의 독일Germany이다.

북의北義: 지금의 벨기에Belgium이다.

래니하來尼河: 지금의 라인강Rhein River이다.

백산白山: 지금의 알프스산맥Alps Mountains으로, 고대 로마인들은 이 명칭의 어원을 라틴어 'Albus'라고 여겼는데, '흰색'이라는 뜻이다.

서니하西尼河: 지금의 센강Seine River이다.

불란서佛蘭西: 지금의 프랑스France이다.

서사瑞士: 지금의 스위스Switzerland로, 소익살蘇益薩이라고도 한다.

아득리아해우亞得利亞海隅: 지금의 아드리아해Adriatic Sea이다.

의대리意大里: 지금의 이탈리아Italia로, 의대리意大利라고도 한다.

사치리도四治里島: 지금의 이탈리아 시칠리아Sicilia이다.

지중해地中海: 지금의 지중해이다.

가서가도哥西加島: 지금의 프랑스 코르시카Corsica이다.

살정도撒丁島: 지금의 이탈리아 사르데냐섬Sardegna Island이다.

리운해우里雲海隅: 지금의 리옹만Golfe of Lion이다.

리미아주利未亞州: 지금의 아프리카Africa를 가리킨다.

라아리하羅亞利河: 지금의 루아르강Loire River이다.

아륜강牙倫江: 지금의 가론강Garonne River이다.

시반아해우是班牙海隅: 지금의 비스케이만Bay of Biscay이다.

타아하他峩河: 지금의 타호강Tajo River이다.

대여송大呂宋: 지금의 스페인Spain이다.

포도아葡萄亞: 지금의 포르투갈Portugal이다.

이백라하以伯羅河: 지금의 에브로강Ebro River이다.

위아하危亞河: 지금의 과디아나강Guadiana River이다.

위타기위하危他其威河: 지금의 과달키비르강Guadalquivir River이다.

大呂宋葡萄亞兩國合圖

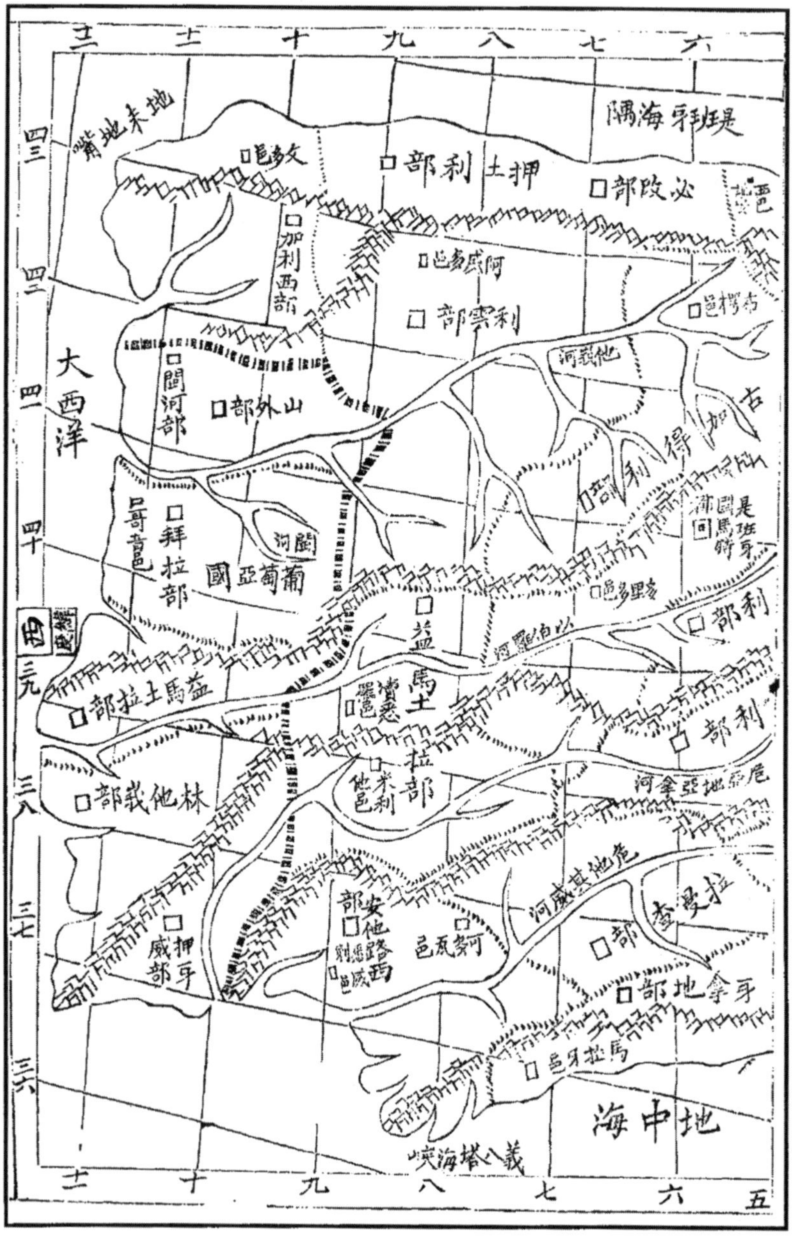

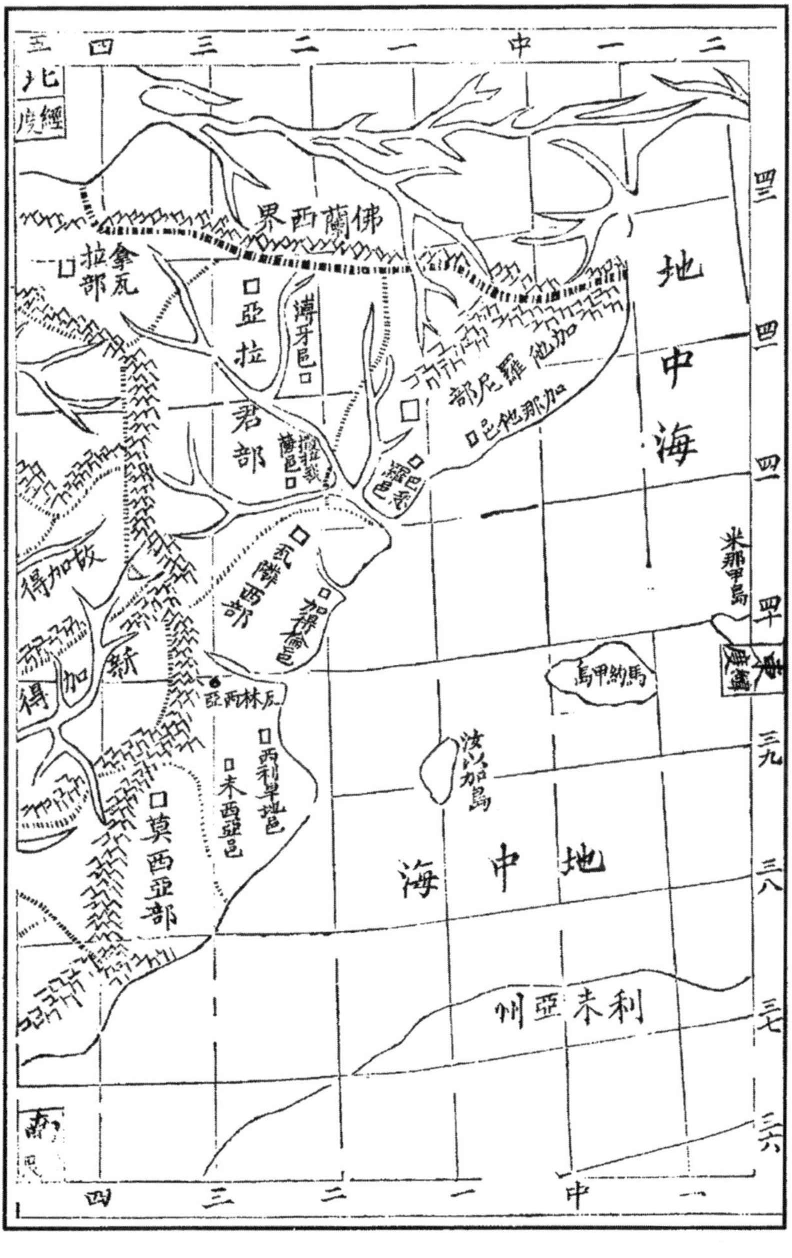

北
經度
佛蘭西界
拿瓦拉部
亞拉君部
加他羅尼部
加那他邑
故加得
新加得
瓦林西亞
莫西亞部
地中海
米那甲島
馬納甲島
地中海
利未亞州
南

스페인·포르투갈 양국 지도

지중해地中海: 지금의 지중해Mediterranean Sea이다.

리미아주利未亞州: 지금의 아프리카Africa이다.

미나갑도米那甲島: 지금의 스페인 메노르카섬Menorca Island이다.

마약갑도馬約甲島: 지금의 스페인 마요르카섬Mallorca Island이다.

여이가도如以加島: 지금의 스페인 이비사섬Ibiza Island이다.

불란서계佛蘭西界: 프랑스 경계이다.

가타라니부加他羅尼部: 지금의 스페인 카탈루냐Cataluña 지역이다.

가나타읍加那他邑: 지금의 스페인 헤로나Gerona이다.

파실라읍巴悉羅邑: 지금의 스페인 바르셀로나Barcelona이다.

박아읍薄牙邑: 지금의 스페인 팜플로나Pamplona로 추정된다.

아랍군부亞拉君部: 지금의 스페인 아라곤Aragón 지역이다.

살랍아살읍撒拉峩薩邑: 지금의 스페인 사라고사Zaragoza 지역이다.

나와랍부拿瓦拉部: 지금의 스페인 나바라주Navarra이다.

와린서부瓦隣西部: 지금의 스페인 발렌시아Valencia 지역이다.

가득윤읍加得倫邑: 지금의 스페인 동부 카스테욘주Castellón이다.

고가득리부故加得利部: 스페인 구카스티야Castilla la Vieja 지역이다.

신가득리부新加得利部: 스페인 신카스티야Castilla la Nueva 지역이다.

와림서아瓦林西亞: 지금의 스페인 발렌시아Valencia이다.

서리한지읍西利旱地邑: 지금의 스페인 알리칸테Alicante이다.

미서아읍未西亞邑: 지금의 스페인 무르시아Murcia이다.

막서아부莫西亞部: 지금의 스페인 무르시아주이다.

시반아해우是班牙海隅: 지금의 비스케이만Bay of Biscay이다.

서파지안西巴地安: 지금의 스페인 산세바스티안San Sebastián으로 추정된다.

필개부必改部: 지금의 스페인 비스케이Biscay 지역이다.

압토리부押土利部: 지금의 스페인 아스투리아스Asturias 지역이다.

문다읍文多邑: 지금의 스페인 산티아고Santiago로 추정된다.

가리서부加利西部: 지금의 스페인 갈리시아Galicia 지역이다.

아위다읍阿威多邑: 지금의 스페인 오비에도Oviedo이다.

리운부利雲部: 지금의 스페인 레온주León이다.

포악읍布愕邑: 지금의 스페인 부르고스Burgos이다.

타아하他峩河: 지금의 타구스강Tagus River이다.

산외부山外部: 지금의 포르투갈 트라스우스몬트스이알투도루주Trás-os-Montes e Alto Douro이다.

민하부閩河部: 지금의 포르투갈 미뉴주Minho이다.

민하閩河: 지금의 미뉴강Minho River이다.

고가득리부古加得利部: 스페인 구카스티야 지역이다.

시반아국마특도是班牙國馬特都: 지금의 스페인 마드리드Madrid이다.

다리다읍多里多邑: 지금의 톨레도Toledo이다.

이백라하以伯羅河: 지금의 에브로강Ebro River이다.

포도아국葡萄亞國: 지금의 포르투갈Portugal이다.

배랍부拜拉部: 포르투갈 베이라Beira 지역이다. 지금의 포르투갈 베이라리토랄주Beira Litoral이다.

가음읍哥音邑: 지금의 포르투갈 코임브라Coimbra이다.

익마토랍부益馬土拉部: 지금의 포르투갈 에스트레마두라주Extremadura이다.

두실라읍讀悉羅邑: 지금의 스페인 트루히요Trujillo이다.

미리타읍米利他邑: 지금의 스페인 메리다Mérida이다.

임타아부林他峩部: 지금의 포르투갈 히바테주주Ribatejo이다.

위아지아나하危亞地亞拿河: 지금의 과디아나강Guadiana River이다.

위타기위하危他其威河: 지금의 과달키비르강Guadalquivir River이다.

랍만사부拉曼査部: 지금의 스페인 라만차La Mancha 지역이다.

아나지부牙拿地部: 지금의 스페인 그라나다Granada이다.

마랍아읍馬拉牙邑: 지금의 스페인 말라가Málaga이다.

의팔탑해협義八塔海峽: 지금의 지브롤터해협Strait of Gibraltar이다.

가다와읍可多瓦邑: 지금의 스페인 코르도바Córdoba이다.

안타로서부安他路西部: 지금의 스페인 안달루시아Andalucía 지역이다.

실위랄읍悉威剌邑: 지금의 스페인 세비야Sevilla이다.

압아위부押牙威部: 지금의 포르투갈 알가르브주Algarve이다.

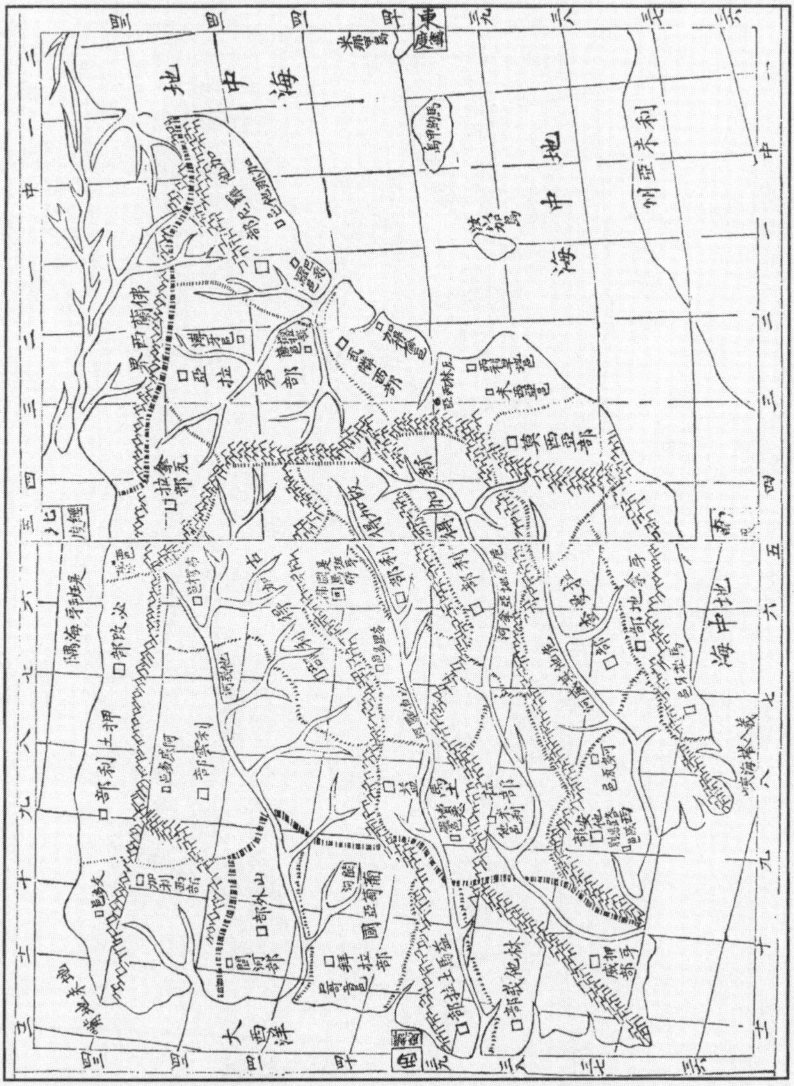

『瀛環志略』大呂宋葡萄亞合圖

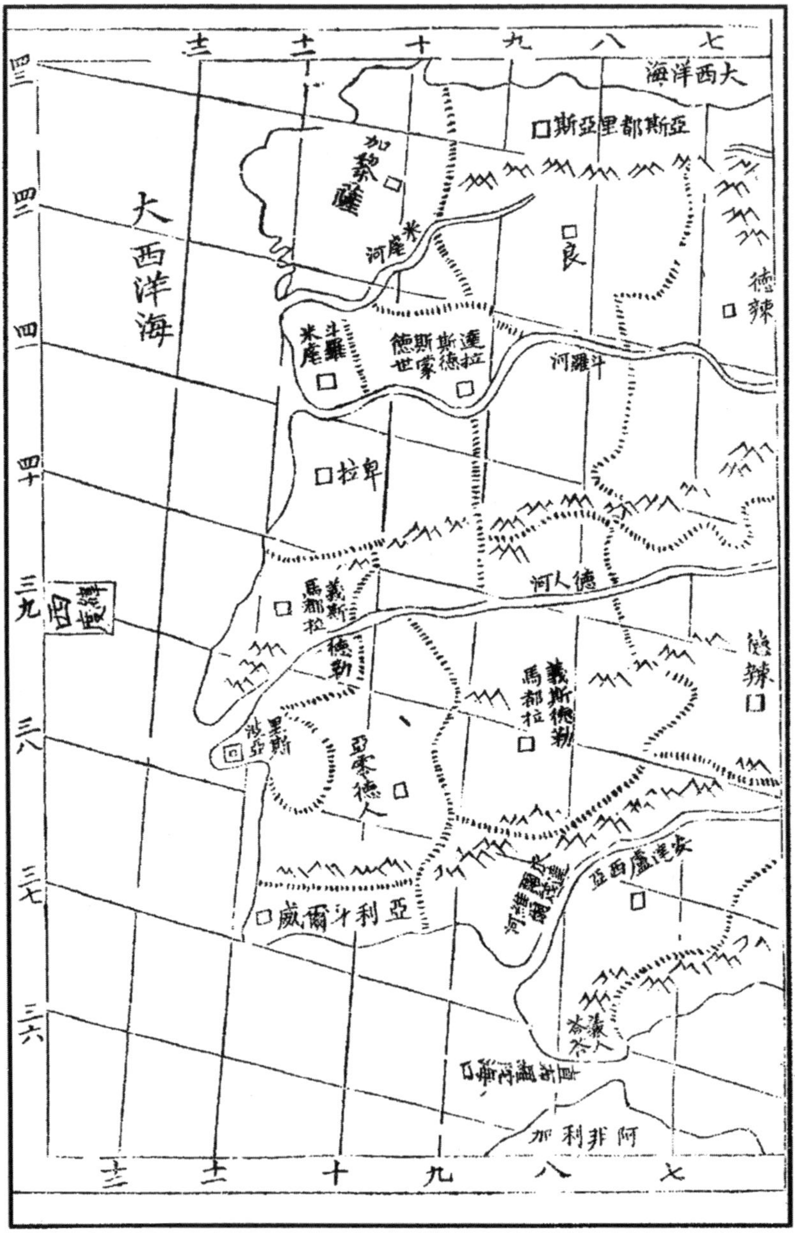

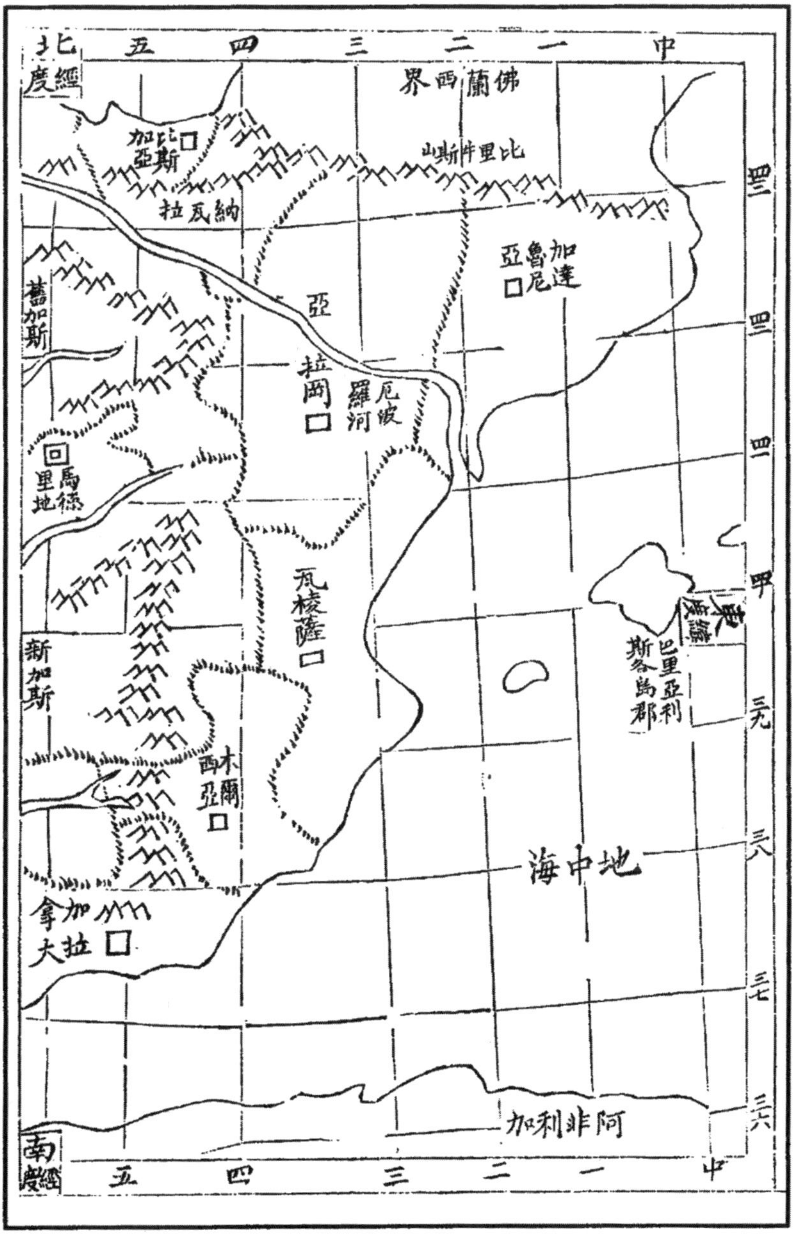

北經度
五 四 三 二 一 中
佛蘭西界
加比亞斯
比里牛斯山
納瓦拉
加達魯尼亞
亞拉岡
尼波羅河
舊加斯
馬德里地
瓦棱薩
新加斯
木爾西亞
加拿大拉
巴里亞利斯各島郡
東經度
地中海
阿非利加
南經度
四三 四二 四一 四十 三九 三八 三七 三六

『영환지략』 스페인·포르투갈 양국 지도

파리아리사각도군巴里亞利斯各島郡: 지금의 스페인 발레아레스제도Balearic Islands이다.

지중해地中海: 지금의 지중해Mediterranean Sea이다.

아비리가阿非利加: 지금의 아프리카Africa이다.

불란서계佛蘭西界: 지금의 프랑스 경계이다.

비리우사산比里牛斯山: 지금의 피레네산맥Pyrenees Mountains이다.

가달로니아加達魯尼亞: 지금의 스페인 카탈루냐Cataluña 지역이다.

아랍강亞拉岡: 지금의 스페인 아라곤Aragón 지역이다.

니파라하尼波羅河: 지금의 에브로강Ebro River이다.

와릉살瓦棱薩: 지금의 스페인 발렌시아Valencia 지역이다.

목이서아木爾西亞: 지금의 스페인 무르시아주Murcia이다.

비사가아比斯加亞: 지금의 스페인 비스케이주Biscay이다.

납와랍納瓦拉: 지금의 스페인 나바라주Navarra이다.

구가사덕랄舊加斯德辣: 스페인 구카스티야Castilla la Vieja 지역이다.

마덕리지馬德里地: 지금의 스페인 수도 마드리드Madrid이다.

신가사덕랄新加斯德辣: 스페인 신카스티야Castilla la Nueva 지역이다.

가랍나대加拉拿大: 지금의 스페인 그라나다주Granada이다.

아사도리아사亞斯都里亞斯: 지금의 스페인 아스투리아스Asturias 지역이다.

량良: 지금의 스페인 레온주León이다.

두라하斗羅河: 지금의 두에로강Duero River이다.

덕인하德人河: 지금의 타호강Tajo River으로, 타구스강Tagus River, 테주강Tejo River이라고도 한다.

의사덕륵마도랍義斯德勒馬都拉: 지금의 스페인 에스트레마두라Extremadura 지역이다.

과달이기유이하瓜達爾幾維爾河: 지금의 과달키비르강Guadalquivir River이다.

안달로서아安達盧西亞: 지금의 스페인 안달루시아Andalucía 지역이다.

의인답답義人答答: 지금의 영국령 지브롤터Gibraltar이다.

직포라타해구直布羅陀海口: 지금의 지브롤터해협Strait of Gibraltar이다.

가려살加黎薩: 지금의 스페인 갈리시아Galicia 지역이다.

미학하米虐河: 지금의 미뉴강Minho River이다.

두라斗羅: 지금의 포르투갈 도루Douro이다.

미학米虐: 지금의 포르투갈 미뉴Minho 지역이다.

달랍사덕사몽덕세達拉斯德斯蒙德世: 지금의 포르투갈 트라스우스몬트스이알투도루주Trás-os-Montes e Alto Douro이다.

비랍卑拉: 지금의 포르투갈 베이라Beira 지역이다.

의사덕륵마도랍義斯德勒馬都拉: 지금의 포르투갈 에스트레마두라주Extremadura이다.

리사파아里斯波亞: 지금의 포르투갈 수도 리스본Lisbon이다.

아령덕인亞零德人: 지금의 포르투갈 알렌테주Alentejo 지역이다.

아리아이위亞利牙爾威: 지금의 포르투갈 알가르브Algarve 지역이다.

佛蘭西國全圖

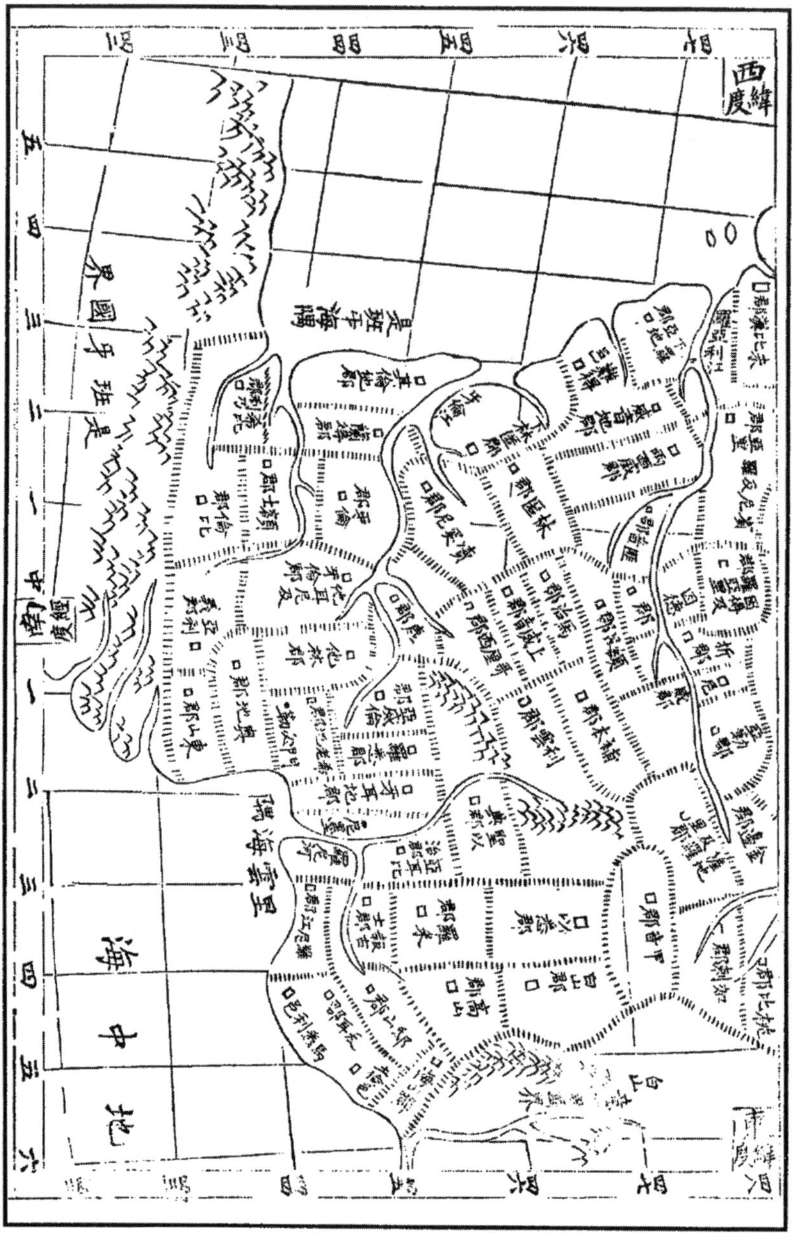

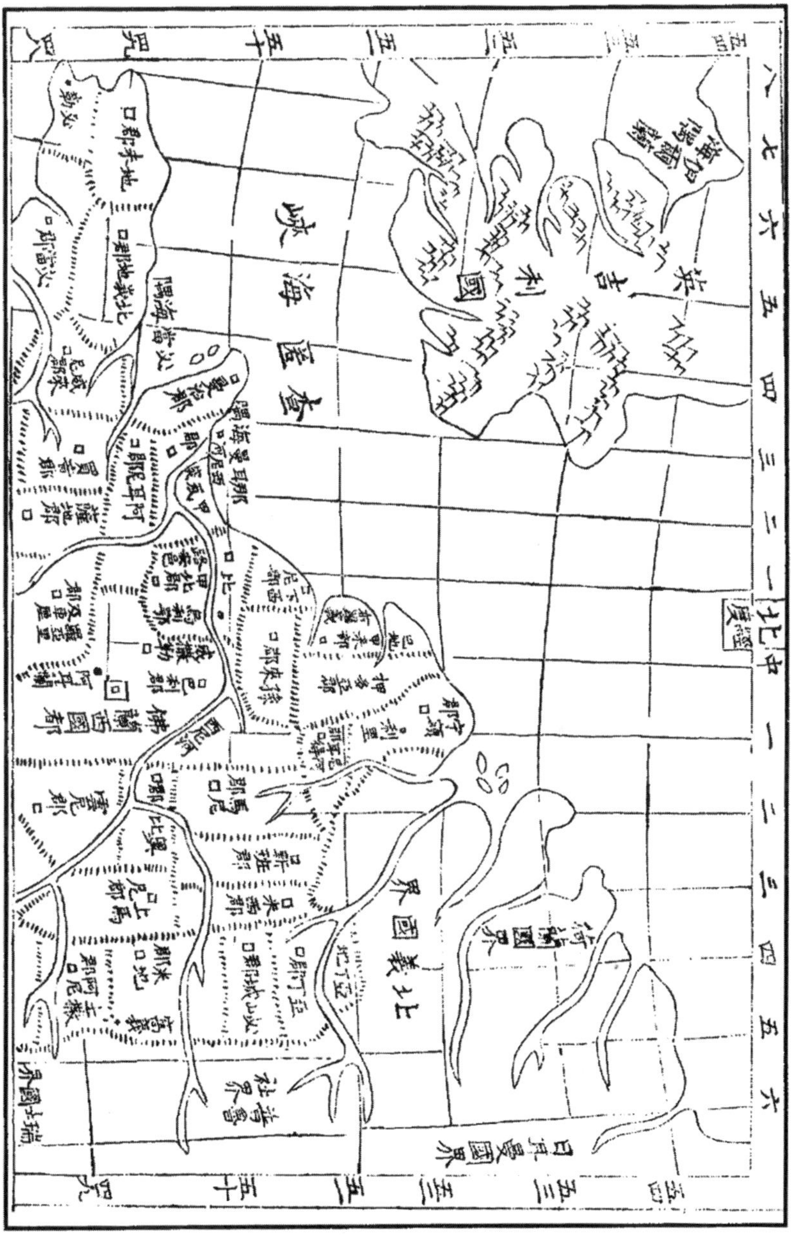

프랑스 전도

영길리국英吉利國: 지금의 영국United Kingdom을 가리킨다.

이이란해우伊爾蘭海隅: 지금의 아일랜드해Irish Sea이다.

사닉해협查匿海峽: 지금의 영국해협English Channel이다.

일이만국계日耳曼國界: 독일 경계이다.

하란국계荷蘭國界: 네덜란드 경계이다.

북의국계北義國界: 벨기에 경계이다.

보로사계普魯社界: 프러시아, 즉 프로이센 경계이다.

서사국계瑞士國界: 스위스 경계이다.

아정지亞丁地: 지금의 프랑스 아르덴Ardennes 지역이다.

아정군亞丁郡: 지금의 프랑스 아르덴주이다.

필산성군必山城郡: 지금의 프랑스 바랭주Bas-Rhin 일대로 추정된다.

와의窩義: 지금의 프랑스 보주주Vosges이다.

미지군米地郡: 지금의 프랑스 뫼르트에모젤주Meurthe-et-Moselle이다.

사살아니군士撒阿尼郡: 지금의 프랑스 알자스Alsace 지역이다.

미서군米西郡: 지금의 프랑스 뫼즈주Meuse이다.

참반군斬班郡: 지금의 프랑스 샹파뉴Champagne 지역 북부로 추정된다.

상마니군上馬尼郡: 지금의 프랑스 오트마른주Haute-Marne이다.

오비군奧比郡: 지금의 프랑스 오브주Aube이다.

운니군雲尼郡: 지금의 프랑스 욘주Yonne이다.

마니군馬尼郡: 지금의 프랑스 마른주Marne이다.

녕액군宁額郡: 지금의 프랑스 노르주Nord이다.

리리利里: 지금의 프랑스 릴Lille이다.

니아이득군尼阿耳得郡: 지금의 프랑스 아미앵Amiens으로 추정된다.

서니하西尼河: 지금의 센강Seine River이다.

압다아군押多亞郡: 지금의 프랑스 아르투아Artois 지역이다.

파지갑래부巴地甲來部: 지금의 프랑스 파드칼레주Pas-de-Calais이다.

포라의布羅義: 지금의 프랑스 불로뉴Boulogne이다.

손래군孫來郡: 지금의 프랑스 솜주Somme이다.

하서니부下西尼部: 지금의 프랑스 센마리팀주Seine-Maritime이다.

불란서국도佛蘭西國都: 프랑스의 수도이다.

파리군巴利郡: 지금의 프랑스 수도 파리Paris이다.

아이란阿耳蘭: 지금의 프랑스 오를레앙Orléans 지역이다.

위살륵威撒勒: 지금의 프랑스 베르사유Versailles이다.

오리악烏利鄂: 지금의 프랑스 에브뢰Évreux이다.

비갑북군比甲北郡: 지금의 프랑스 피카르디Picardie 지역이다.

로안읍路安邑: 지금의 프랑스 루앙Rouen이다.

라아리급차리군羅亞里及車厘郡: 지금의 프랑스 루아르에셰르주Loir-et-Cher 이다.

나이만해우那耳曼海隅: 지금의 프랑스 노르망디Normandie 북쪽 해안이다.

갑와돌군甲瓦突郡: 지금의 프랑스 칼바도스주Calvados이다.

만치군曼治郡: 지금의 프랑스 망슈주Manche이다.

아이니군阿耳尼郡: 지금의 프랑스 오른주Orne이다.

살지군薩地郡: 지금의 프랑스 사르트주Sarthe이다.

매음군買音郡: 지금의 프랑스 마옌주Mayenne이다.

필당해우必當海隅: 지금의 프랑스 코탕탱Cotentin 연해이다.

위래니군威來尼郡: 지금의 프랑스 일에빌렌주Ille-et-Vilaine이다.

북아지군北峩地郡: 지금의 프랑스 코트다르모르주Côtes-d'Armor이다.

필당군必當郡: 지금의 프랑스 브르타뉴Bretagne 지역이다.

지말군地末郡: 지금의 프랑스 피니스테르주Finistère이다.

필륵必勒: 지금의 프랑스 브레스트Brest이다.

도비군桃比郡: 지금의 프랑스 두주Doubs이다.

여랄군如剌郡: 지금의 프랑스 쥐라주Jura이다.

갑음군甲音郡: 지금의 프랑스 앵주Ain이다.

금변군金邊郡: 지금의 프랑스 샹파뉴Champagne 지역이다.

살지급라리군薩地及羅里郡: 지금의 프랑스 손에루아르주Saône-et-Loire이다.

백산군白山郡: 지금의 알프스Alps 지역이다.

이실군以悉郡: 지금의 프랑스 이제르주Isère이다.

고산군高山郡: 지금의 프랑스 오트잘프주Hautes-Alpes이다.

라미군羅米郡: 지금의 프랑스 드롬주Drôme이다.

해산군海山郡: 지금의 프랑스 알프마리팀주Alpes-Maritimes이다.

저산군邸山郡: 지금의 프랑스 알프드오트프로방스주Alpes-de-Haute-Provence 이다.

보고사군報古士郡: 지금의 프랑스 보클뤼즈주Vaucluse이다.

와이군瓦耳郡: 지금의 프랑스 바르주Var이다.

토륜읍土倫邑: 지금의 프랑스 툴롱Toulon이다.

마실리읍馬悉利邑: 지금의 프랑스 마르세유Marseille이다.

라니강군羅尼江郡: 지금의 프랑스 부슈뒤론주Bouches-du-Rhône로, 론강 하구에 위치한다.

라니하羅尼河: 지금의 론강Rhône River이다.

리운해우里雲海隅: 지금의 리옹만Golfe du Lion이다.

성이전군聖以典郡: 생테티엔Saint-Étienne으로, 지금의 프랑스 루아르주Loire를 가리킨다.

아이비치군亞耳比治郡: 지금의 프랑스 아르데슈주Ardèche이다.

아륵군亞勒郡: 지금의 프랑스 알리에주Allier이다.

니위군尼威郡: 지금의 프랑스 니에브르주Nièvre이다.

절군折郡: 지금의 프랑스 셰르주Cher이다.

보본군補本郡: 지금의 프랑스 퓌드돔주Puy-de-Dôme이다.

리운군利雲郡: 리옹Lyon으로, 지금의 프랑스 론주Rhône를 가리킨다.

니묵尼墨: 지금의 프랑스 님Nîmes이다.

아이지군牙耳地郡: 지금의 프랑스 가르주Gard이다.

라실군羅悉郡: 지금의 프랑스 로제르주Lozère이다.

아위륜군亞威倫郡: 지금의 프랑스 아베롱주Aveyron이다.

희로지군希老地郡: 지금의 프랑스 에로주Hérault이다.

문필륵門必勒: 지금의 프랑스 몽펠리에Montpellier이다.

타림군他林郡: 지금의 프랑스 타른주Tarn이다.

오지군奧地郡: 지금의 프랑스 오드주Aude이다.

동산군東山郡: 지금의 프랑스 피레네조리앙탈주Pyrénées-Orientales이다.

아리의군亞利義郡: 지금의 프랑스 아리에주주Ariège이다.

타이니급아륜군他耳尼及牙倫郡: 지금의 프랑스 타른에가론주Tarn-et-Garonne이다.

록군鹿郡: 지금의 프랑스 로트주Lot이다.

인득급라아리군因得及羅亞里郡: 지금의 프랑스 앵드르에루아르주Indre-et-Loire이다.

인덕군因德郡: 지금의 프랑스 앵드르주Indre이다.

액려군額呂郡: 지금의 프랑스 크뢰즈주Creuse이다.

마치군馬治郡: 지금의 프랑스 마르셰Marche 지역이다.

상위음군上威音郡: 지금의 프랑스 오트비엔주Haute-Vienne이다.

가리서군哥厘西郡: 지금의 프랑스 코레즈주Corrèze이다.

빈니급라아리군賓尼及羅亞里郡: 지금의 프랑스 멘에루아르주Maine-et-Loire이다.

말비한군末比漢郡: 지금의 프랑스 모르비앙주Morbihan이다.

라아리강羅亞利江: 지금의 루아르강Loire River이다.

비음군匪音郡: 지금의 프랑스 비엔주Vienne이다.

양서위군兩西威郡: 지금의 프랑스 되세브르주Deux-Sèvres이다.

위음지군威音地郡: 지금의 프랑스 방데주Vendée이다.

하라아지군下羅亞地郡: 지금의 프랑스 루아르아틀랑티크주Loire-Atlantique이다.

난득읍難得邑: 지금의 프랑스 낭트Nantes이다.

림닉군林匿郡: 지금의 프랑스 샤랑트주Charente이다.

하림닉군下林匿郡: 지금의 프랑스 샤랑트마리팀주Charente-Maritime이다.

아륜강牙倫江: 지금의 가론강Garonne River이다.

기륜지군其倫地郡: 지금의 프랑스 지롱드주Gironde이다.

두돌니군讀突尼郡: 지금의 프랑스 도르도뉴주Dordogne이다.

란득군蘭得郡: 지금의 프랑스 랑드주Landes이다.

아륜군牙倫郡: 지금의 프랑스 오트가론주Haute-et-Garonne이다.

액사군額士郡: 지금의 프랑스 제르주Gers이다.

윤비군倫比郡: 지금의 프랑스 오트피레네주Hautes-Pyrénées이다.

희비리내군希比利乃郡: 지금의 프랑스 피레네자틀랑티크주Pyrénées-

Atlantiques이다.

시반아국계是班牙國界: 스페인 경계이다.

시반아해우是班牙海隅: 지금의 비스케이만Bay of Biscay이다.

佛蘭西圖

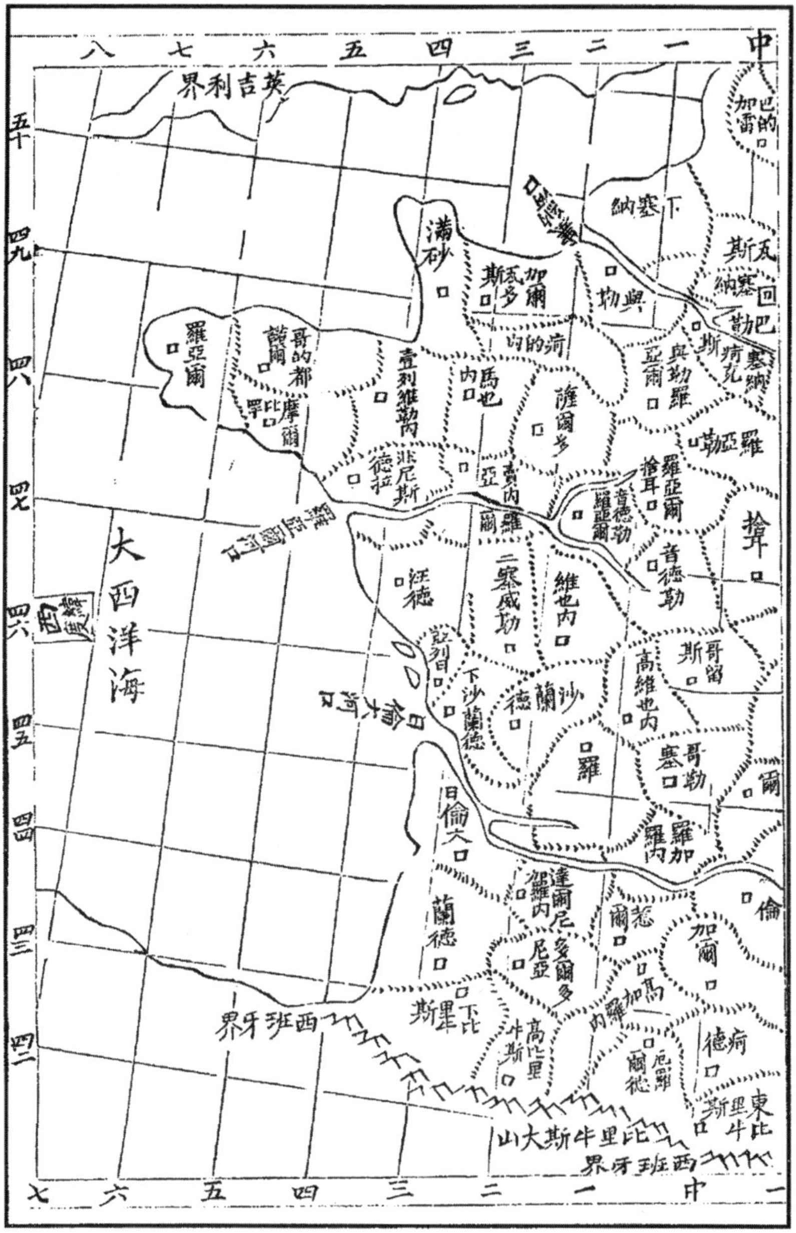

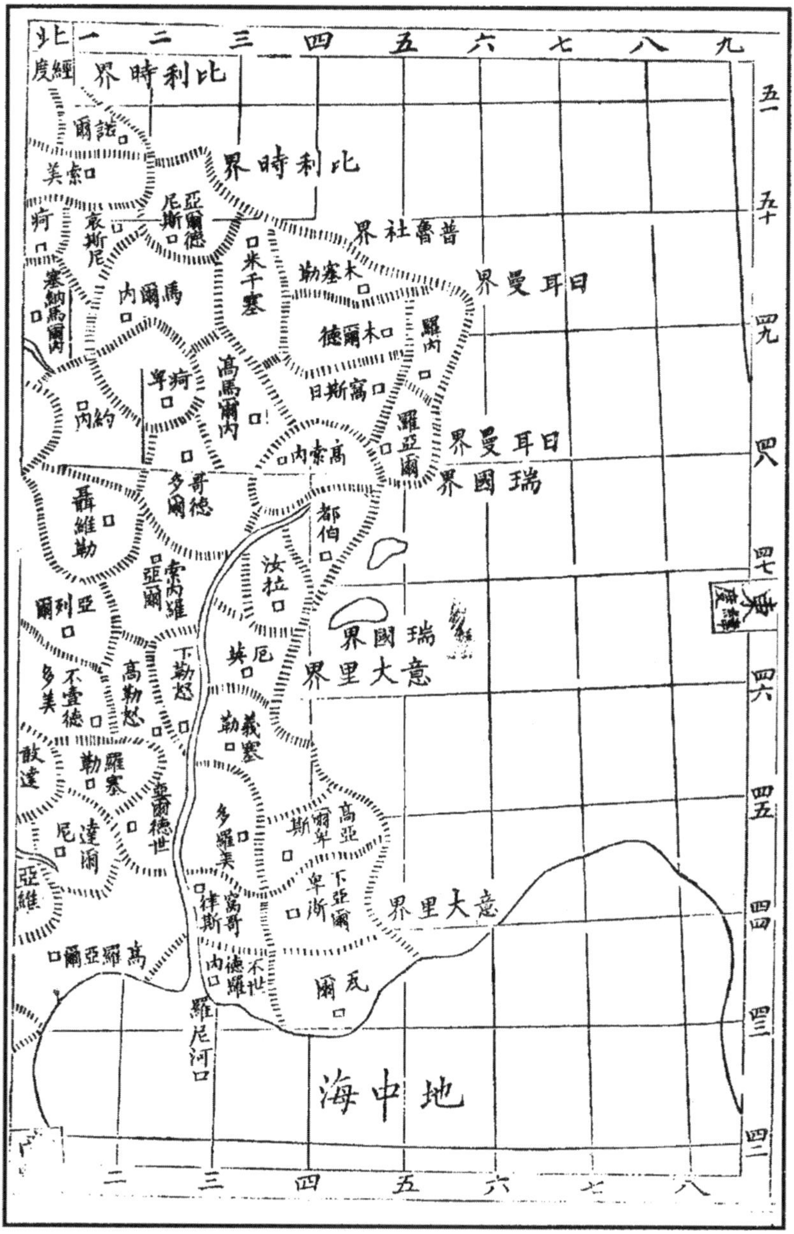

比利時界
比利時界
普魯社界
日耳曼界
日耳曼界
瑞國界
瑞國界
意大里界
意大里界
地中海

프랑스 지도

비리시계比利時界: 벨기에 경계이다.

보로사계普魯社界: 프러시아, 즉 프로이센 경계이다.

일이만계日耳曼界: 독일 경계이다.

서국계瑞國界: 스위스 경계이다.

의대리계意大里界: 이탈리아 경계이다.

지중해地中海: 지금의 지중해Mediterranean Sea이다.

라내羅內: 지금의 론주Rhône로, 실제 프랑스 동남부에 위치하나 지도상에는 프랑스 동북부 바랭주Bas-Rhin에 잘못 표기되어 있다.

라아이羅亞爾: 지금의 루아르주Loire로, 실제 프랑스 동남부에 위치하나 지도상에는 프랑스 동북부 오랭주Haut-Rhin에 잘못 표기되어 있다.

목새륵木塞勒: 지금의 프랑스 모젤주Moselle이다.

목이덕木爾德: 지금의 프랑스 뫼르트에모젤주Meurthe-et-Moselle이다.

와사일窩斯日: 지금의 프랑스 보주주Vosges이다.

고색내高索內: 지금의 프랑스 오트손주Haute-Saône이다.

도백都伯: 지금의 프랑스 두주Doubs이다.

여랍汝拉: 지금의 프랑스 쥐라주Jura이다.

액영厄英: 지금의 프랑스 앵주Ain이다.

의새륵義塞勒: 지금의 프랑스 이제르주Isère이다.

다라미多羅美: 지금의 프랑스 드롬주Drôme이다.

고아이비사高亞爾卑斯: 지금의 프랑스 오트잘프주Hautes-Alpes이다.

하아이비사下亞爾卑斯: 지금의 프랑스 알프마리팀주Alpes-Maritimes이다.

와이瓦爾: 지금의 프랑스 바르주Var이다.

와가율사窩哥律斯: 지금의 프랑스 보클뤼즈주Vaucluse이다.

불세덕라내不世德羅內: 지금의 프랑스 부슈뒤론주Bouches-du-Rhône이다.

라니하구羅尼河口: 지금의 론강Rhône River 하구이다.

미천새米千塞: 지금의 프랑스 뫼즈주Meuse이다.

아이덕니사亞爾德尼斯: 지금의 프랑스 아르덴주Ardennes이다.

마이내馬爾內: 지금의 프랑스 마른주Marne이다.

아비痾卑: 지금의 프랑스 오브주Aube이다.

고마이내高馬爾內: 지금의 프랑스 오트마른주Haute-Marne이다.

가덕다이哥德多爾: 지금의 프랑스 코트도르주Côte-d'Or이다.

색내라아이索內羅亞爾: 지금의 프랑스 손에루아르주Saône-et-Loire이다.

하륵로下勒怒: 프랑스 동북부의 바랭주인데, 위치가 프랑스 남동부로 잘못 표기되어 있다.

고륵로高勒怒: 프랑스 동북부의 오랭주인데, 위치가 프랑스 남동부로 잘못 표기되어 있다.

아이덕세亞爾德世: 지금의 프랑스 아르데슈주Ardèche이다.

고라아이高羅亞爾: 지금의 프랑스 에로주Hérault이다.

낙이諾爾: 지금의 프랑스 노르주Nord이다.

색미索美: 지금의 프랑스 솜주Somme이다.

애사니哀斯尼: 지금의 프랑스 엔주Aisne이다.

아와사痾瓦斯: 지금의 프랑스 우아즈주Oise이다.

새납마이내塞納馬爾內: 지금의 프랑스 센에마른주Seine-et-Marne이다.

약내約內: 지금의 프랑스 욘주Yonne이다.

섭유륵聶維勒: 지금의 프랑스 니에브르주Nièvre이다.

아열이亞列爾: 지금의 프랑스 외르주Eure이다.

불일덕다미不壹德多美: 지금의 프랑스 퓌드돔주Puy-de-Dôme이다.

라새륵羅塞勒: 지금의 프랑스 로제르주Lozère이다.

감달이敢達爾: 지금의 프랑스 캉탈주Cantal이다.

달이니達爾尼: 지금의 프랑스 타른주Tarn이다.

아유륜亞維倫: 지금의 프랑스 아베롱주Aveyron이다.

파적가뢰巴的加雷: 지금의 프랑스 파드칼레주Pas-de-Calais이다.

새납塞納: 지금의 프랑스 센Seine 지역이다.

파륵巴勒: 지금의 프랑스 수도 파리Paris이다.

새납아극사塞納痾克斯: 지금의 프랑스 센에우아즈주Seine-et-Oise이다.

하새납下塞納: 지금의 프랑스 센마리팀주Seine-Maritime이다.

여륵與勒: 지금의 프랑스 외르주Eure이다.

여륵라아이與勒羅亞爾: 지금의 프랑스 외르에루아르주Eure-et-Loir이다.

라아륵羅亞勒: 지금의 프랑스 루아레주Loiret이다.

라아이사이羅亞爾捨耳: 지금의 프랑스 루아르에셰르주Loir-et-Cher이다.

사이捨耳: 지금의 프랑스 셰르주Cher이다.

음덕륵音德勒: 지금의 프랑스 앵드르주Indre이다.

음덕륵라아이音德勒羅亞爾: 지금의 프랑스 앵드르에루아르주Indre-et-Loire이다.

가류사哥留斯: 지금의 프랑스 크뢰즈주Creuse이다.

고유야내高維也內: 지금의 프랑스 오트비엔주Haute-Vienne이다.

가륵새哥勒塞: 지금의 프랑스 코레즈주Corrèze이다.

라가라내羅加羅內: 지금의 프랑스 로트에가론주Lot-et-Garonne이다.

야이惹爾: 지금의 프랑스 제르주Gers이다.

가이加爾: 지금의 프랑스 가르주Gard이다.

고가라내高加羅內: 지금의 프랑스 오트가론주Haute-et-Garonne이다.

아덕痾德: 지금의 프랑스 오드주Aude이다.

동비리우사東比利牛斯: 지금의 프랑스 피레네조리앙탈주Pyrénées-Orientales 이다.

액라이덕厄羅爾德: 지금의 프랑스 아리에주주Ariège이다.

비리우사대산比里牛斯大山: 지금의 피레네산맥Pyrenees Mountains이다.

서반아계西班牙界: 스페인 경계이다.

새납하구塞納河口: 지금의 센강Seine River 하구이다.

가이와다사加爾瓦多斯: 지금의 프랑스 칼바도스주Calvados이다.

만사滿砂: 지금의 프랑스 망슈주Manche이다.

아적내痾的內: 지금의 프랑스 오른주Orne이다.

살이다薩爾多: 지금의 프랑스 사르트주Sarthe이다.

매내라아이賣內羅亞爾: 지금의 프랑스 멘에루아르주Maine-et-Loire이다.

이새위륵二塞威勒: 지금의 프랑스 되세브르주Deux-Sèvres이다.

유야납維也納: 지금의 프랑스 비엔주Vienne이다.

사란덕沙蘭德: 지금의 프랑스 샤랑트주Charente이다.

라羅: 지금의 프랑스 로트주Lot이다.

달이니가라내達爾尼加羅內: 지금의 프랑스 타른에가론주Tarn-et-Garonne이다.

다이다니아多爾多尼亞: 지금의 프랑스 도르도뉴주Dordogne이다.

하비리우사下比里牛斯: 지금의 프랑스 피레네자틀랑티크주Pyrénées-Atlantiques이다.

고비리우사高比里牛斯: 지금의 프랑스 오트피레네주Hautes-Pyrénées이다.

마야내馬也內: 지금의 프랑스 마옌주Mayenne이다.

일렬유륵내壹列維勒內: 지금의 프랑스 일에빌렌주Ille-et-Vilaine이다.

가적도락이哥的都諾爾: 지금의 프랑스 코트다르모르주Côtes-d'Armor이다.

마이비한摩爾比旱: 지금의 프랑스 모르비앙주Morbihan이다.

라아이羅亞爾: 프랑스 브르타뉴Bretagne 지방 극서極西에 위치한 피니스테르주Finistère 서쪽에 그려진 루아르주는 본래 존재하지 않으며, 실제 루아르주는 프랑스 동남부에 위치한다.

라아이하구羅亞爾河口: 지금의 메들로이즈 하구Mer d'Iroise이다.

비니사덕랍非尼斯德拉: 지금의 프랑스 루아르아틀랑티크주Loire-Atlantique 이다.

왕덕汪德: 지금의 프랑스 방데주Vendée이다.

아열일亞列日: 지금의 프랑스 아리에주주Ariège이다.

하사란덕下沙蘭德: 지금의 프랑스 샤랑트마리팀주Charente-Maritime이다.

일륜대日倫大: 지금의 프랑스 지롱드주Gironde이다.

일륜대하구日倫大河口: 지금의 지롱드강Gironde River 하구이다.

란덕蘭德: 지금의 프랑스 랑드Landes 지역이다.

대서양해大西洋海: 지금의 대서양Atlantic Ocean이다.

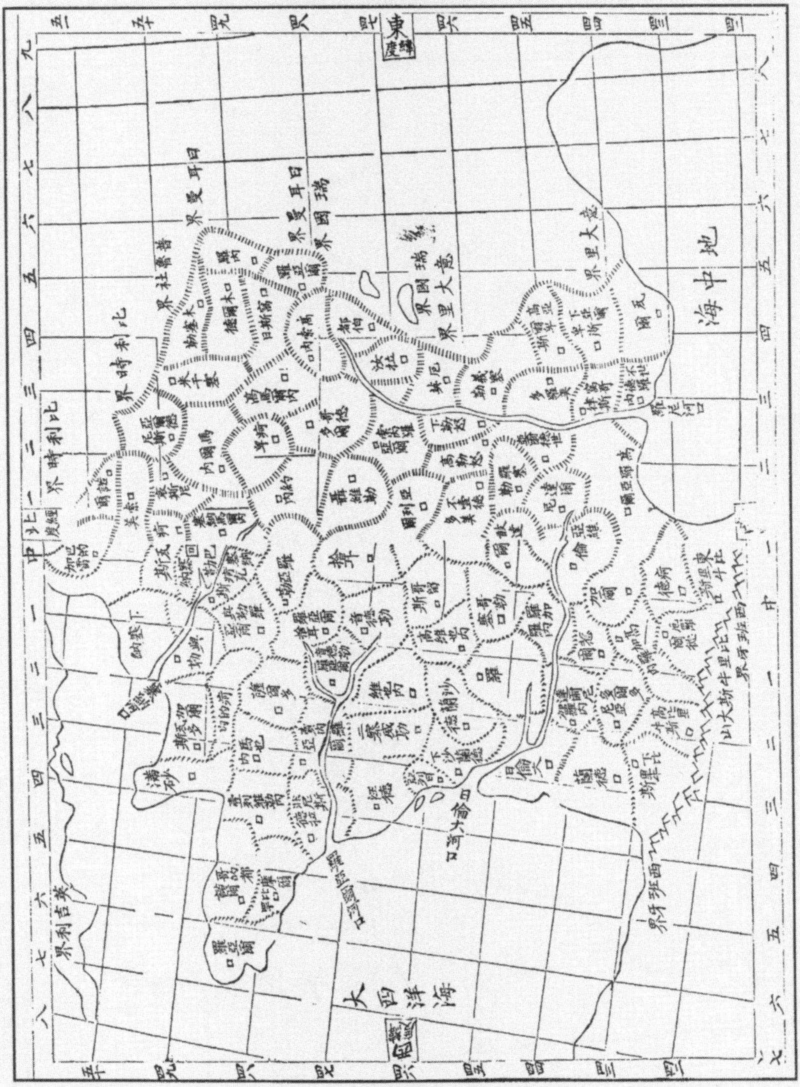
大西洋海
地中海

荷蘭北義兩國合圖

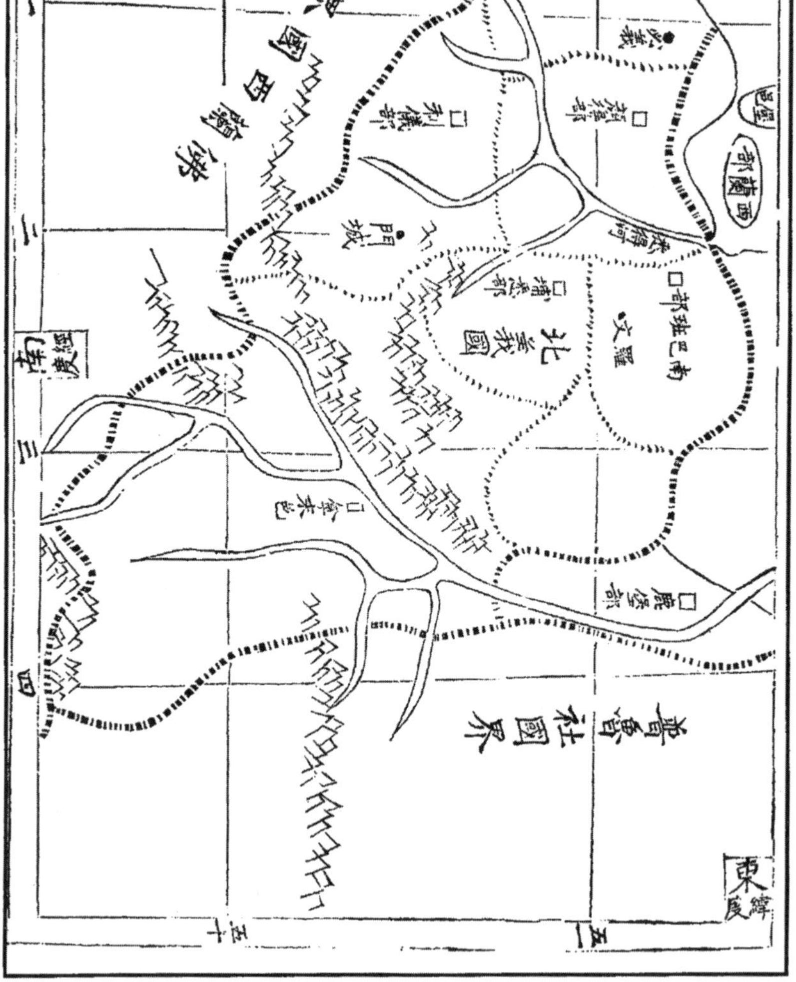

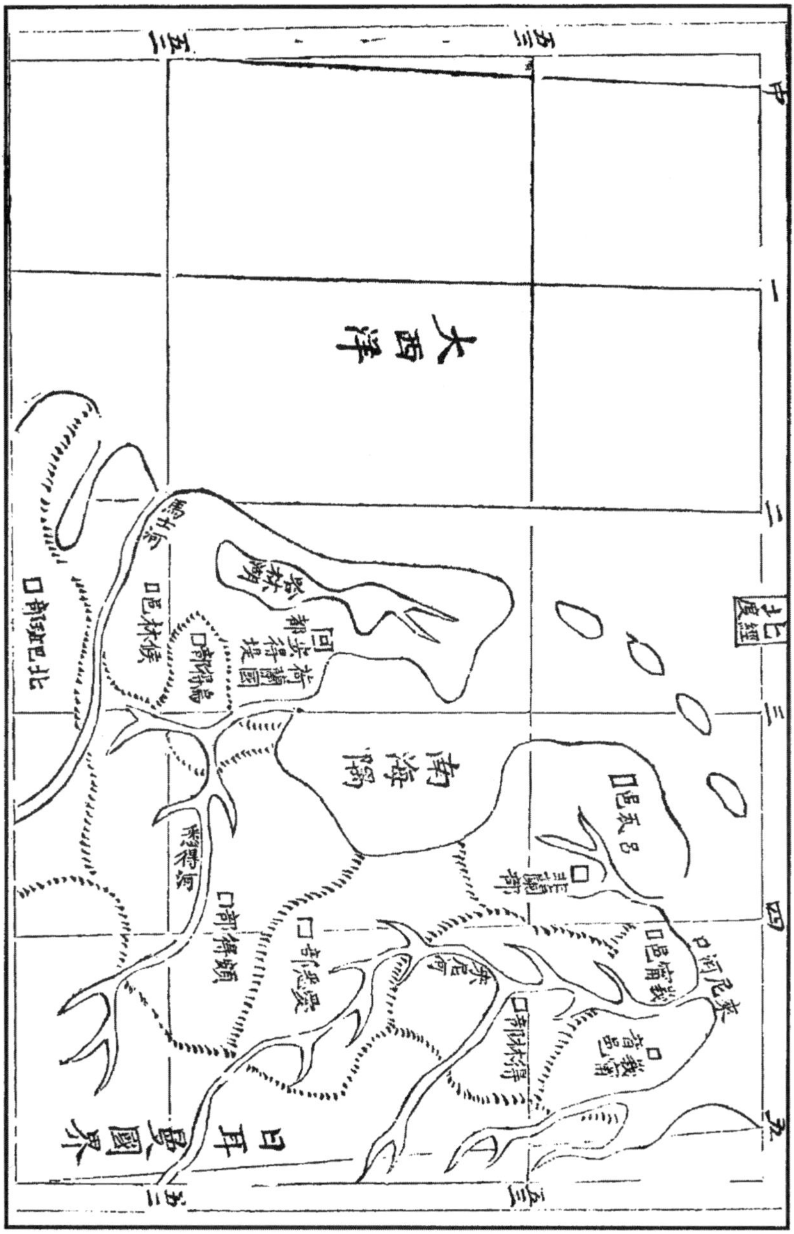
大西洋
南海
日耳曼國界

네덜란드·벨기에 양국 지도

일이만국계日耳曼國界: 독일 경계이다.

래니하구來尼河口: 지금의 라인강Rhine River 하구이다.

아녕음읍峩寧音邑: 지금의 네덜란드 흐로닝언Groningen이다.

아녕읍峩寧邑: 지금의 네덜란드 흐로닝언주이다.

려와읍呂瓦邑: 지금의 네덜란드 레이우아르던Leeuwarden이다.

비란부比蘭部: 지금의 네덜란드 프리슬란트주Friesland이다.

득림부得林部: 지금의 네덜란드 드렌터주Drenthe이다.

래니하來尼河: 지금의 라인강이다.

애실부愛悉部: 지금의 네덜란드 오버레이설주Overijssel이다.

남해우南海隅: 지금의 에이설호IJsselmeer이다.

파득부頗得部: 지금의 네덜란드 헬데를란트주Gelderland이다.

실득하悉得河: 지금의 스헬더강Scheldt River이다.

하란국안득제도荷蘭國安得堤都: 지금의 네덜란드 수도 암스테르담Amsterdam이다.

합림호哈林湖: 지금의 네덜란드 하를럼Haarlem이다. 원래 큰 호수였는데, 후에 농지와 목장으로 바뀌었다.

오득부烏得部: 지금의 네덜란드 위트레흐트주Utrecht이다.

후림읍候林邑: 지금의 네덜란드 헤이그Hague이다.

마사하馬士河: 지금의 뫼즈강Maas River이다.

북파반부北巴班部: 지금의 네덜란드 노르트브라반트주Noord-Brabant이다.

보읍堡邑: 지금의 네덜란드 미델뷔르흐Middelburg이다.

서란부西蘭部: 지금의 네덜란드 제일란트주Zeeland이다.

보로사국계普魯社國界: 프러시아, 즉 프로이센 경계이다.

녹보부鹿堡部: 지금의 네덜란드 림뷔르흐주Limburg이다.

남파반부南巴班部: 지금의 벨기에 브라반트주Brabant이다.

라문羅文: 지금의 벨기에 안트베르펜Antwerpen이다.

북의국北義國: 지금의 벨기에Belgium이다.

포실부埔悉部: 지금의 벨기에 수도 브뤼셀Brussel이다.

안득부顔得部: 벨기에 동·서블랑데렌Vlaanderen이다.

필의必義: 지금의 벨기에 브뤼헤Brugge로, 브뤼주Bruges라고도 한다.

동래부東來部: 지금의 벨기에 오스탕드Oostende로, 북해에 면한 항구도시이다.

이의부利儀部: 지금의 벨기에 에노주Hainaut이다.

문성門城: 지금의 벨기에 몽스Mons이다.

나말읍拿末邑: 지금의 벨기에 나뮈르Namur이다.

불란서국계佛蘭西國界: 프랑스 경계이다.

意大里國全圖

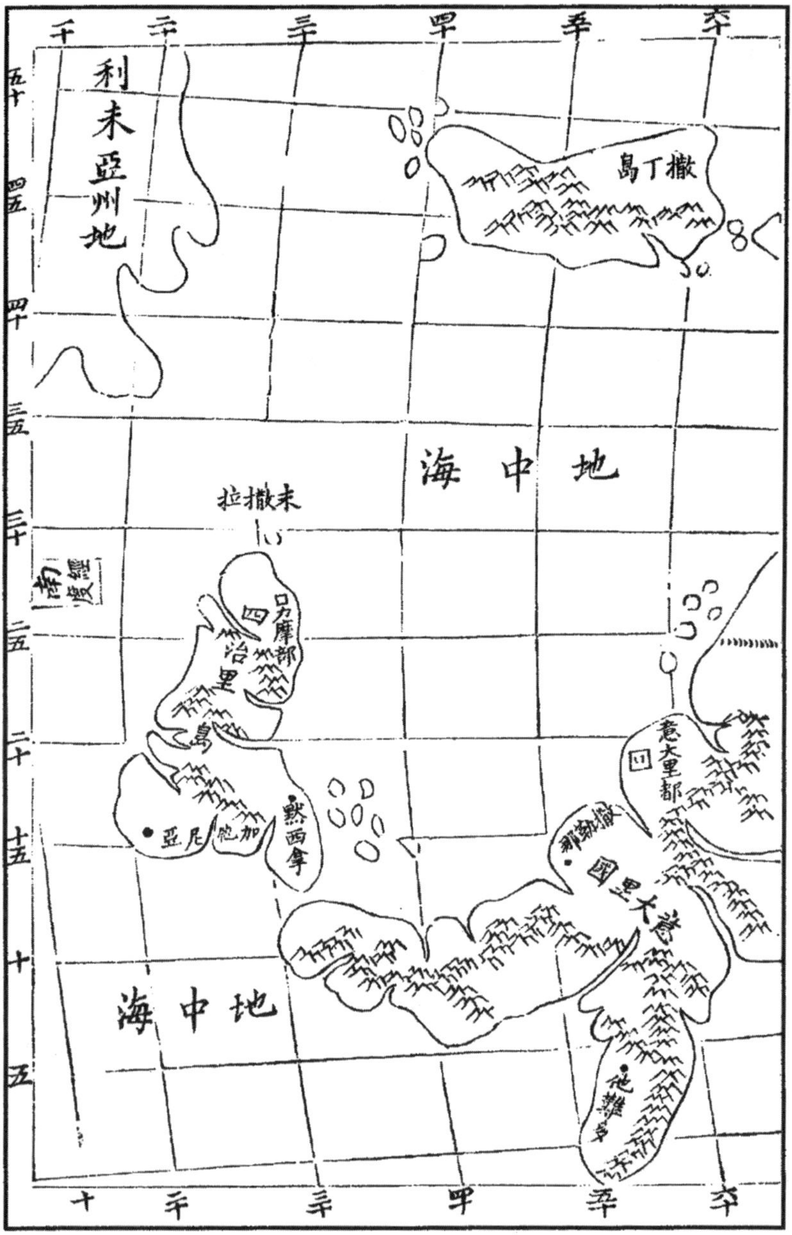

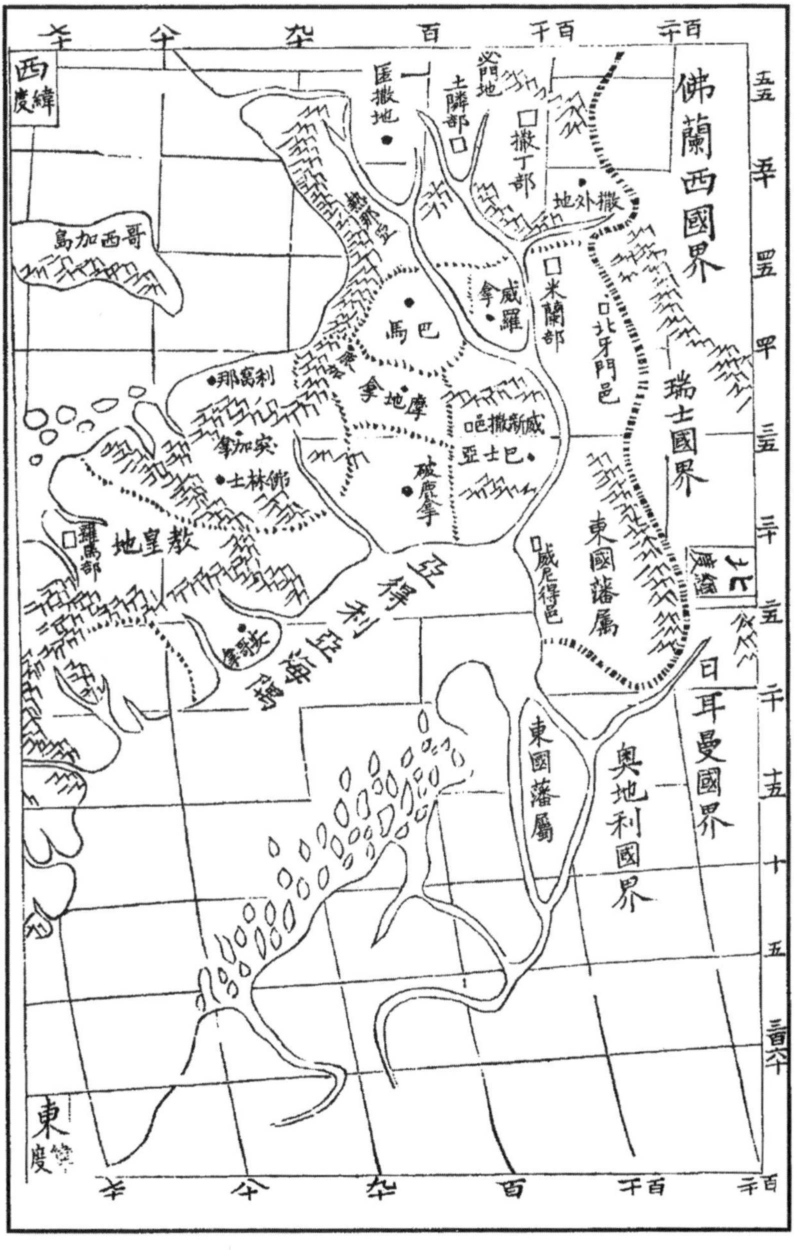
佛蘭西國界
瑞士國界
日耳曼國界
奧地利國界
東國藩屬
東國藩屬
哥西加島
教皇地
巴馬
撒丁部
米蘭部
亞得利亞海

이탈리아 전도

불란서국계佛蘭西國界: 프랑스 경계이다.

서사국계瑞士國界: 스위스 경계이다.

일이만국계日耳曼國界: 독일 경계이다.

오지리국계奧地利國界: 오스트리아 경계이다.

살외지撒外地: 사부아Savoie로, 서유럽의 문화적 지역이다.

살정부撒丁部: 지금의 이탈리아 사르데냐주Sardegna이다.

필문지必門地: 지금의 이탈리아 피에몬테주Piemonte이다.

토린부土鄰部: 지금의 이탈리아 토리노Torino이다.

닉살지匿撒地: 지금의 프랑스 니스Nice로, 알프마리팀주Alpes-Maritimes의 주도이다.

열나아熱那亞: 지금의 이탈리아 제노바Genova이다.

가서가도哥西加島: 지금의 프랑스 코르시카Corsica이다.

북아문읍北牙門邑: 지금의 이탈리아 베르가모Bergamo이다.

미란부米蘭部: 지금의 이탈리아 밀라노Milano이다.

동국번속東國藩屬: 오스트리아Austria 속지이다.

위니득읍威尼得邑: 지금의 이탈리아 베네치아Venezia이다.

위라나威羅拿: 지금의 이탈리아 베로나Verona이다.

파마巴馬: 지금의 이탈리아 파르마Parma이다.

위신살읍威新撒邑: 지금의 이탈리아 비첸차Vicenza이다.

파사아巴士亞: 지금의 이탈리아 파도바Padova이다.

마지나摩地拿: 지금의 이탈리아 모데나Modena이다.

록가鹿加: 지금의 이탈리아 루카Lucca이다.

리와나利窩那: 지금의 이탈리아 리보르노Livorno이다.

돌가나突加拿: 지금의 이탈리아 토스카나주Toscana이다.

불림사佛林士: 지금의 이탈리아 피렌체Firenze이다.

파록나破鹿拿: 지금의 이탈리아 볼로냐Bologna이다.

교황지敎皇地: 교황령Ecclesiastical States이다.

라마부羅馬部: 당시 교황령의 수도 로마Roma를 가리킨다. 로마는 1870년(『해국도지』 100권본 출판 18년 후)에 이탈리아 왕국이 통일된 후 비로소 이탈리아의 수도가 되었다. 교황령은 바티칸Vatican으로 옮겨 갔다.

안가나安哥拿: 지금의 이탈리아 안코나Ancona이다.

아득리아해우亞得利亞海隅: 지금의 아드리아해Adriatic Sea이다.

살정도撒丁島: 지금의 이탈리아 사르데냐Sardegna이다.

리미아주지利未亞州地: 아프리카 땅이다.

지중해地中海: 지금의 지중해Mediterranean Sea이다.

의대리도意大里都: 지금의 이탈리아 나폴리Napoli로, 13~19세기까지 이탈리아반도 남부에 존재했던 나폴리 왕국의 수도였다.

살륵나撒勒那: 지금의 이탈리아 살레르노Salerno이다.

의대리국意大里國: 지금의 이탈리아Italia이다.

타란다他難多: 지금의 이탈리아 타란토Taranto이다.

말살랍末撒拉: 지금의 이탈리아 마르살라Marsala이다.

사치리도四治里島: 지금의 이탈리아 시칠리아Sicilia이다.

력마부力摩部: 지금의 이탈리아 팔레르모Palermo이다.

묵서나默西拿: 지금의 이탈리아 메시나Messina이다.

가타니아加他尼亞: 지금의 이탈리아 카타니아Catania이다.

瑞士國圖

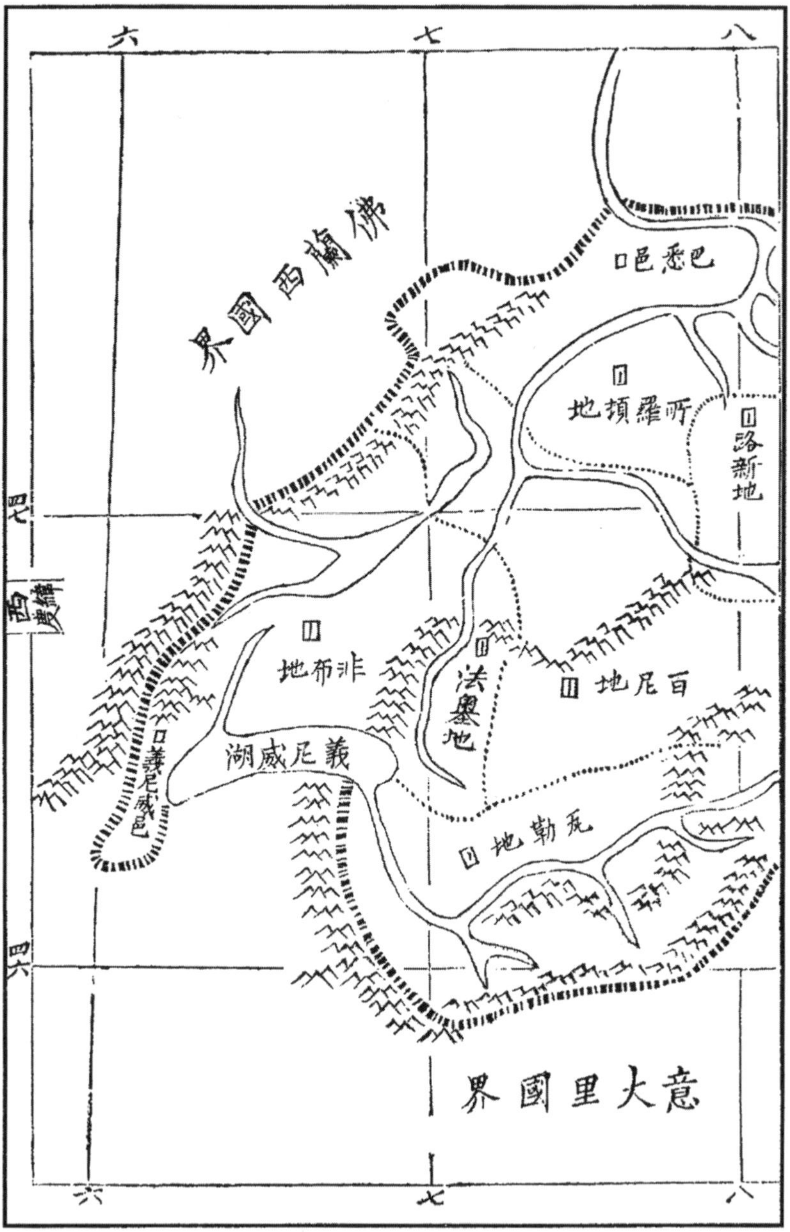

六
七
八
四七
西經度
四六
佛蘭西國界
巴悉邑
所羅頓地
新路地
非布地
法墨地
百尼地
義尼威湖
義尼威邑
瓦勒地
意大里國界

九
十
日耳曼國界
君士担湖
日耳曼國界
押塞地
加律地
其孫地
四七
四六
意大里國界
九
十

스위스 지도

일이만국계日耳曼國界: 독일 경계이다.

군사단호君士担湖: 지금의 보덴호Bodensee이다.

사륵읍士勒邑: 지금의 스위스 취리히Zürich이다.

돌오지突墺地: 지금의 스위스 투르가우주Thurgau이다.

아식실읍亞寔悉邑: 지금의 스위스 아펜첼주Appenzell이다.

압오지押墺地: 지금의 스위스 아르가우주Aargau이다.

가율지加律地: 지금의 스위스 장크트갈렌주Sankt Gallen이다.

기손지其孫地: 지금의 스위스 그라우뷘덴주Graubünden이다.

타서나지他西那地: 지금의 스위스 티치노주Ticino이다.

의대리국계意大里國界: 이탈리아 경계이다.

불란서국계佛蘭西國界: 프랑스 경계이다.

파실읍巴悉邑: 지금의 스위스 바젤Basel이다.

소라돈지所羅頓地: 지금의 스위스 졸로투른주Solothurn이다.

로신지路新地: 지금의 스위스 루체른주Luzern이다.

백니지百尼地: 지금의 스위스 베른주Bern이다.

법오지法墺地: 지금의 스위스 보주Vaud이다.

비포지非布地: 지금의 스위스 프라이부르크주Fribourg이다.

의니위호義尼威湖: 지금의 제네바호Genfersee이다.

의니위읍義尼威邑: 지금의 스위스 제네바주Geneva이다.

와륵지瓦勒地: 지금의 스위스 발레주Valais이다.

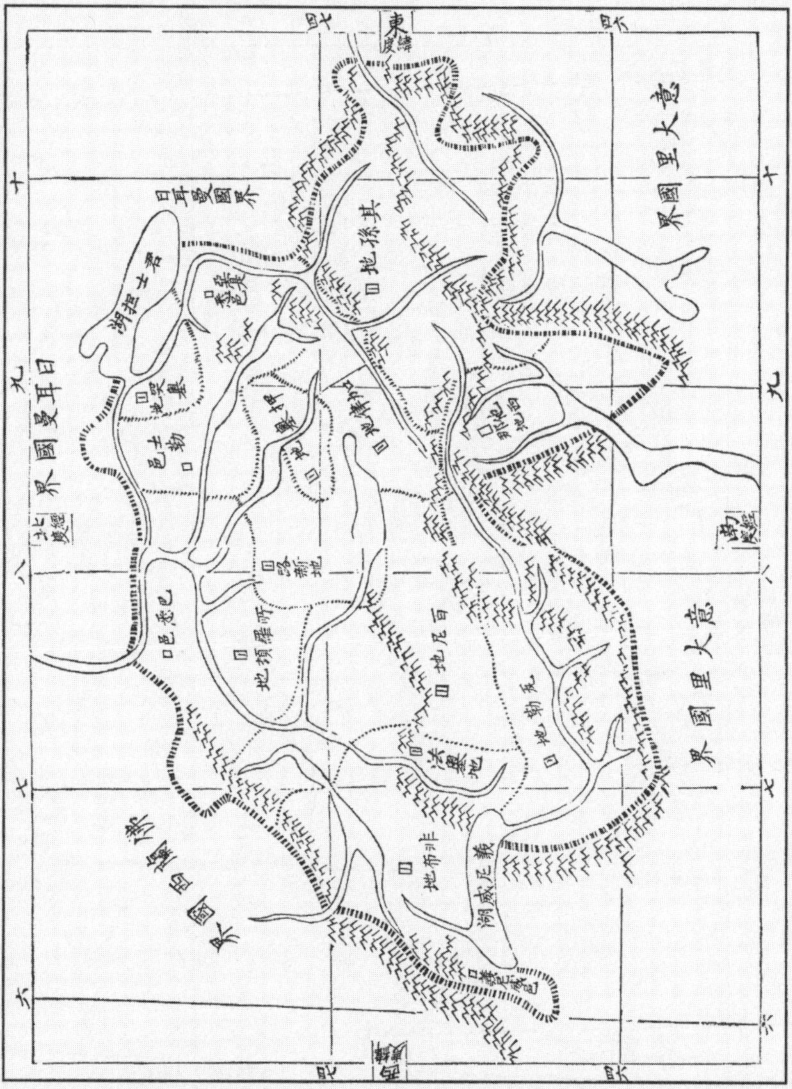
意大里國界
意大里國界
日耳曼國界
日耳曼國界

大尼國圖

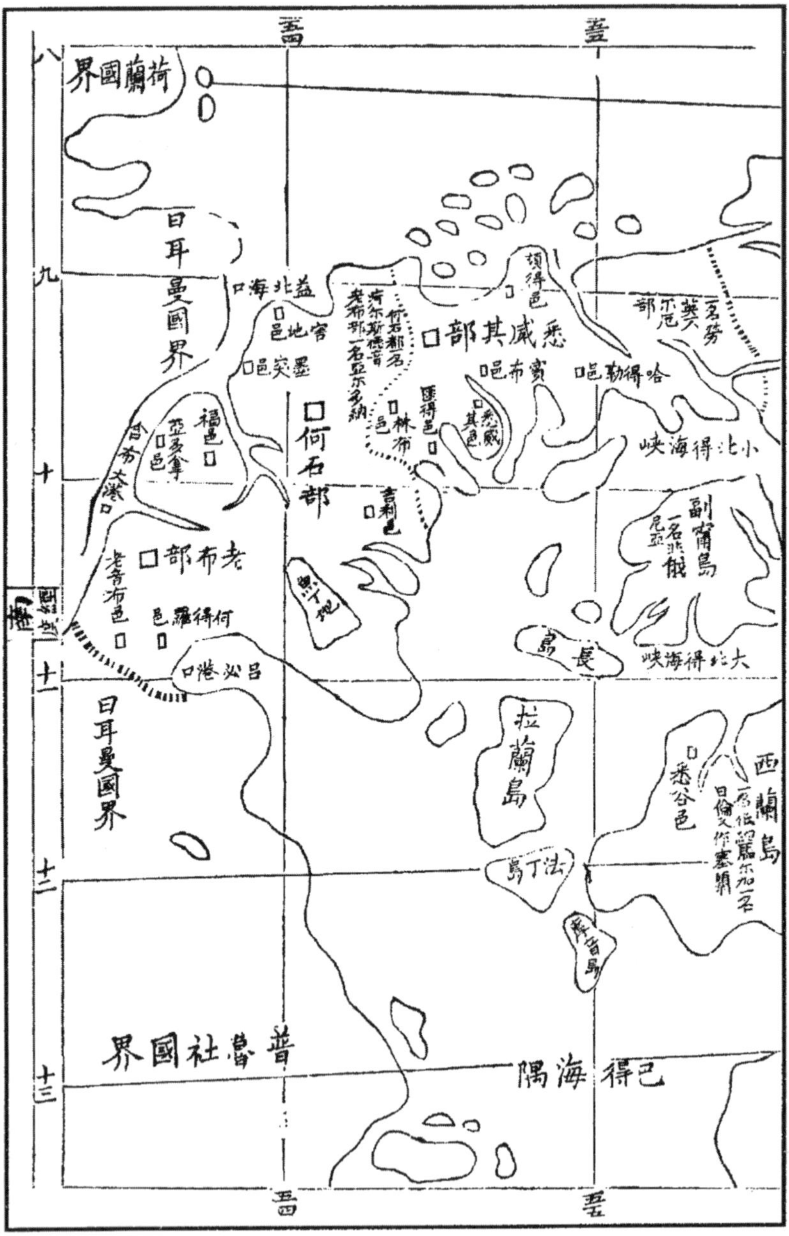
荷蘭國界
日耳曼國界
益北海口
悉威其部
何石部
老布部
何得羅邑
呂必港口
日耳曼國界
普魯社國界
巳得海隅
拉蘭島
法丁島
長島
大北得海峽
小北得海峽
副甯島
哈得勒邑
賓布邑
墨突邑
福邑
西蘭島
悉谷邑
八
九
十
十一
十二
十三

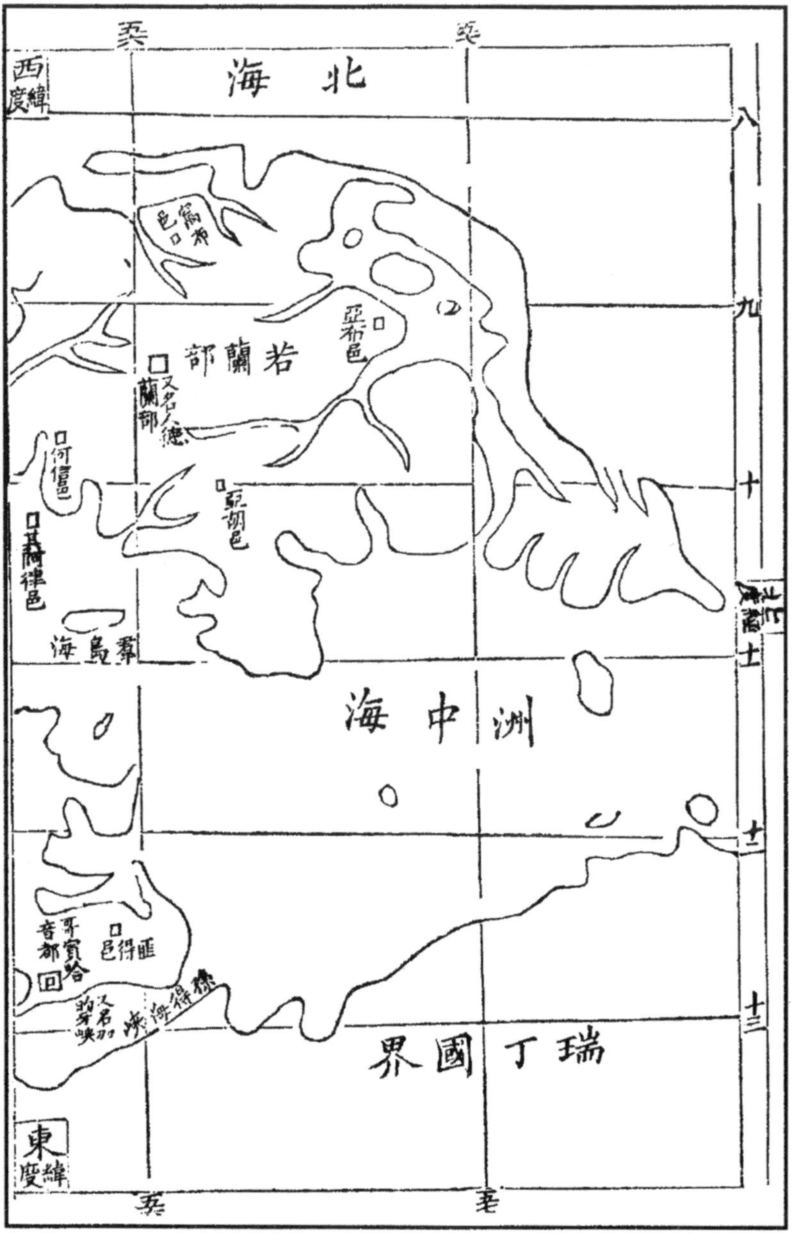

西緯度
北海
若蘭部
洲中海
羣島海
瑞丁國界
東緯度
八
九
十
十一
十二
十三

덴마크 지도

북해北海: 지금의 북해North Sea이다.

주중해洲中海: 지금의 발트해Baltic Sea이다.

서정국계瑞丁國界: 스웨덴 경계이다.

와포읍窩布邑: 지금의 덴마크 비보르Viborg이다.

아포읍亞布邑: 지금의 덴마크 올보르Ålborg이다.

약란부若蘭部: 지금의 이윌란반도Jylland Halvø로, 유틀란트반도Jütland Halbinse라고도 한다.

아호읍亞胡邑: 지금의 덴마크 오르후스Århus이다.

하신읍何信邑: 지금의 덴마크 호르센스Horsens이다.

기아율읍其阿律邑: 지금의 덴마크 바일레Vejle이다.

군도해羣島海: 지금의 삼쇠벨트해협Samsø Bælt으로, 카테가트해협Kattegat Strait과 연결되어 있다.

가빈합음도哥賓哈音都: 지금의 덴마크 수도 코펜하겐Copenhagen이다.

비득읍匪得邑: 지금의 덴마크 프레데릭순Frederikssund이다.

손득해협孫得海峽: 지금의 외레순해협Øresund Strait이다. 지도상에 "가적아협加的牙峽이라고도 한다"라는 기록이 있는데, 이 기록에는 오류가 있다. 가적아협은 바로 카테가트해협으로 외레순해협과는 별개이다. 카테가트해협은 이윌란반도와 스웨덴 사이의 해협이며, 외레순해협, 스토레벨트해협, 릴레벨트해협을 통해 발트해와 연결되어 있다.

서란도西蘭島: 지금의 덴마크 셸란섬Sjælland Island이다. 일명 저납마이가低納馬爾加라고도 하며, 일륜日倫, 새란塞蘭이라고도 한다.

실곡읍悉谷邑: 지금의 덴마크 슬라겔세Slagelse이다.

마음도摩音島: 지금의 덴마크 뮌섬Møn Island이다.

파득해우巴得海隅: 지금의 발트해 연안이다.

법정도法丁島: 지금의 덴마크 팔스테르섬Falster Island이다.

랍란도拉蘭島: 지금의 덴마크 롤란섬Lolland Island이다.

장도長島: 지금의 덴마크 랑엘란섬Langeland Island이다.

대북득해협大北得海峽: 지금의 스토레벨트해협Storebælt Strait이다.

부녕도副寗島: 지금의 덴마크 퓐섬Fyn Island으로, 비아니아非俄尼亞라고도 한다.

소북득해협小北得海峽: 지금의 릴레벨트해협Lillebælt Strait이다.

합득륵읍哈得勒邑: 지금의 덴마크 하데르슬레우Haderslev이다.

로영불이액부勞英不爾厄部: 지금의 독일 라우엔부르크Lauenburg이다. 당시 슐레스비히와 라우엔부르크는 유틀란트반도 남부의 북쪽과 남쪽에 위치했던 서로 다른 두 성이었다.

실위기부悉威其部: 지금의 독일 슐레스비히Schleswig이다.

돈득읍頓得邑: 지금의 덴마크 퇴네르Tønder이다.

빈포읍賓布邑: 지금의 독일 플렌스부르크Flensburg이다.

실위기읍悉威其邑: 지금의 독일 슐레스비히이다.

비득읍匪得邑: 지금의 독일 에케른푀르데Eckernförde이다.

림포읍林布邑: 지금의 독일 렌츠부르크Rendsburg이다.

하석부何石部: 지금의 독일 슐레스비히홀슈타인주Schleswig-Holstein로, 아이사덕음痾尔祀德音이라고도 한다.

해지읍害地邑: 지금의 독일 하이데Heide이다.

묵돌읍墨突邑: 지금의 독일 멜도르프Meldorf이다.

길리읍吉利邑: 지금의 독일 킬Kiel이다.

어정지魚丁地: 지금의 독일 오이틴Eutin이다.

복읍福邑: 지금의 독일 글뤼크슈타트Glückstadt이다. 독일어 글뤼크Glück는 '행복'을 의미한다.

아다나읍亞多拿邑: 지금의 독일 알토나Altona이다.

함포대항含布大港: 지금의 독일 함부르크Hamburg이다.

로포부老布部: 지금의 독일 라우엔부르크Lauenburg로, 일명 '아이다납亞尔多納'이라고도 한다.

로음포읍老音布邑: 지금의 독일 라우엔부르크이다.

하득라읍何得羅邑: 지금의 독일 라체부르크Ratzeburg이다.

려필항呂必港: 지금의 독일 뤼베크Lübeck이다.

하란국계荷蘭國界: 네덜란드 경계이다.

일이만국계日耳曼國界: 독일 경계이다.

보로사국계普魯社國界: 프러시아, 즉 프로이센 경계이다.

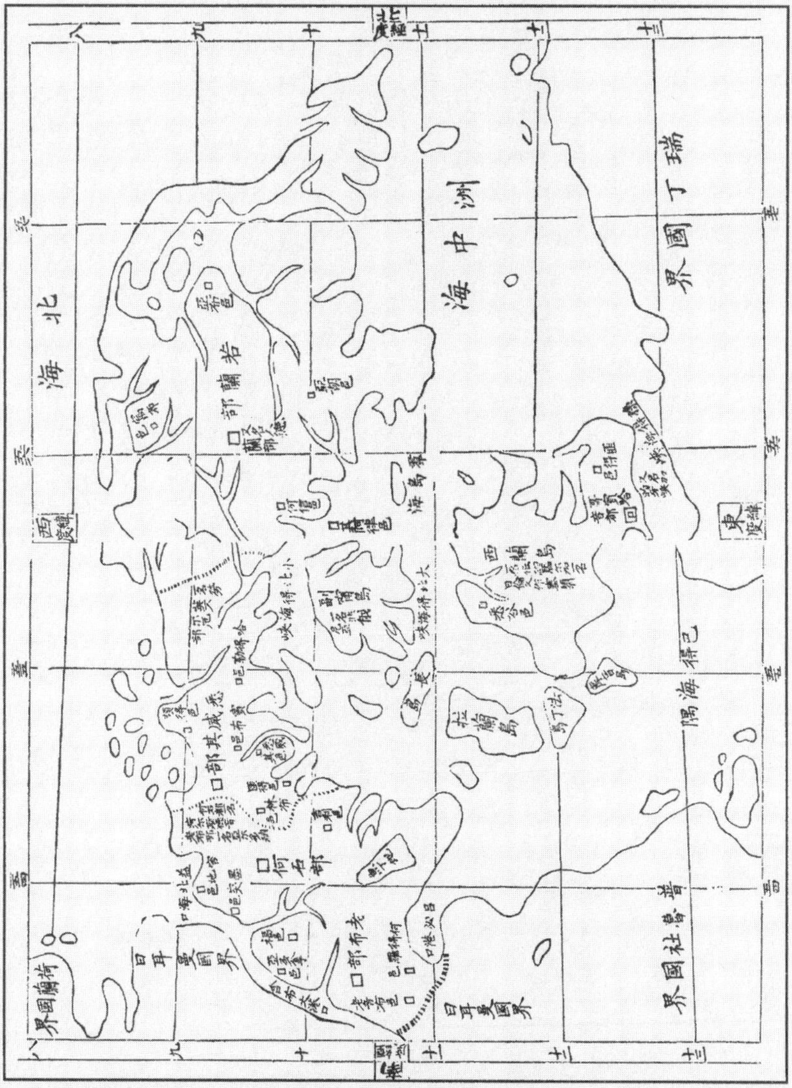
北海
中洲海
瑞丁國界
日耳曼國界
荷蘭國界

日耳曼破路斯奧地利三國圖

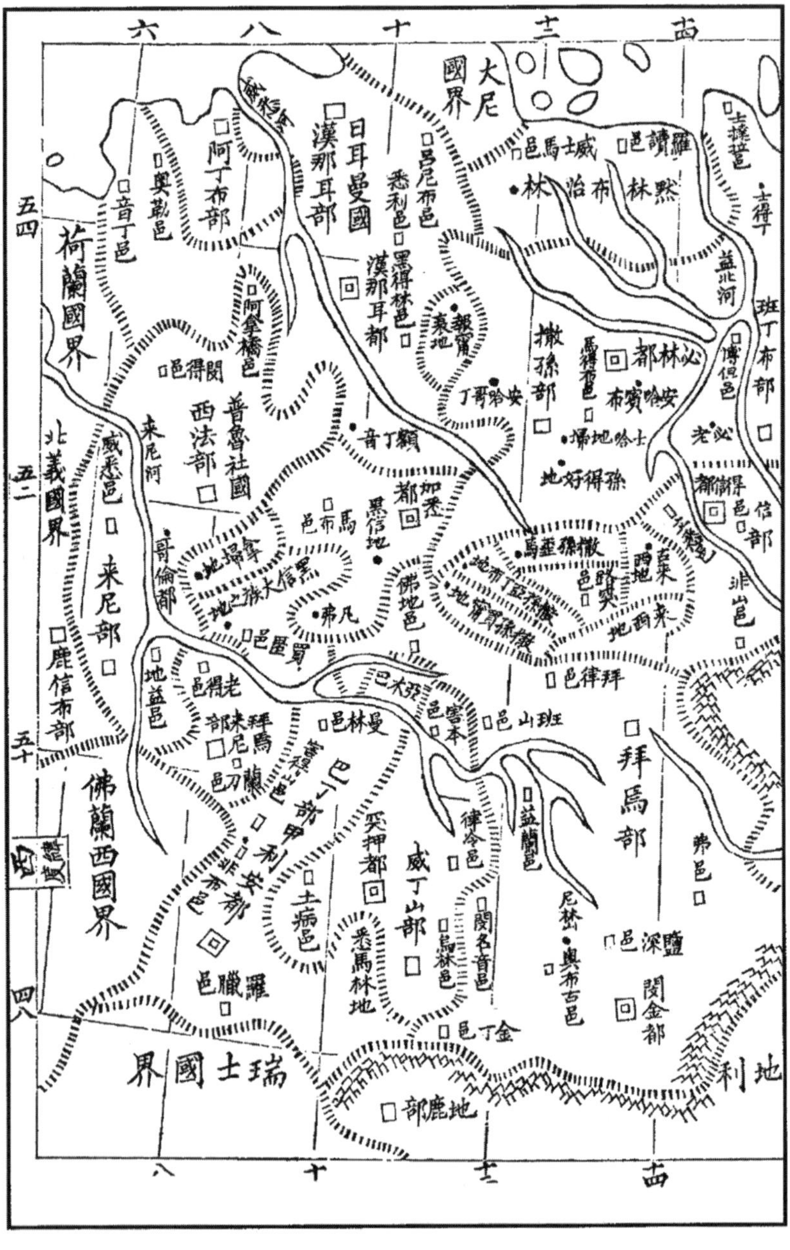

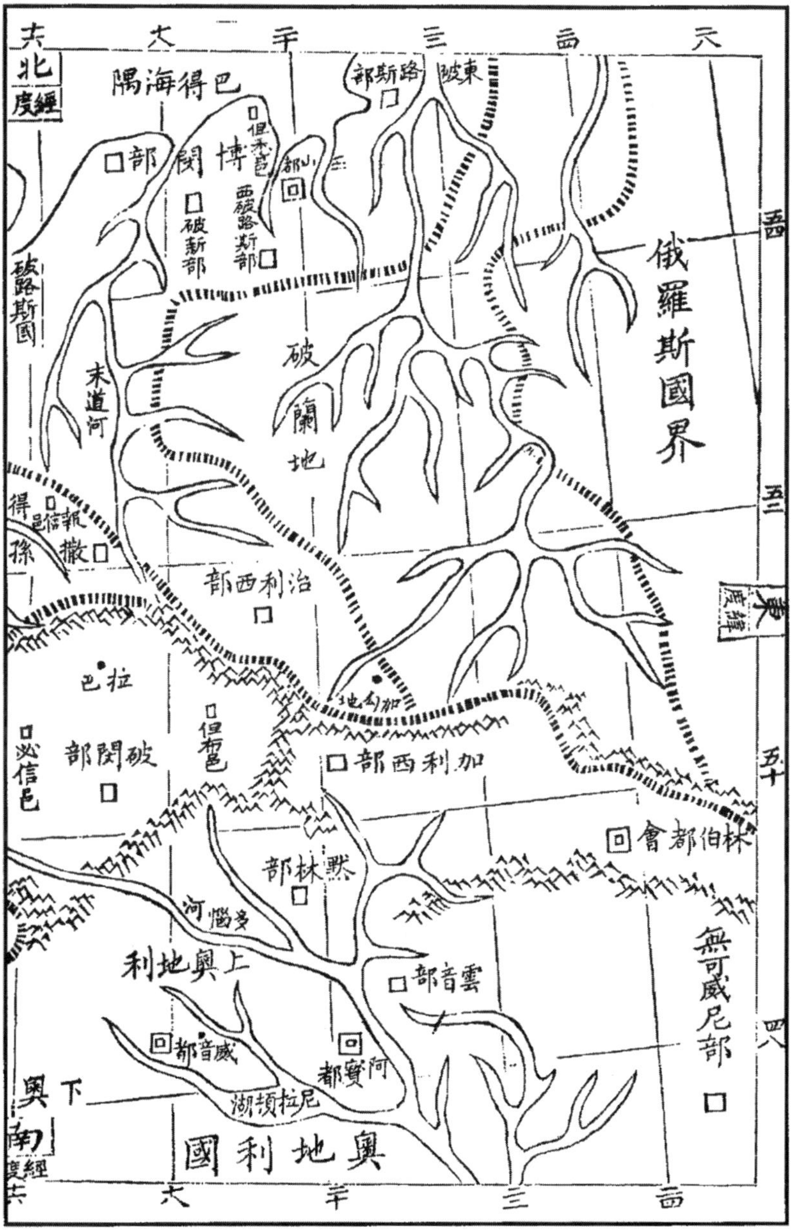
北
經度
巴得海隅
博閔部
破斯部
西破路斯部
東破
路斯部
破路斯國
末道河
破蘭地
俄羅斯國界
治利西部
拉邑
破閔部
加利西部
林伯都會
默林部
多惱河
上奥地利
雲音部
無可威尼部
威音都
阿寶都
尼拉頓湖
奥地利國
下奥
南
東
經度

독일·프로이센·오스트리아 3국 지도

아라사국계俄羅斯國界: 러시아 경계이다.

파득해우巴得海隅: 발트해Baltic Sea 연안이다.

동파로사부東破路斯部: 동프로이센Ostpreussen이다.

옥산도玉山都: 쾨니히스베르크Königsberg로, 지금의 러시아 칼리닌그라드Kaliningrad이다. 독일의 옛 도시로, 중세 시대부터 1945년까지 동프로이센의 수도였다.

단실읍但悉邑: 지금의 폴란드 항구도시 그단스크Gdańsk이다. 독일어 이름인 단치히Danzig로도 잘 알려져 있다.

박민부博閔部: 지금의 폴란드 포모제Pomorze 지역으로, '연해 지역'이라는 뜻이다. 폴란드 중북부에 위치한 주로, 주도는 그단스크이다.

서파로사부西破路斯部: 서프로이센Westpreussen이다.

파신부破新部: 지금의 폴란드 포즈난Poznań 이다.

파란지破蘭地: 지금의 폴란드Poland이다.

파로사국破路斯國: 프로이센Preussen이다.

말도하末道河: 지도상에 말도하로 표기되어 있으나, 미도하未道河를 가리킨다. 미도하는 바로 바르타강Warta River이며, 폴란드 중부와 서부를 흐른다. 말도하는 블타바강Vltava River으로 체코에서 가장 긴 강이다.

치리서부治利西部: 지금의 폴란드 실레지아Silesia 지역이다.

가구지加勾地: 지금의 폴란드 크라쿠프Kraków이다.

보신읍報信邑: 지금의 독일 바우첸Bautzen이다.

살손부撒孫部: 지금의 독일 작센Saxony이다.

득신읍得信邑: 지금의 독일 드레스덴Dresden 지역이다.

득신도得信都: 지금의 독일 드레스덴이다.

림백도회林伯都會: 지금의 우크라이나 리비우lviv이다.

무가위니부無可威尼部: 부코비나Bucovina로, 지금의 루마니아 동북부와 우크라이나 서부 지역이다.

가리서부加利西部: 갈리시아Galicia로, 폴란드 동남부에 위치했던 역사적 지역의 명칭이다.

묵림부默林部: 지금의 체코 브르노Brno로, 체코 중부에 위치한다.

단포읍但布邑: 지금의 폴란드 비톰Bytom이다.

납파拉巴: 지금의 체코 수도 프라하Praha이다.

파민부破閔部: 보헤미아Bohemia로, 체코슬로바키아 서부의 옛 지역명이다.

필신읍必信邑: 지금의 체코 플젠Plzeň이다.

운음부雲音部: 지금의 헝가리Hungary이다.

아보도阿寶都: 오부더Óbuda로, 지금의 헝가리 수도 부다페스트Budapest 서쪽 지역이다.

위음도威音都: 지금의 오스트리아 수도 빈Wien이다.

니랍돈호尼拉頓湖: 지금의 헝가리 벌러톤호Balaton Lake이다. 헝가리 서부에 위치한 중앙 유럽 최대의 호수이다.

오지리국奧地利國: 지금의 오스트리아Austria를 가리킨다.

상오지리上奧地利: 어퍼오스트리아, 즉 오버외스터라이히 대공국Erzherzogtum Oberösterreich이다. 1804~1918년까지 지금의 오스트리아에 존재했던 대공국이다.

하오지리下奧地利: 로어오스트리아로, 즉 니더외스터라이히 대공국Erzherzogtum Niederösterreich이다. 어퍼오스트리아와 마찬가지로 1804~1918년까지 지금의 오스트리아에 존재했던 대공국이다.

사달랍읍士撻拉邑: 지금의 독일 슈트랄준트Stralsund이다.

사득정士得丁: 지금의 폴란드 슈체친Szczecin이다.

반정포부班丁布部: 지금의 독일 브란덴부르크Brandenburg 지역이다.

박단읍博但邑: 지금의 독일 포츠담Potsdam이다. 독일 동부 하펠강Havel River 강가에 위치한 도시로, 브란덴부르크주의 주도이다.

필로必老: 지금의 폴란드 브로츠와프Wrocław이다.

라독읍羅讀邑: 지금의 독일 로스토크Rostock이다.

위사마읍威士馬邑: 지금의 독일 비스마르Wismar이다. 발트해 부근 독일 북부에 위치한 항구도시이자 한자동맹Hanseatic League 가맹 도시이다.

묵림포치림默林布治林: 지금의 독일 메클렌부르크Mecklenburg 지역이다.

필림도必林都: 지금의 독일 수도 베를린Berlin이다.

익북하益北河: 지금의 엘베강Elbe River이다.

안합빈포安哈賓布: 지금의 독일 안할트베른부르크Anhalt-Bernburg이다.

마득포읍馬得布邑: 지금의 독일 마그데부르크Magdeburg이다.

사합지소士哈地埽: 지금의 독일 안할트데사우Anhalt-Dessau이다.

손득호지孫得好地: 지금의 독일 존더스하우젠sondershausen이다.

안합가정安哈哥丁: 지금의 독일 안할트쾨텐Anhalt-Köthen이다.

보령쇠지報寗衰地: 지금의 독일 브라운슈바이크Braunschweig이다.

려니포읍呂尼布邑: 지금의 독일 뤼네부르크Lüneburg이다.

실리읍悉利邑: 지금의 독일 첼레Celle이다.

흑득림읍黑得林邑: 지금의 독일 힐데스하임Hildesheim이다.

한나이도漢那耳都: 지금의 독일 하노버Hannover이다.

일이만국日耳曼國: 지금의 독일Germany을 가리킨다.

한나이부漢那耳部: 지금의 독일 하노버 지역 일대이다.

위실하威悉河: 지금의 베저강Weser River으로, 독일 북서 지역을 흐르는 강이다.

액정음額丁音: 지금의 독일 괴팅겐Göttingen이다.

비산읍非山邑: 지금의 독일 프라이베르크Freiberg이다.

립실읍立悉邑: 지금의 독일 라이프치히Leipzig이다.

고래서지古來西地: 지금의 독일 그라이츠Greiz이다.

래서지來西地: 지금의 독일 로이스슐라이츠Reuss-Schleiz이다.

로돌읍路突邑: 지금의 독일 루돌슈타트Rudolstadt이다.

살손왜마撒孫歪馬: 지금의 독일 작센바이마르Sachsen-Weimar이다.

살손아정포지撒孫亞丁布地: 지금의 독일 작센알텐부르크Sachsen-Altenburg이다.

살손매녕지撒孫買寗地: 지금의 독일 작센마이닝겐Sachsen-Meiningen이다.

배언부拜焉部: 지금의 독일 바이에른주Bayern로, 바바리아주Bavaria라고도 한다.

배율읍拜律邑: 지금의 독일 바이로이트Bayreuth이다.

반산읍班山邑: 지금의 독일 밤베르크Bamberg이다.

불지읍佛地邑: 지금의 독일 퓌르트Fürth이다.

익란읍益蘭邑: 지금의 독일 에를랑겐Erlangen이다.

니림산尼林山: 지금의 독일 뉘른베르크Nürnberg이다.

오포고읍奧布古邑: 지금의 독일 아우크스부르크Augsburg로, 독일 바이에른주 남서쪽에 위치한다. 고대 로마 시대에 건설된 유서 깊은 고도古都이다.

민명음읍閔名音邑: 지금의 독일 메밍겐Memmingen으로, 울름 동남쪽에 있다.

금정읍金丁邑: 지금의 독일 켐프텐Kempten이다.

염심읍鹽深邑: 지금의 오스트리아 잘츠부르크Salzburg이다. 'Salzburg'는 소금성Salt Castle 또는 소금 요새Salt Fortress를 뜻한다.

민금도閔金都: 지금의 독일 뮌헨München이다.

불읍弗邑: 지금의 독일 푸르트임발트Furth im Wald이다.

지록부地鹿部: 지금의 오스트리아 티롤Tyrol이다.

아정포부阿丁布部: 지금의 독일 올덴부르크Oldenburg이다.

오륵읍奧勒邑: 지금의 독일 아우리히Aurich이다.

음정읍音丁邑: 지금의 독일 엠덴Emden이다.

보로사국서법부普魯社國西法部: 프로이센령 웨스트팔리아Westphalia로, 지금의 독일 노르트라인베스트팔렌주Nordrhein-Westfalen이다.

아나교읍阿拿橋邑: 지금의 독일 오스나브뤼크Osnabrück로, 독일어 'Brück'는 '다리'를 의미한다.

민득읍閔得邑: 지금의 독일 뮌스터Münster이다.

래니하來尼河: 지금의 라인강Rhine River이다.

가륜도哥倫都: 지금의 독일 쾰른Köln이다.

위실읍威悉邑: 지금의 독일 베셀Wessel로, 라인강 동쪽에 위치한다.

래니부來尼部: 지금의 독일 라인란트Rheinland 지역이다.

지익읍地益邑: 지금의 독일 트리어Trier이다.

가실도加悉都: 지금의 독일 카셀Kassel이다.

흑신지黑信地: 독일 역사상의 헤센 선제후 영지Electoral Hesse이다.

마포읍馬布邑: 지금의 독일 마르부르크Marburg이다.

범불凡弗: 지금의 독일 동부 프랑크푸르트Frankfurt이다.

나소지拿埽地: 지금의 독일 나소Nassau이다.

흑신대족지지黑信大族之地: 헤센다름슈타트Hessen-Darmstadt로, 헤센 대공국Grand Duchy of Hesse이라고도 한다.

매닉읍買匿邑: 지금의 독일 마인츠Mainz이다.

배언래니부拜焉來尼部: 지금의 독일 바이에른라인Bayern-Rhein 지역이다.

로득읍老得邑: 지금의 독일 라우터레켄Lauterecken이다.

란도읍蘭刀邑: 지금의 독일 란다우Landau이다.

아목파亞木巴: 지금의 독일 안스바흐Ansbach이다.

해본읍害本邑: 지금의 독일 하일브론Heilbronn이다.

파정부巴丁部: 지금의 독일 바덴Baden 지역이다.

갑리안도甲利安都: 지금의 독일 카를스루에Karlsruhe이다.

만림읍曼林邑: 지금의 독일 만하임Mannheim이다.

해득산읍害得山邑: 지금의 독일 하이델베르크Heidelberg이다.

비포읍非布邑: 지금의 독일 프라이부르크Freiburg이다.

라랍읍羅臘邑: 지금의 독일 뢰어라흐Lörrach이다.

실마림지悉馬林地: 지금의 독일 지그마링엔Sigmaringen이다.

하란국계荷蘭國界: 네덜란드 경계이다.

북의국계北義國界: 벨기에 경계이다.

록신포부鹿信布部: 지금의 룩셈부르크Luxemburg이다.

불란서국계佛蘭西國界: 프랑스 경계이다.

위정산부威丁山部: 지금의 독일 뷔르템베르크Württemberg 지역이다.

률랭읍律冷邑: 지금의 독일 로이틀링겐Reutlingen으로, 슈투트가르트 남쪽에 위치한다.

오림읍烏林邑: 지금의 독일 울름Ulm 이다.

돌압도突押都: 지금의 독일 슈투트가르트Stuttgart이다.

토병읍土病邑: 지금의 독일 튀빙겐Tübingen이다.

서사국계瑞士國界: 스위스 경계이다.

瑞丁國
西蘭島
拉蘭島
洲中海
北海
大尼國
荷蘭國界
日耳曼國地
威悉河
來尼河
安哈
哈利邑
奧地利國界

俄羅斯國界
巴得海隅
東破路斯部
普魯社國
一名破路斯
西破路斯部
波蘭地
俄羅斯國界
奧地利國界

프로이센 지도

아라사국계俄羅斯國界: 러시아 경계이다.

파득해우巴得海隅: 지금의 발트해Baltic Sea 연안이다.

주중해洲中海: 지금의 발트해이다.

특실읍特悉邑: 틸지트Tilsit를 가리킨다. 1946년까지 틸지트로 불리다가 이후 소베츠크Sovetsk로 명칭이 바뀌었다. 소베츠크는 지금의 러시아 극서에 위치하는 칼리닌그라드주의 도시이다.

신항新港: 지금의 상트페테르부르크항Port of Saint Petersburg으로, 러시아 북서쪽에 위치한다. 상트페테르부르크는 네바강Neva River 하구에 위치하며, 그 삼각주 지대에 형성된 자연 섬과 운하로 인해 생긴 수많은 섬 위에 세워진 도시이다.

필액하必額河: 지금의 프레골랴강Pregoła River이다.

동파로사부東破路斯部: 동프로이센Ostpreussen이다.

옥산도玉山都: 쾨니히스베르크Königsberg로, 지금의 러시아 칼리닌그라드Kaliningrad이다. 독일의 옛 도시로, 중세 시대부터 1945년까지 동프로이센의 수도였다.

익빈읍益賓邑: 엘빙Elbing으로, 지금의 폴란드 엘블롱크Elbląg이다.

마리미득읍馬利未得邑: 지금의 폴란드 크비진Kwidzyn이다. 독일어 지명으로는 마리엔베르더Marienwerder라고 한다.

위실하威悉河: 지금의 비스와강Wisła River이다.

파란지波蘭地: 지금의 폴란드Poland이다.

고정읍告丁邑: 지금의 폴란드 그루지옹츠Grudziądz이다.

다륜읍多倫邑: 지금의 폴란드 토룬Toruń이다.

단실읍但悉邑: 지금의 폴란드 항구도시 그단스크Gdańsk이다. 독일어 이름인 단치히Danzig로도 잘 알려져 있다.

보로사국普魯社國: 프로이센으로, 일명 파로사破路斯라고도 한다.

서파로사부西破路斯部: 서프로이센Westpreussen이다.

비력읍比力邑: 지도상에는 표시되어 있으나, 현재 어떤 지역을 가리키는지는 미상이다.

길림읍吉林邑: 지금의 폴란드 코샬린Koszalin이다.

박민부博閔部: 지금의 폴란드 포모제Pomorze 지역으로, '연해 지역'이라는 뜻이다. 폴란드 중북부에 위치한 주로, 주도는 그단스크이다.

사달갑읍士達甲邑: 지금의 폴란드 스타르가르트Stargard이다.

사득정도士得丁都: 지금의 폴란드 북서부에 위치하는 항구도시 슈체친Szczecin으로, 1945년까지는 독일령으로 슈테틴Stettin이라고 불렸다. 폴란드에서 그단스크에 이어 제2의 항만도시이다.

미도하未道河: 지금의 바르타강Warta River이다.

개와득읍開瓦得邑: 지금의 독일 그라이프스발트Greifswald이다.

범불읍凡佛邑: 지금의 독일 동부 프랑크푸르트Frankfurt이다.

아득하阿得河: 지금의 오데르강Odra River이다.

파신부도破新部都: 지금의 폴란드 포즈난Poznań 이다.

반산읍頒山邑: 지금의 폴란드 비드고슈치Bydgoszcz로, 독일어로는 브롬베르크Bromberg이다.

필로도必老都: 지금의 폴란드 브로츠와프Wrocław이다.

치리서부治利西部: 지금의 폴란드 실롱스크Śląsk 지역이다. 독일어로는 슐레지엔Schlesien이다.

살안읍撒岸邑: 지금의 폴란드 즈고젤레츠Zgorzelec이다.

륵닉읍勒匿邑: 지금의 폴란드 레그니차Legnica이다.

내사읍耐士邑: 지금의 폴란드 니사Nysa이다.

옥읍屋邑: 지금의 폴란드 오폴레Opole이다.

오지리국계奧地利國界: 오스트리아 경계이다.

서정국瑞丁國: 지금의 스웨덴Sweden을 가리킨다.

비녕도非甯島: 지금의 덴마크 퓐섬Fyn Island이다.

서란도西蘭島: 지금의 덴마크 셸란섬Sjælland Island이다.

랍란도拉蘭島: 지금의 덴마크 롤란섬Lolland Island이다.

북해北海: 지금의 북해North Sea이다.

대니국大尼國: 지금의 덴마크Denmark를 가리킨다.

위실하威悉河: 본 지도상에는 동쪽과 서쪽에 각각 '위실하'가 있는데, 동명의 서로 다른 강이다. 동쪽의 강은 비스와강이고, 이 부분에 있는 강은 베저강Weser River이다.

일이만국지日耳曼國地: 지금의 독일이다.

사달랍읍士撻拉邑: 지금의 독일 슈트랄준트Stralsund이다.

주산읍駐山邑: 지금의 독일 슈트라우스베르크Strausberg이다.

반정포부필림도班丁布部必林都: 지금의 독일 수도 베를린Berlin이다. 과거 브란덴부르크주에 속했다.

반정포읍班丁布邑: 지금의 독일 브란덴부르크Brandenburg이다.

포탄읍布坦邑: 지금의 독일 포츠담Potsdam이다.

익불읍益弗邑: 지금의 독일 에르푸르트Erfurt이다.

안합가정安哈哥丁: 지금의 독일 안할트쾨텐Anhalt-Köthen이다.

살손부撒孫部: 지금의 독일 작센Saxony이다.

마득포읍馬得布邑: 지금의 독일 마그데부르크Magdeburg이다.

흑서포읍黑西布邑: 지금의 독일 헤르츠베르크Herzberg이다.

합리읍哈利邑: 지금의 독일 헬레Helle이다.

하란국계荷蘭國界: 네덜란드 경계이다.

래니하來尼河: 지금의 라인강Rhine River이다.

민득도閔得都: 지금의 독일 뮌스터Münster이다.

아나교읍阿拿橋邑: 지금의 독일 오스나브뤼크Osnabrück이다.

보로사국서법부普魯社國西法部: 프로이센령 웨스트팔리아Westphalia로, 지금의 독일 노르트라인베스트팔렌주Nordrhein-Westfalen이다.

익필전읍益必田邑: 지금의 독일 부퍼탈Wuppertal로 추정된다.

파민읍巴閔邑: 지금의 독일 본Bonn이다.

사실돌읍士悉突邑: 지금의 독일 뒤셀도르프Düsseldorf이다.

곡림읍谷林邑: 지금의 독일 굼머스바흐Gummersbach로 추정된다.

래니부가륜도來尼部哥倫都: 지금의 독일 라인란트 지역의 쾰른Köln이다.

지익읍地益邑: 지금의 독일 트리어Trier이다.

래니읍來尼邑: 지금의 독일 라인란트Rheinland 지역이다.

奧地利國專圖

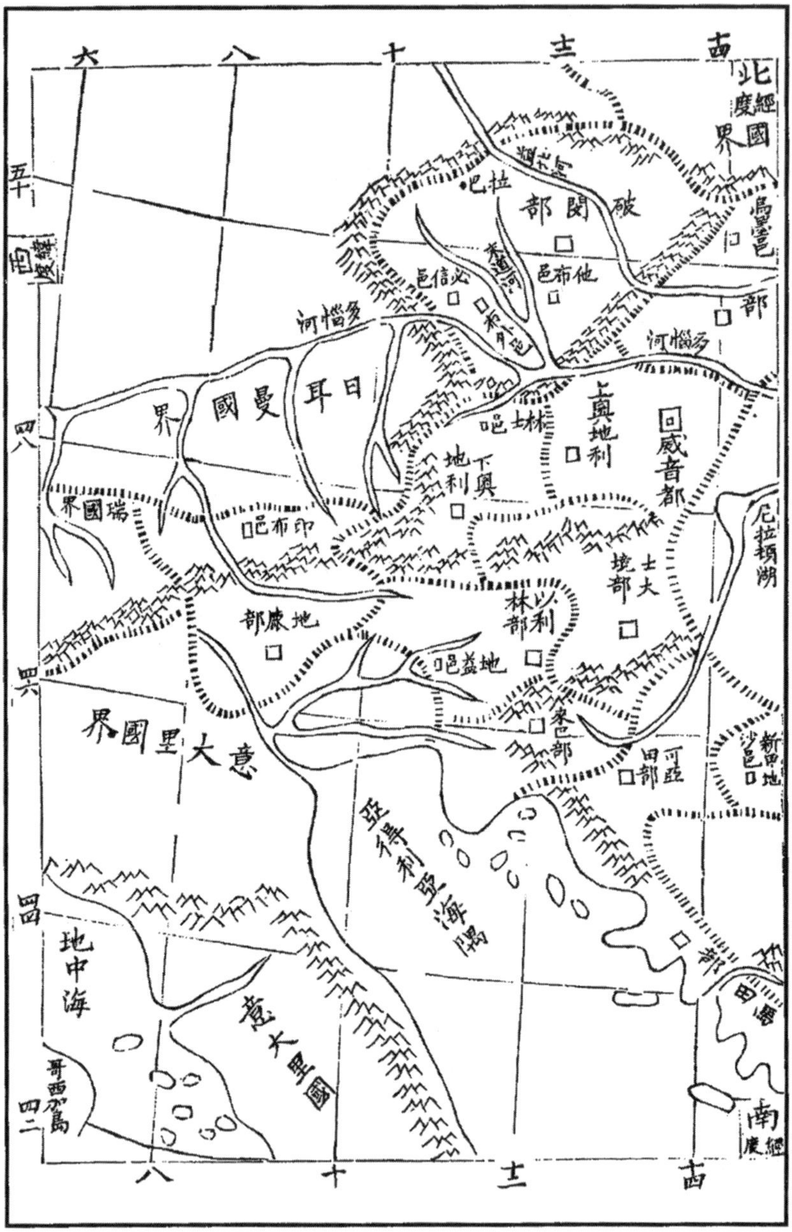

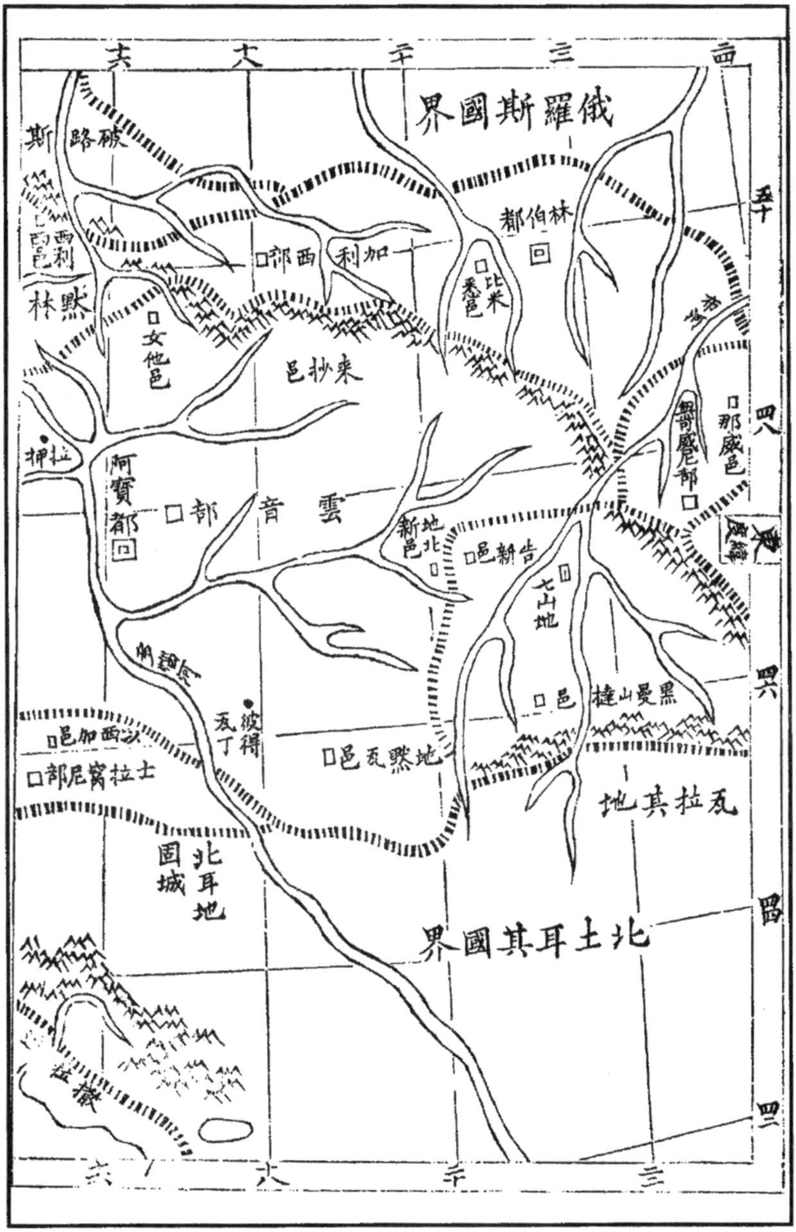
俄羅斯國界
林伯都
雲音部
阿寶都
瓦拉其地
黑曼山撻
北土耳其國界

오스트리아 지도

아라사국계俄羅斯國界: 러시아 경계이다.

포하布河: 지금의 부크강Bug River이다.

나위읍那威邑: 지금의 우크라이나 체르니우치Chernivtsi이다.

무가위니부無可威尼部: 부코비나Bucovina로, 지금의 루마니아 동북부와 우크라이나 서부 지역이다.

림백도林伯都: 지금의 우크라이나 리비우Lviv이다.

비미실읍比米悉邑: 지금의 폴란드 프셰미실Przemyśl이다.

가리서부加利西部: 갈리시아Galicia로, 폴란드 동남부에 위치했던 역사적 지명이다.

파로사국계破路斯國界: 프로이센 경계이다

서리서읍西利西邑: 지금의 폴란드 비톰Bytom으로 추정된다.

묵림부默林部: 지금의 체코 브르노Brno로, 체코 중부에 위치한다.

납압拉押: 지금의 헝가리 죄르Győr이다.

여타읍女他邑: 지금의 슬로바키아 반스카비스트리차Banská Bystrica이다.

내초읍來抄邑: 지금의 슬로바키아 코시체Košice로 추정된다.

아보도阿寶都: 오부더Óbuda로, 지금의 헝가리 수도 부다페스트Budapest 서쪽 지역이다.

운음부雲音部: 지금의 헝가리Hungary이다.

지북신읍地北新邑: 지금의 헝가리 데브레첸Debrecen이다.

고신읍告新邑: 지금의 루마니아 클루지나포카Cluj-Napoca이다.

칠산지七山地: 지금의 루마니아 트란실바니아Transilvania이다.

흑만산달읍黑曼山撻邑: 지금의 루마니아 시비우Sibiu이다.

와랍기지瓦拉其地: 지금의 루마니아 왈라키아Walachia이다.

지묵와읍地默瓦邑: 지금의 세르비아 두보바츠Dubovac이다.

피득와정彼得瓦丁: 지금의 세르비아 페트로바라딘Petrovaradin으로, 세르비아 노비사드Novi-Sad 부근에 위치한다.

다뇌하多惱河: 지금의 도나우강Donau River이다.

북이지고성北耳地固城: 지금의 세르비아 수도 베오그라드Beograd이다.

북토이기국계北土耳其國界: 북터키 경계이다.

사랍와니부士拉窩尼部: 지금의 크로아티아 슬라보니아Slavonia 지역이다.

이서가읍以西加邑: 지금의 크로아티아 오시예크Osijek이다.

살랍撒拉: 차라Zara로, 지금의 크로아티아 자다르Zadar이다.

달마전부達馬田部: 지금의 크로아티아 달마티아Dalmatia 지역이다. 달마티안Dalmatians은 그 지역 주민에 대한 명칭 중 하나이다.

신갑지사읍新甲地沙邑: 지금의 크로아티아 노바그라디슈카Nova Gradiška이다.

니랍돈호尼拉頓湖: 지금의 헝가리 벌러톤호Balaton Lake이다.

오묵읍烏墨邑: 지금의 체코 올로모우츠Olomouc이다.

익북하益北河: 지금의 엘베강Elbe River이다.

파민부破閔部: 보헤미아Bohemia로, 체코슬로바키아 서부의 옛 지역명이다.

필신읍必信邑: 지금의 체코 플젠Plzeň이다.

랍파拉巴: 지금의 체코 수도 프라하Praha이다.

타포읍他布邑: 지금의 체코 타보르Tábor이다.

말도하末道河: 지금의 블타바강Vltava River이다.

포외읍布外邑: 지금의 체코 체스케부데요비체České-Budějovice이다.

림사읍林士邑: 지금의 오스트리아 린츠Linz이다.

위음도威音都: 지금의 오스트리아 수도 빈Wien이다.

상오지리上奧地利: 어퍼오스트리아, 즉 오버외스터라이히 대공국Erzherzogtum Oberösterreich이다. 1804~1918년까지 지금의 오스트리아에 존재했던 대공국이다.

하오지리下奧地利: 로어오스트리아로, 즉 니더외스터라이히 대공국Erzherzogtum Niederösterreich이다. 어퍼오스트리아와 마찬가지로 1804~1918년까지 지금의 오스트리아에 존재했던 대공국이다.

사대경부士大境部: 지금의 오스트리아 슈타이어마르크Steiermark로, 슈타이어Steyr 변경에 위치한다.

일이만국계日耳曼國界: 독일 경계이다.

서국계瑞國界: 스위스 경계이다.

인포읍印布邑: 지금의 오스트리아 인스브루크Innsbruck이다.

지록부地鹿部: 지금의 오스트리아 티롤Tyrol이다.

이리림부以利林部: 유고슬라비아 역사상의 일리리아Illyria 부락이다.

지익읍地益邑: 지금의 이탈리아 트리에스테Trieste이다. 이 '지익읍'은 독일·프로이센·오스트리아 3국 지도와 프로이센 지도상의 '지익읍'과 동명의 다른 지역이다.

래파부來巴部: 지금의 슬로베니아 류블랴나Ljubljana 지역이다.

가아전부可亞田部: 지금의 크로아티아Croatia이다.

아득리아해우亞得利亞海隅: 지금의 아드리아해이다.

의대리국계意大里國界: 이탈리아 경계이다.

지중해地中海: 지금의 지중해Mediterranean Sea이다.

의대리국意大里國: 지금의 이탈리아이다.

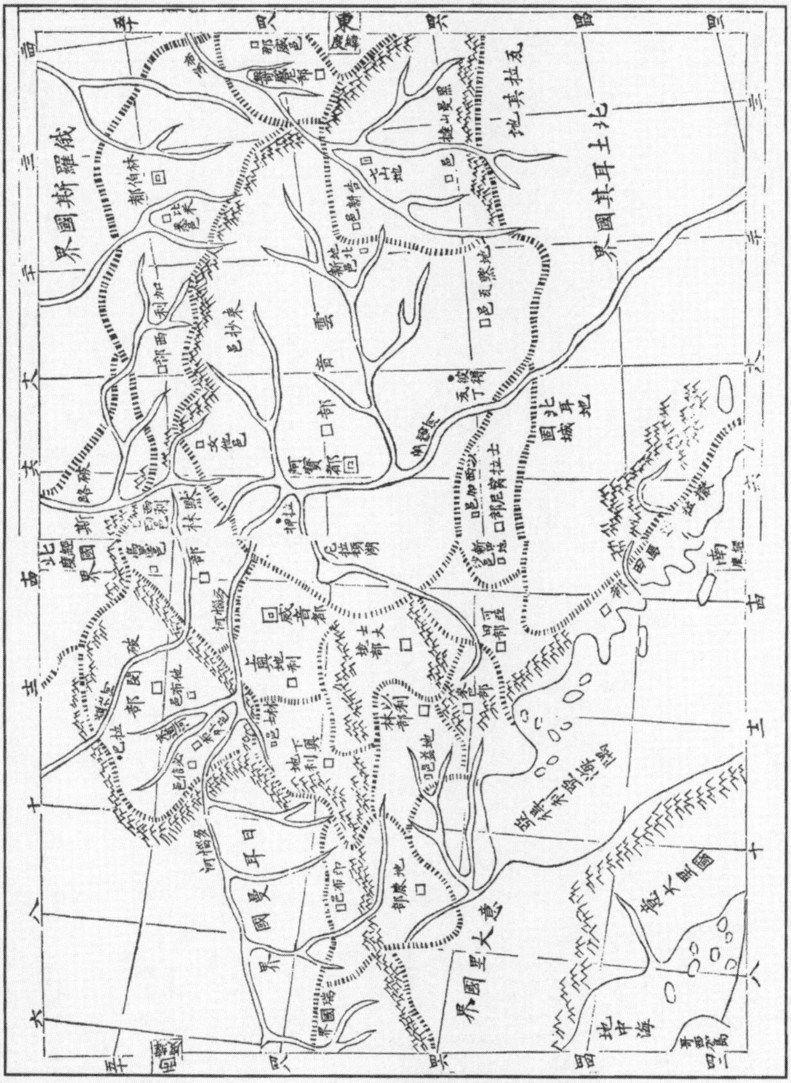

北土耳其國圖

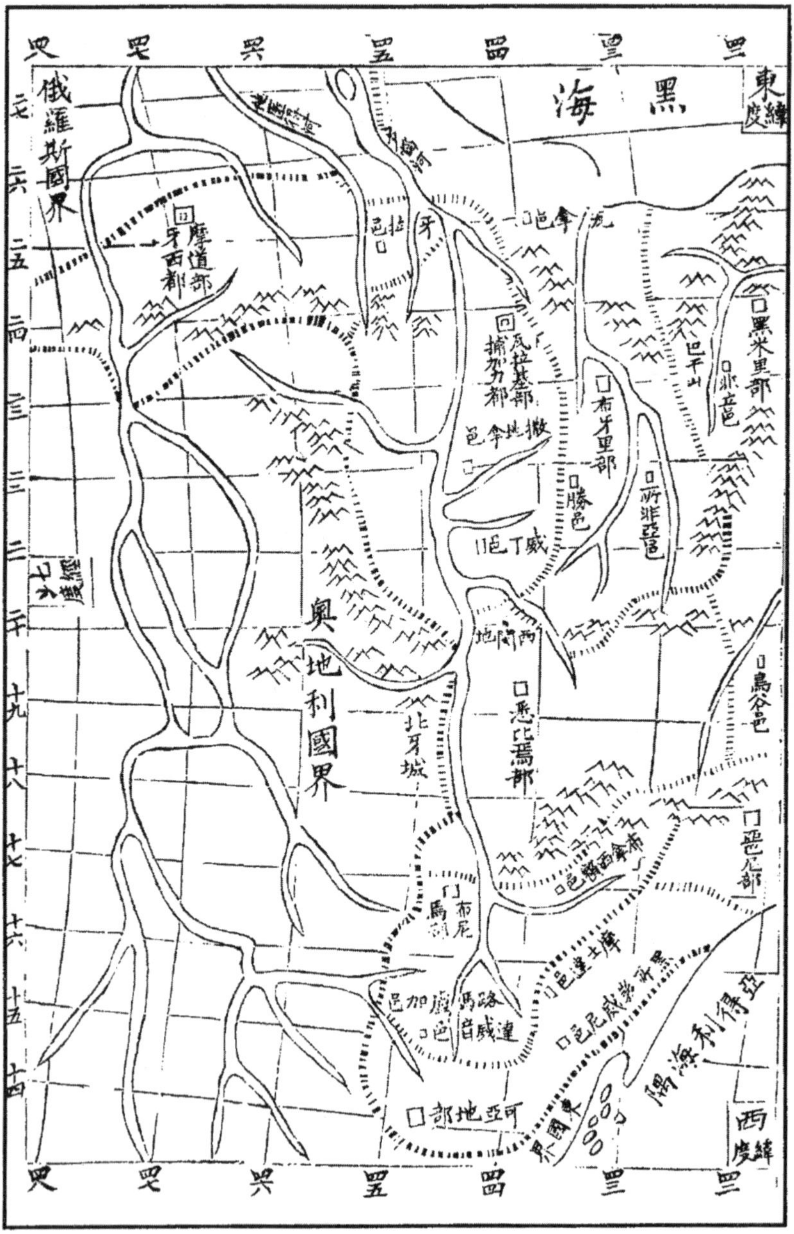

黑海
東經度
俄羅斯國界
摩道部
牙西都
布牙里部
威丁邑
悉比焉部
北牙城
奧地利國界
黑米里部
巴干山
烏谷邑
可亞地部
亞得利海洋
西經度

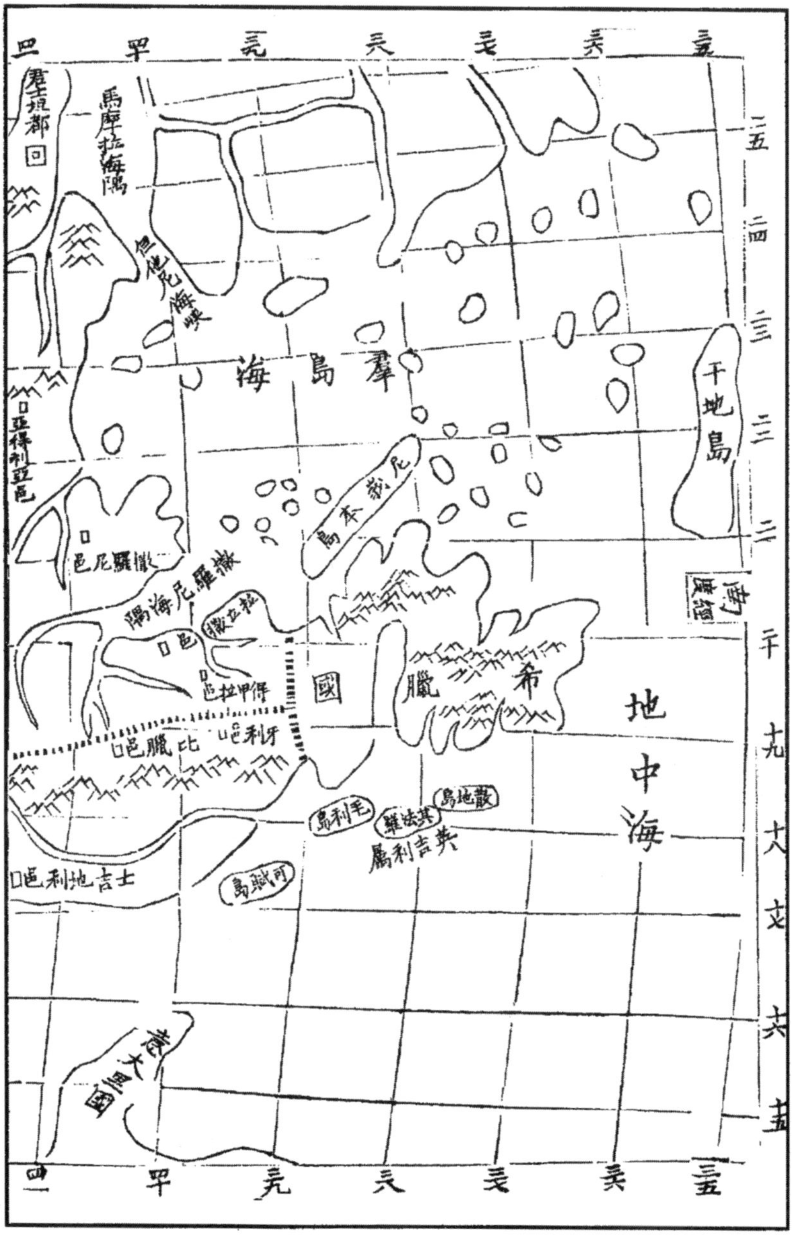

地中海
希臘
國
干地島
羣島海
散地島
英吉利屬
毛利島
可賦島
士吉地利邑
比臘邑
牙利邑
馬摩拉海隅

북터키 지도

간지도干地島: 지금의 그리스 크레타섬Creta Island이다.

지중해地中海: 지금의 지중해Mediterranean Sea이다.

군도해羣島海: 지금의 에게해Aegean Sea이다.

군사탄도君士坦都: 콘스탄티노플Constantinople로, 지금의 터키 수도 이스탄불Istanbul이다.

마마랍해우馬摩拉海隅: 지금의 마르마라해Sea of Marmara이다.

단타니해협但他尼海峽: 다르다넬스해협Dardanelles Strait으로, 에게해와 마르마라해를 잇는 터키의 해협이다.

아득리아읍亞得利亞邑: 아드리아노플Adrianople로, 지금의 터키 에디르네Edirne이다.

니아본도尼戠本島: 네그로폰테Negroponte로, 지금의 그리스 에비아섬Euboea Island이다.

희랍국希臘國: 지금의 그리스Greece이다.

살라니해우撒羅尼海隅: 지금의 테르마이코스만Thermaikos Kólpos이다.

살라니읍撒羅尼邑: 테살로니키Thessaloniki로, 지금의 그리스 살로니카제도Saronic Islands이다.

랍립살읍拉立撒邑: 지금의 그리스 라리사Larisa이다.

득갑랍읍得甲拉邑: 지금의 그리스 트리칼라Trikala이다.

아리읍牙利邑: 갈리폴리Gallipoli로, 지금의 터키 겔리볼루Gelibolu이다. 다르다넬스해협에 위치하는데, 이 지도상에는 알바니아Albania 남부로 잘못 표기되어 있다.

비랍읍比臘邑: 지금의 알바니아 남부의 베라트Berat이다.

사길지리읍士吉地利邑: 지금의 알바니아 서북부의 슈코더르Shkodër이다.
가부도可賦島: 코르푸섬Corfù Island으로, 지금의 그리스 케르키라섬Kérkyra Island이다.
모리도毛利島: 지금의 그리스 레프카다섬Lefkada Island이다.
기법라其法羅: 지금의 그리스 케팔로니아섬Kefallinia Island이다.
산지도散地島: 잔테섬Zante Island으로, 지금의 그리스 자킨토스섬Zakinthos Island이다.
영길리속英吉利屬: 영국 속지이다.
의대리국意大里國: 지금의 이탈리아Italia이다.
흑해黑海: 지금의 흑해Black Sea이다.
다뇌하多惱河: 지금의 도나우강Donau River으로 다뉴브강Danube River이라고도 부른다.
타닉득하他匿得河: 지금의 드네스트르강Dniester River이다.
마도부摩道部: 지금의 몰도바Moldova이다.
아서도牙西都: 지금의 루마니아 이아시Iaşi이다.
아라사국계俄羅斯國界: 러시아 경계이다.
아랍읍牙拉邑: 지금의 루마니아 갈라치Galaţi이다.
와나읍瓦拿邑: 지금의 불가리아 바르나Varna이다.
와랍기부瓦拉基部: 루마니아의 역사적 지명 왈라키아Walachia이다. 도나우강 북쪽에 위치하는데, 지도상에는 도나우강 남쪽으로 잘못 표기되어 있다.
포가력도捕加力都: 루마니아 수도 부쿠레슈티Bucureşti이다. 도나우강 북쪽에 위치하는데, 지도상에는 도나우강 남쪽으로 잘못 표기되어 있다.
살지나읍撒地拿邑: 루마니아 슬라티나Slatina이다. 도나우강 북쪽에 위치하는데, 지도상에는 도나우강 남쪽으로 잘못 표기되어 있다.

위정읍威丁邑: 지금의 불가리아 비딘Vidin이다.

오지리국계奧地利國界: 오스트리아 경계이다.

북아성北牙城: 세르비아 수도 베오그라드Beograde이다. 도나우강 남쪽에 위치하는데, 지도상에는 도나우강 북쪽으로 잘못 표기되어 있다.

실비언부悉比焉部: 지금의 세르비아Serbia이다.

서민지西閔地: 지금의 세르비아 스메데레보Smederevo이다.

조곡읍鳥谷邑: 위스퀴프Üsküp로, 지금의 북마케도니아 수도 스코페Skopje이다. 13세기에는 세르비아의 지배하에 있다가, 1392~1912년에 걸쳐 오스만제국의 지배하에 들어가서 위스퀴프라는 이름으로 불렸다.

흑미리부黑米里部: 오스만튀르크 제국의 행정구역이었던 루멜리아Rumelia이다.

비립읍非立邑: 지금의 불가리아 플로브디프Plovdiv로, 필리포폴리스Philippopolis라고도 한다.

파간산巴干山: 지금의 스타라플라니나산맥Stara Planina으로, 발칸산맥Balkan Mountains이라고도 한다.

포아리부布牙里部: 지금의 불가리아Bulgaria이다.

소비아읍所非亞邑: 지금의 불가리아 수도 소피아Sofia이다.

승읍勝邑: 지금의 불가리아 슈멘Shumen이다.

아파니부亞巴尼部: 지금의 알바니아Albania이다.

포나서뢰읍布拿西賴邑: 지금의 보스니아헤르체고비나 수도 사라예보Sarajevo로, 사라이보스나Saraybosna라고도 한다.

포니언부布尼焉部: 보스니아Bosnia로, 지금의 보스니아헤르체고비나Bosnia and Herzegovina이다.

노마로가읍路馬盧加邑: 지금의 보스니아헤르체고비나 바냐루카Banja Luka로 추정된다.

달위음읍達威音邑: 지금의 보스니아헤르체고비나 데르벤타Derventa이다.

마사달읍摩士達邑: 지금의 보스니아헤르체고비나 모스타르Mostar이다.

흑소아위니읍黑所莪威尼邑: 지금의 보스니아헤르체고비나 헤르체고비나 Hercegovina이다.

가아지부可亞地部: 지금의 크로아티아Croatia이다.

아득리해우亞得利海隅: 지금의 아드리아해Adriatic Sea이다.

동국계東國界: 오스트리아 경계이다.

希臘國圖

北土耳其國界
以多里部
破其部
巴答海隅
利板地海隅
利板地邑
比阿地部
亞加牙部
亞加地部
特破利撒邑
黙西尼部
亞典海隅
亞典都
以義島
以雲海
英吉利藩屬羣島
以雲群島
散地島
可倫海隅
可羅其海隅
地中海
北經度
南經度

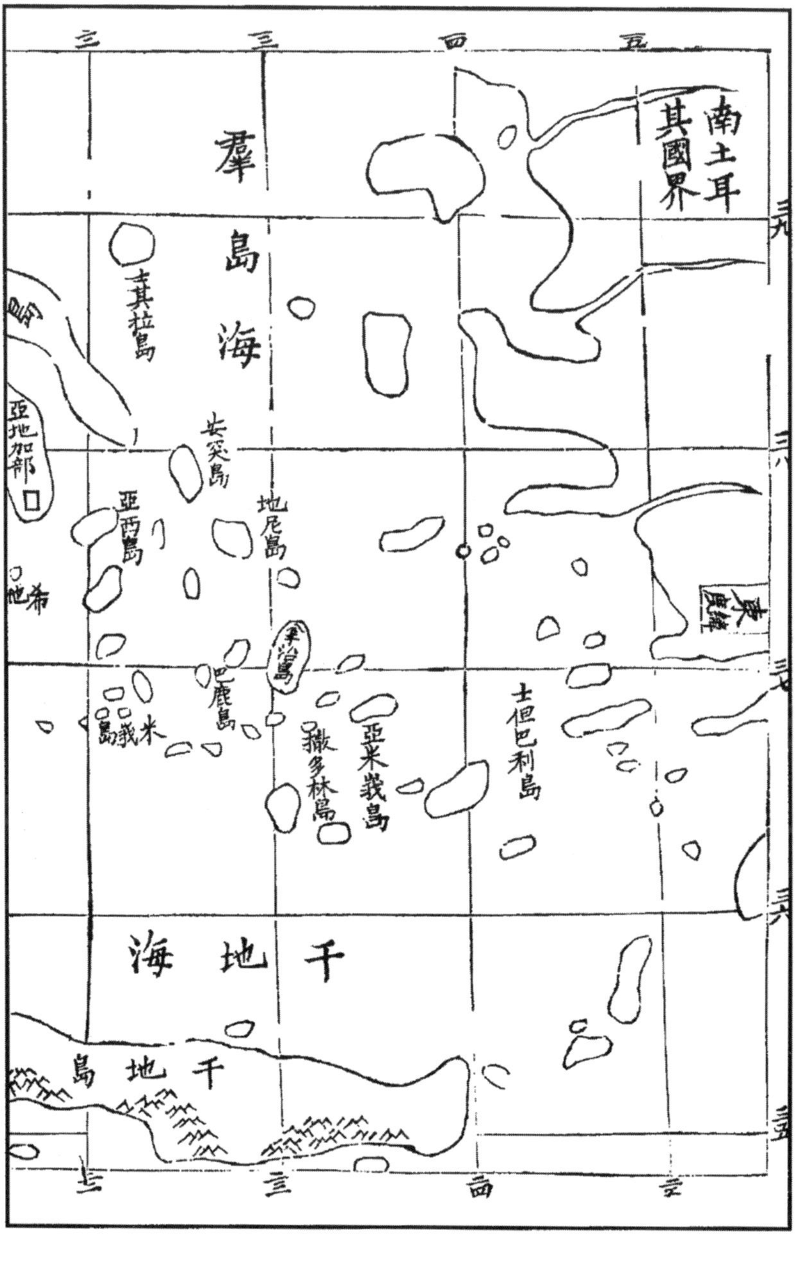
南土耳其國界
羣島海
士其拉島
亞地加部
安突島
亞西島
地尼島
巴鹿島
米義島
撒多林島
亞米義島
士但巴利島
東經
干地海
干地島

그리스 지도

남토이기국계南土耳其國界: 남터키 경계이다.

군도해羣島海: 지금의 에게해Aegean Sea이다.

사단파리도士但巴利島: 지금의 그리스 아스티팔라이아섬Astypalaia Island이다.

아미아도亞米峩島: 지금의 그리스 아모르고스섬Amorgos Island이다.

살다림도撒多林島: 지금의 그리스 산토리니섬Santorini Island으로, 티라섬Thira Island이라고도 한다.

간지해干地海: 지금의 크레타해Sea of Creta이다.

간지도干地島: 지금의 그리스 크레타섬Creta Island이다.

사기랍도士其拉島: 지금의 그리스 시로스섬Syros Island이다.

안돌도安突島: 지금의 그리스 안드로스섬Andros Island이다.

지니도地尼島: 지금의 그리스 티노스섬Tinos Island이다.

나치도拿治島: 지금의 그리스 낙소스섬Naxos Island이다.

아서도亞西島: 지금의 그리스 케아섬Kea Island이다.

파록도巴鹿島: 지금의 그리스 파로스섬Paros Island이다.

미아도米峩島: 지금의 그리스 밀로스섬Milos Island이다.

희타도希他島: 지금의 그리스 이드라섬Hyhra Island이다.

아지가부亞地加部: 지금의 그리스 아티키주Attikī이다.

사가비라도士哥比羅島: 지금의 그리스 스코펠로스섬Skopelos Island이다.

니아본도尼峩本島: 네그로폰테Negroponte로, 지금의 그리스 에비아섬Euboea Island이다.

니아본해협尼峩本海峽: 지금의 에우리포스해협Euripus Strait으로, 에게해에 위치한 에비아섬과 그리스 본토의 보이오티아를 나누는 좁은 수로이다.

북토이기北土耳其: 북터키로, 북도로기北都魯機라고도 한다.

비아지부比阿地部: 지금의 그리스 보이오티아주Boeotia이다.

지백읍地百邑: 테베Thebes로, 지금의 그리스 티바Thíva이다.

리와지읍利瓦地邑: 지금의 그리스 리바디아Livadeia이다.

아전도亞典都: 지금의 그리스 수도 아테네Athens이다.

가림다읍可林多邑: 지금의 그리스 코린토스Korintos이다.

아전해우亞典海隅: 지금의 사로니코스만Saronikós Kólpos이다.

이의도以義島: 지금의 그리스 에기나섬Aegina Island이다.

파기부破其部: 지금의 그리스 포키스Fo'kis 지역이다.

리판지읍利板地邑: 레판토Lepanto로, 지금의 그리스 나프파크토스Naupaktos 이다.

파답해격巴答海隔: 지금의 파트라만Patraikós Kólpos이다.

리판지해우利板地海隅: 지금의 코린토스만Korinthiakós Kólpos이다.

아가아부亞加牙部: 지금의 그리스 아카이아주Achaia이다.

아아리부亞峩利部: 지금의 그리스 아르골리스주Argolis이다.

나파리해우拿破利海隅: 지금의 아르골리코스만Argolikós kólpos이다.

나파리읍拿破利邑: 지금의 그리스 나플리오Nafplio이다.

랍가니부拉哥尼部: 지금의 그리스 라코니아주Laconia이다.

미식타읍未寔他邑: 지금의 그리스 스파르타Sparta이다.

가라기해우可羅其海隅: 지금의 라코니코스만Lakonikós kólpos이다.

길리아도吉利峩島: 지금의 그리스 키티라섬Kithira Island이다.

아가지부亞加地部: 지금의 그리스 아르카디아Arkadia 지역이다.

특파리살읍特破利撒邑: 지금의 그리스 트리폴리스Trípolis이다.

이리부以利部: 지금의 그리스 일리아주Ilia이다.

묵서니부黙西尼部: 지금의 그리스 메시니아주Messenia이다.

가륜해우可倫海隅: 지금의 메시니아코스만Messiniakós kólpos이다.

북토이기국계北土耳其國界: 북터키 경계이다.

이다리부以多里部: 지금의 그리스 아이톨리아Aitōlía 지역이다.

와가리읍瓦可利邑: 지금의 그리스 아그리니오Agrinio이다.

파의룡소미巴義龍所米: 지금의 그리스 메솔롱기Missolonghi이다.

가부도可賦島: 코르푸섬Corfù Island으로, 지금의 그리스 케르키라섬Kerkyra Island이다.

모리도毛利島: 지금의 그리스 레프카다섬Lefkada Island이다.

서법라니도西法羅尼島: 지금의 그리스 케팔로니아섬Kefallinia Island이다.

이운군도以雲羣島: 지금의 그리스 이오니아제도Ionian Islands이다.

산지도散地島: 잔테섬Zante Island으로, 지금의 그리스 자킨토스섬Zakinthos Island이다.

영길리번속군도英吉利藩屬羣島: 영국령 제도이다.

이운해以雲海: 지금의 이오니아해Ionian Sea이다.

지중해地中海: 지금의 지중해Mediterranean Sea이다.

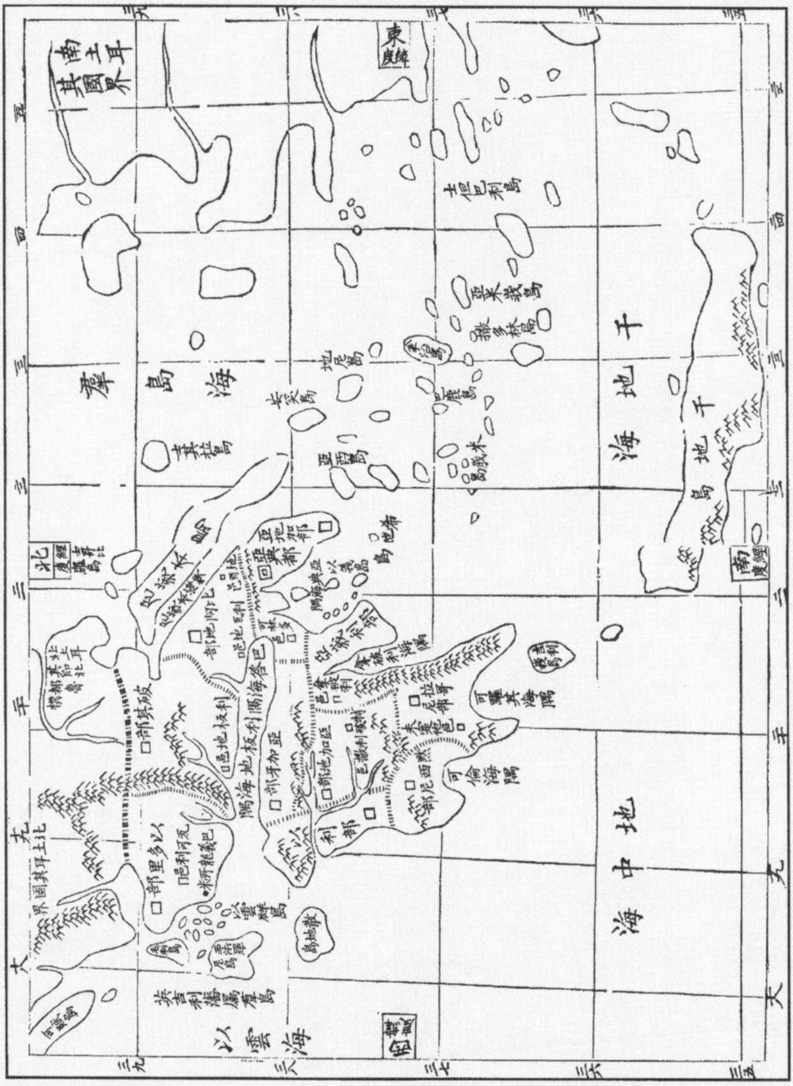

瑞丁那威兩國合圖

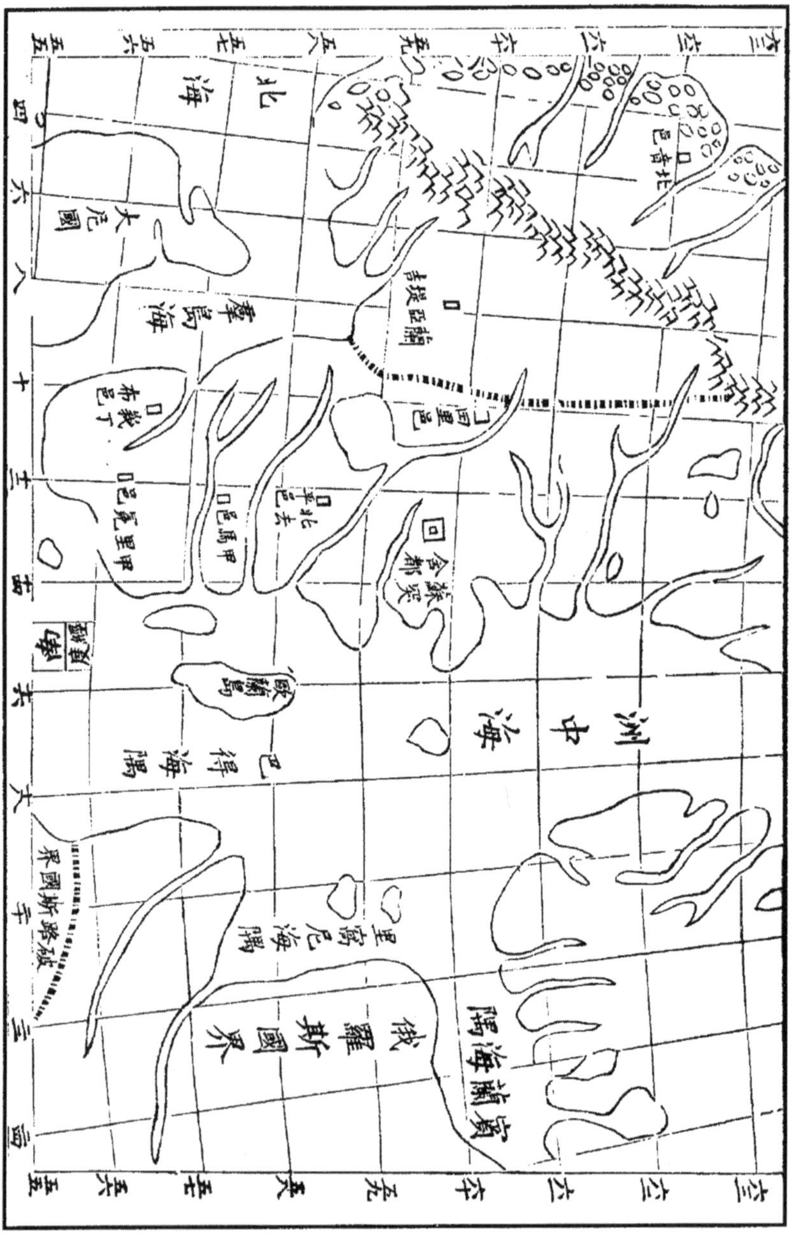

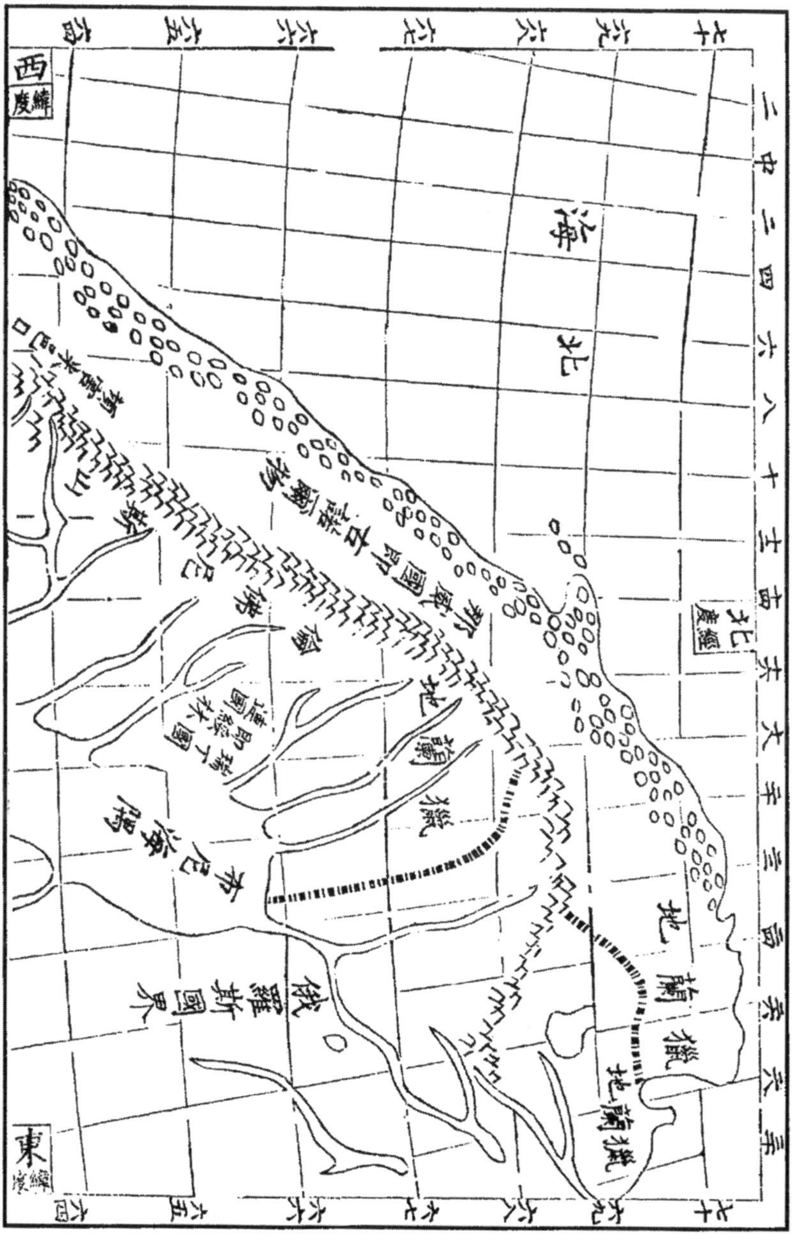

스웨덴·노르웨이 양국 지도

렵란지獵蘭地: 지금의 라플란드Lapland이다.

북해北海: 지금의 북해North Sea이다.

나위국那威國: 지금의 노르웨이Norway로, 낙이물諾爾物, 낙이물서아국諾爾物西亞國, 낙물야국諾勿惹國, 낙물열아諾勿熱亞라고도 한다.

윤불니사산倫佛尼斯山: 지금의 스칸디나비아산맥Scandinavian Mountains이다.

서정국瑞丁國: 지금의 스웨덴Sweden으로, 수림련국綏林連國이라고도 한다.

아라사국계俄羅斯國界: 러시아 경계이다.

포니해우布尼海隅: 지금의 보트니아만Gulf of Bothnia이다.

돈해미읍頓害米邑: 지금의 노르웨이 트론헤임Trondheim이다.

북음읍北音邑: 지금의 노르웨이 베르겐Bergen이다.

난아제길蘭亞堤吉: 지금의 노르웨이 수도 오슬로Oslo이다.

전리읍田里邑: 지금의 스웨덴 칼스타드Karlstad이다.

소돌함도蘇突含都: 지금의 스웨덴 수도 스톡홀름Stockholm이다.

북거평읍北去平邑: 지금의 스웨덴 노르셰핑Norrköping이다.

갑마읍甲馬邑: 지금의 스웨덴 칼마르Kalmar이다.

아정포읍峩丁布邑: 지금의 스웨덴 예테보리Göteborg이다.

갑리면읍甲里冕邑: 지금의 스웨덴 칼스크로나Karlskrona이다.

군도해羣島海: 지금의 카테가트해협Kattegat Strait이다. 이윌란반도와 스웨덴 사이의 해협이며, 외레순해협, 스토레벨트해협, 릴레벨트해협을 통해 발트해와 연결되어 있다.

대니국大尼國: 지금의 덴마크Denmark이다.

주중해洲中海: 지금의 발트해Baltic Sea이다.

파득해우巴得海隅: 지금의 발트해 연안이다.

구란도歐蘭島: 지금의 스웨덴 욀란드섬Öland Island이다.

리와니해우里窩尼海隅: 지금의 리가만Gulf of Rīga이다.

빈란해우賓蘭海隅: 지금의 핀란드만Gulf of Finland이다.

歐羅巴洲屬俄羅斯國圖

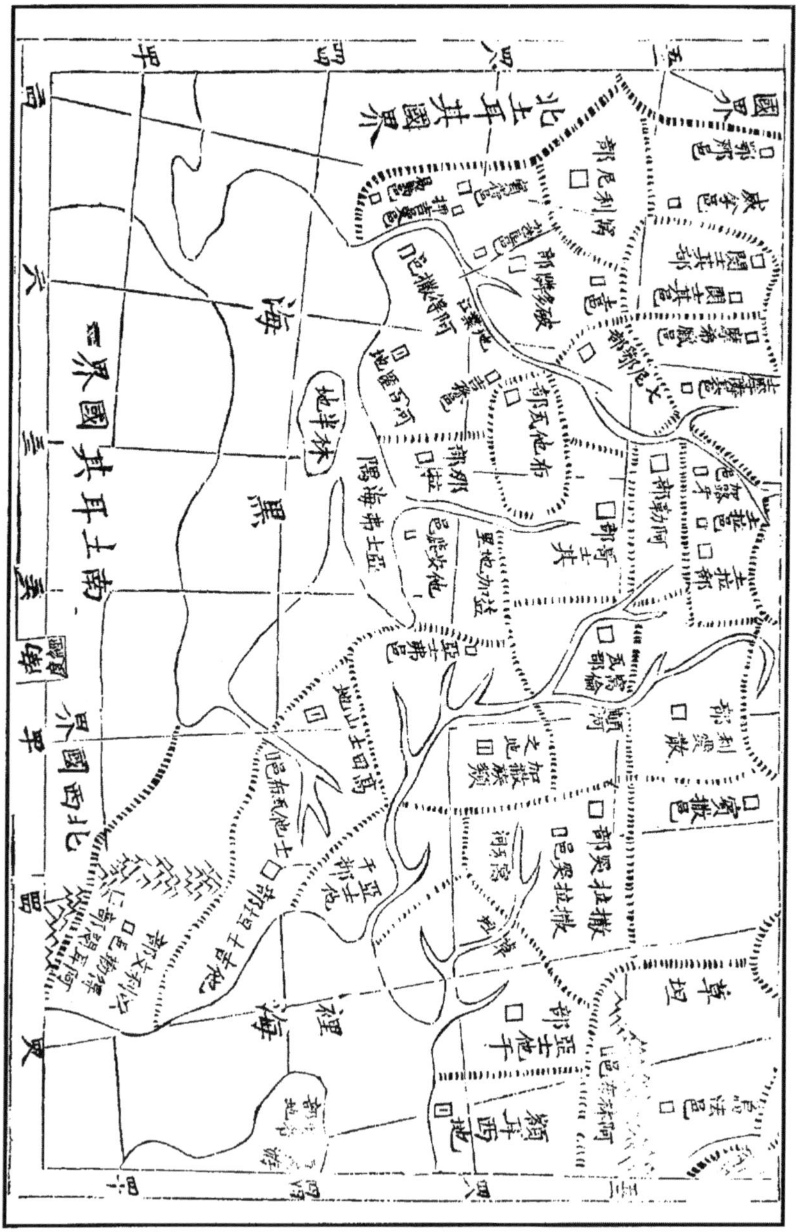

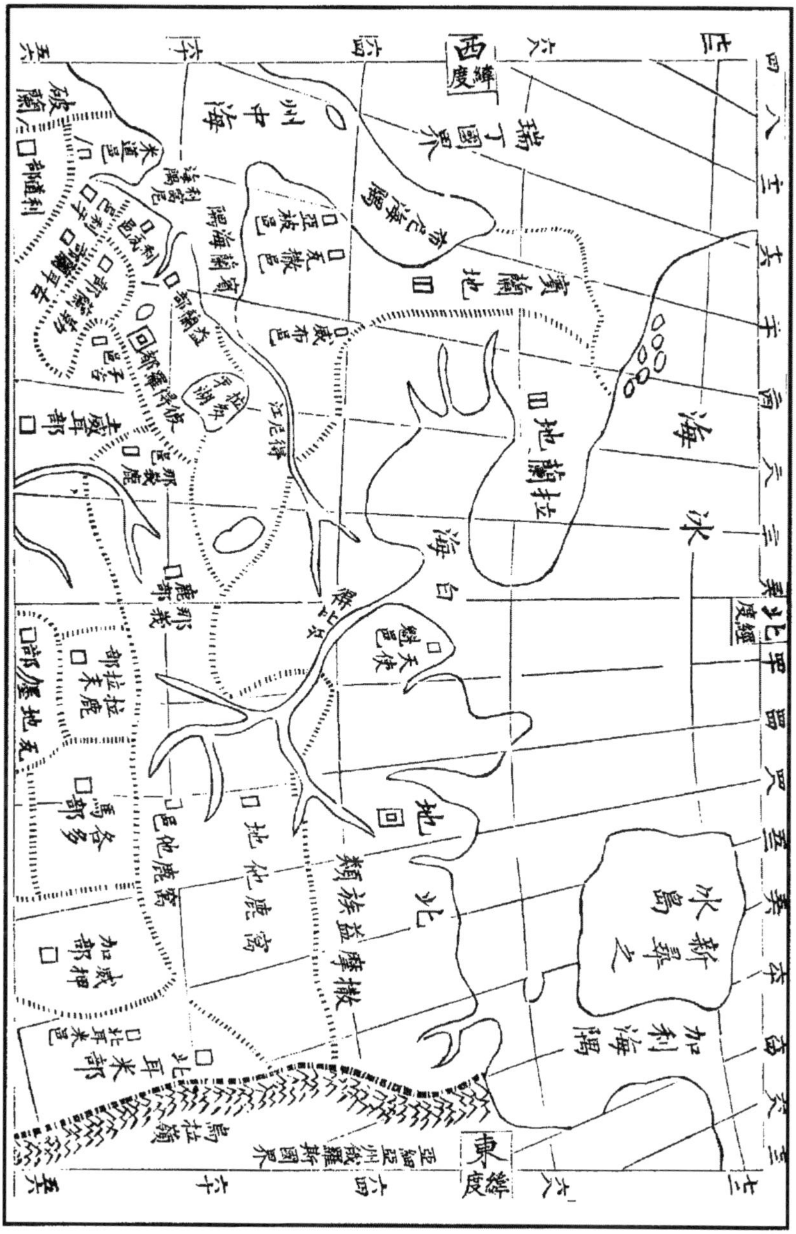

유럽 내 러시아 지도

빙해冰海: 지금의 북극해Arctic Ocean이다.

신심지빙도新尋之冰島: 1873년에 새로 발견한 빙도冰島로, 지금의 제믈랴프란차이오시파제도Zemlya Frantsa-Iosifa로 추정된다.

가리해우加利海隅: 지금의 카라해Kara Sea이다.

아세아주아라사국계亞細亞州俄羅斯國界: 아시아 내 러시아 경계이다.

오랍령烏拉嶺: 지금의 우랄산맥Ural Mountains이다.

랍란지拉蘭地: 지금의 콜라반도Kola Peninsula이다.

빈란지賓蘭地: 지금의 핀란드Finland이다.

포니해우布尼海隅: 지금의 보트니아만Gulf of Bothnia이다.

서정국계瑞丁國界: 스웨덴 경계이다.

주중해州中海: 지금의 발트해Baltic Sea이다.

빈란해우賓蘭海隅: 지금의 핀란드만Gulf of Finland이다.

리와니해우利窩尼海隅: 지금의 리가만Gulf og Rīga이다.

위포읍威布邑: 지금의 러시아 비보르크Vyborg이다.

와살읍瓦撒邑: 지금의 핀란드 바사Vaasa이다.

아피읍亞被邑: 지금의 핀란드 투르쿠Turku이다.

백해白海: 지금의 백해White Sea로, 러시아 북서쪽 해안에 있는 바렌츠해Barents Sea의 만이다.

천사괴읍天使魁邑: 지금의 러시아 아르한겔스크Arkhangel'sk이다. 아르한겔Archangel은 러시아어로 '대천사'를 의미한다.

북지北地: 지금의 러시아 페초라Pechora와 그 북쪽 일대를 가리키는데, 볼셰제멜스카야툰드라Bolshe Zemelskaya Tundra를 포함하는 지역이다.

살마익족류撒摩益族類: 사모예드족Samoyedic 거주지를 가리킨다.

와록타지窩鹿他地: 지금의 러시아 볼로그다Vologda 지역 일대이다.

와록타읍窩鹿他邑: 지금의 러시아 볼로그다이다.

득비강得比江: 지금의 세베르나야드비나강Severnaya Dvina River이다.

득니강得尼江: 지금의 자파드나야드비나강Zapadnaya Dvina River이다.

나아록부那峩鹿部: 지금의 러시아 노브고로드주Novgorod이다.

나아록읍那峩鹿邑: 지금의 러시아 노브고로드이다.

북이미부北耳米部: 지금의 러시아 페름주Perm이다.

북이미읍北耳米邑: 지금의 러시아 페름이다.

위압가부威押加部: 지금의 러시아 키로프주Kirov이다.

각다마부各多馬部: 지금의 러시아 코스트로마주Kostroma이다.

랍록랍말부拉鹿拉末部: 지금의 러시아 야로슬라블주Yaroslavl이다.

와지묵부瓦地墨部: 지금의 러시아 블라디미르주Vladimir이다.

피득라도彼得羅都: 지금의 러시아 상트페테르부르크Sankt-Peterburg이다.

토위이부土威耳部: 지금의 러시아 트베리주Tver'이다.

자고읍子古邑: 지금의 토로페츠Toropets로 추정된다.

랍다아호拉多牙湖: 지금의 라도가호Ladozhskoye Ozero이다.

익란부益蘭部: 지금의 에스토니아Estonia이다.

리와읍利瓦邑: 레발Reval로, 지금의 에스토니아 수도 탈린Tallinn이다.

륵란부勒蘭部: 리보니아Livonia로, 지금의 라트비아Latvija와 에스토니아의 일부분이다.

고이란부古耳蘭部: 라트비아 쿠르제메Kurzeme이다. 라트비아의 역사적 지역 가운데 하나로 지금의 라트비아 서부에 위치한다.

리아읍利牙邑: 지금의 라트비아 수도 리가Rīga이다.

미도읍米道邑: 미타우Mitau로, 지금의 옐가바Jelgava이며 라트비아 중부에 위치한다.

리도부利道部: 지금의 리투아니아Lithuania이다.

파란국계破蘭國界: 폴란드 경계이다.

위나읍威拿邑: 지금의 리투아니아 수도 빌뉴스Vilnius이다.

악나읍鄂那邑: 지금의 리투아니아 카우나스Kaunas이다.

민사기부閔士其部: 지금의 벨라루스 민스크주Minsk이다.

민사기읍閔士其邑: 지금의 벨라루스 수도 민스크이다.

마희랍읍摩希臘邑: 지금의 벨라루스 마힐료우Mahilyow이다.

사마린기읍士摩鄰其邑: 지금의 러시아 스몰렌스크Smolensk이다.

가로아읍加路牙邑: 지금의 러시아 칼루가Kaluga이다.

토랍읍土拉邑: 지금의 러시아 툴라Tula이다.

토랍부土拉部: 지금의 러시아 툴라주이다.

리애산부利愛散部: 지금의 러시아 랴잔Ryazan이다.

빈살읍賓撒邑: 지금의 러시아 펜자Penza이다.

초탄草坦: 초원 지대이다.

오법읍烏法邑: 지금의 러시아 우파Ufa이다.

아림포읍阿林布邑: 지금의 러시아 오렌부르크Orenburg이다.

아사타간부阿士他干部: 지금의 러시아 아스트라한주Astrakhan이다.

액이서지額耳西地: 지금의 키르기스스탄 초원Kirghiz Steppe이다.

살랍돌부撒拉突部: 지금의 러시아 사라토프주Saratov이다.

살랍돌읍撒拉突邑: 지금의 러시아 사라토프이다.

와아하窩牙河: 지금의 볼가강Volga River이다.

돈하頓河: 지금의 돈강Don River이다.

와륜와부窩倫瓦部: 지금의 러시아 보로네시Voronezh이다.

가살족류지지加撒族類之地: 지금의 돈코사크Don Cossacks이다.

아사불읍亞士弗邑: 지금의 아조프Azov이다.

아사불해우亞士弗海隅: 지금의 아조프해Sea of Azov이다.

고전사산지高田士山地: 지금의 캅카스산맥Bolshoi Kavkas이다.

사타와포읍士他瓦布邑: 지금의 러시아 스타브로폴Stavropol이다.

타길사탄부他吉士坦部: 지금의 러시아 연방 다게스탄 공화국Republic of Dagestan이다.

리해裡海: 지금의 카스피해로, 리해裏海라고도 한다.

서역유목각부지西域游牧各部地: 서아시아 유목 부족 거주지이다.

이리문부以利文部: 지금의 아르메니아 수도 예레반Yerevan 지역이다.

득륵읍得勒邑: 지금의 조지아 수도 트빌리시Tbilisi이다.

아이민부亞耳閔部: 지금의 아르메니아Armenia이다.

림반지林半地: 지금의 흑해 북부 연안에 위치한 크림반도Crimean Peninsula 이다.

흑해黑海: 지금의 흑해Black Sea를 가리킨다.

북서국계北西國界: 페르시아 경계이다. 북서국은 페르시아를 가리키며, 지금의 이란Iran이다.

북토이기국계北土耳其國界: 북터키 경계이다.

남토이기국계南土耳其國界: 남터키 경계이다.

나랍부那拉部: 지금의 우크라이나 드니프로페트로우스크주Dnepropetrovsk 이다.

타안록읍他安鹿邑: 지금의 러시아 타간로크Taganrog이다.

가사기부哥士其部: 지금의 러시아 쿠르스크Kursk이다.

익가지리益加地里: 지금의 우크라이나 드니프로페트로우스크이다.

아륵부阿勒部: 지금의 러시아 오룔주Oryol이다.

칠니악부七尼鄂部: 지금의 우크라이나 체르니히우주Chernihiv이다.

포타와부布他瓦部: 지금의 우크라이나 폴타바Poltava이다.

길손읍吉孫邑: 지금의 우크라이나 헤르손Kherson이다.

아득살읍阿得撒邑: 지금의 우크라이나 오데사Odessa이다.

지업강地業江: 지금의 드네스트르강Dnestr River이다.

하백닉지河百匿地: 지금의 드네프르강Dnepr River이다.

토읍土邑: 지금의 우크라이나 지토미르Zhitomir이다.

와리니부窩利尼部: 지금의 우크라이나 볼히니아Volhynia로 추정된다.

가실닉읍加悉匿邑: 지금의 몰도바 수도 키시너우Chișinău이다.

빈득읍賓得邑: 지금의 몰도바 벤데르Bendery이다.

압길만읍押吉曼邑: 지금의 우크라이나 빌호로드드니스트롭스키Bilhorod-Dnistrovskyi이다.

이마읍易馬邑: 지금의 우크라이나 이즈마일Izmail이다.

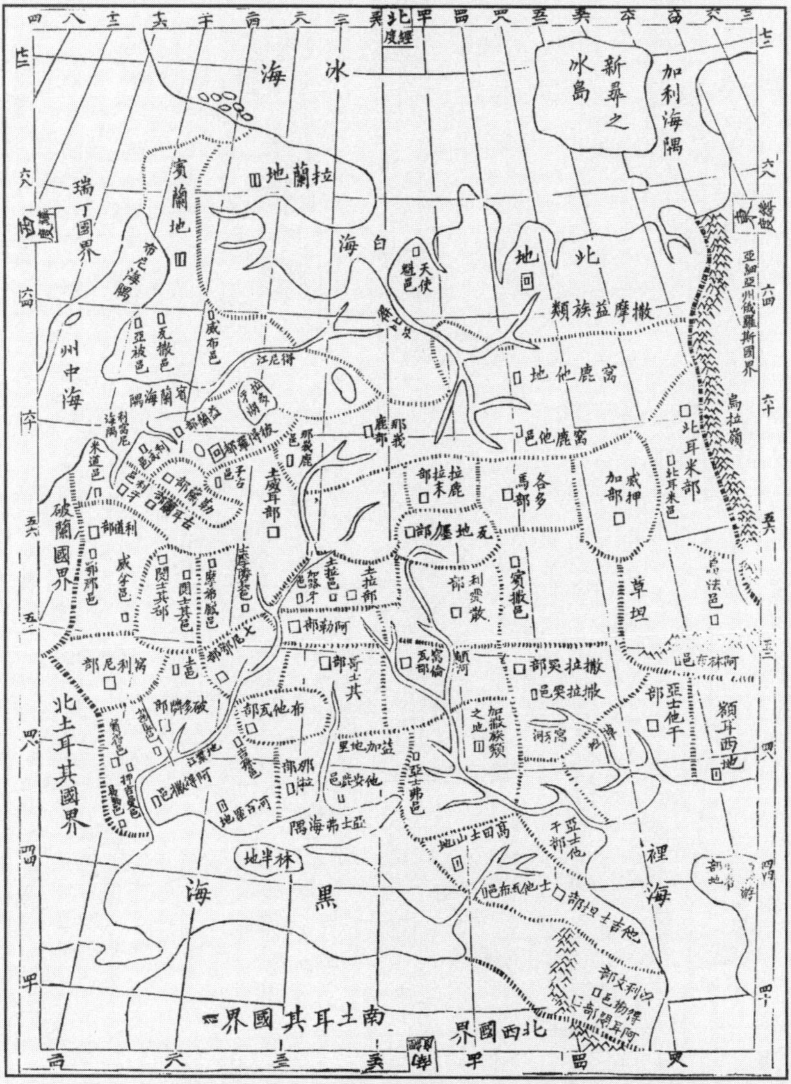
冰海
加利海隅
拉蘭地
白海
北地
撒摩益族類
亞細亞州俄羅斯國界
烏拉嶺
瑞丁國界
破蘭國界
北土耳其國界
裡海
黑海
南土耳其國界
北西國界

『瀛環志略』俄羅斯西境圖

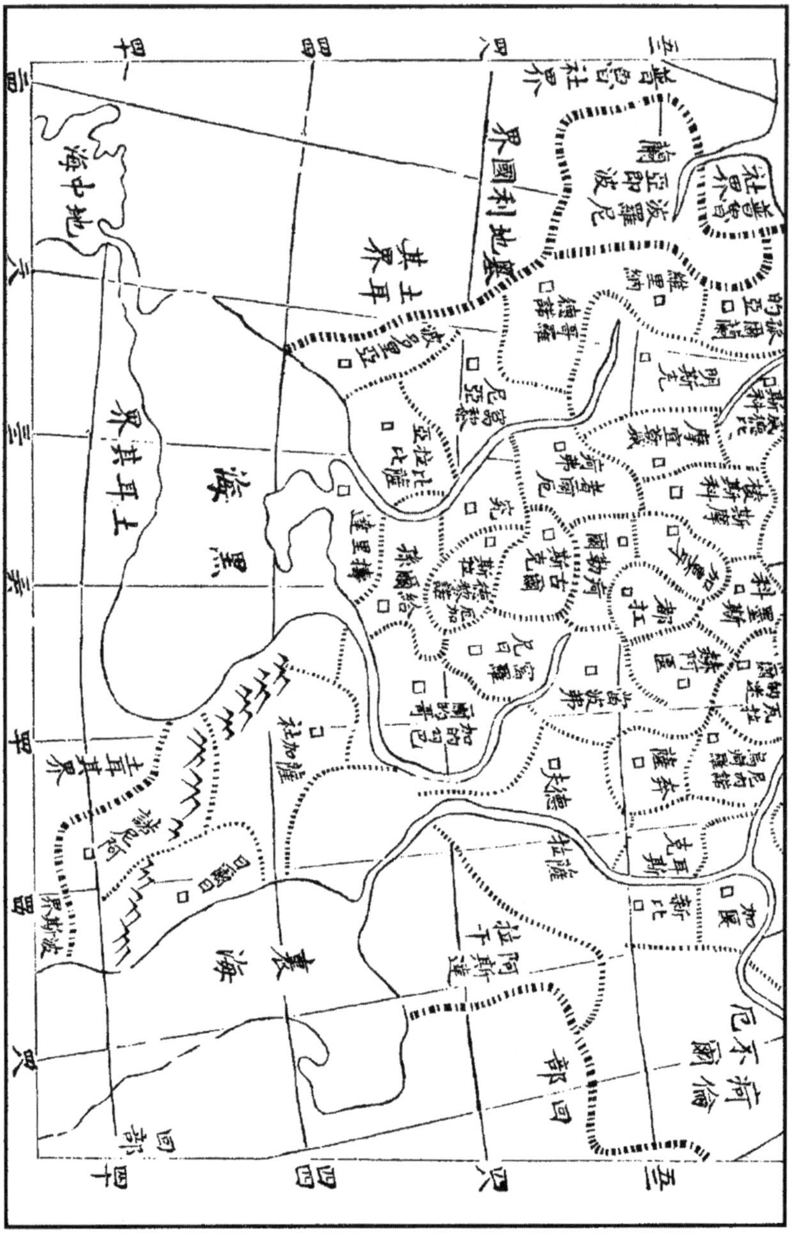

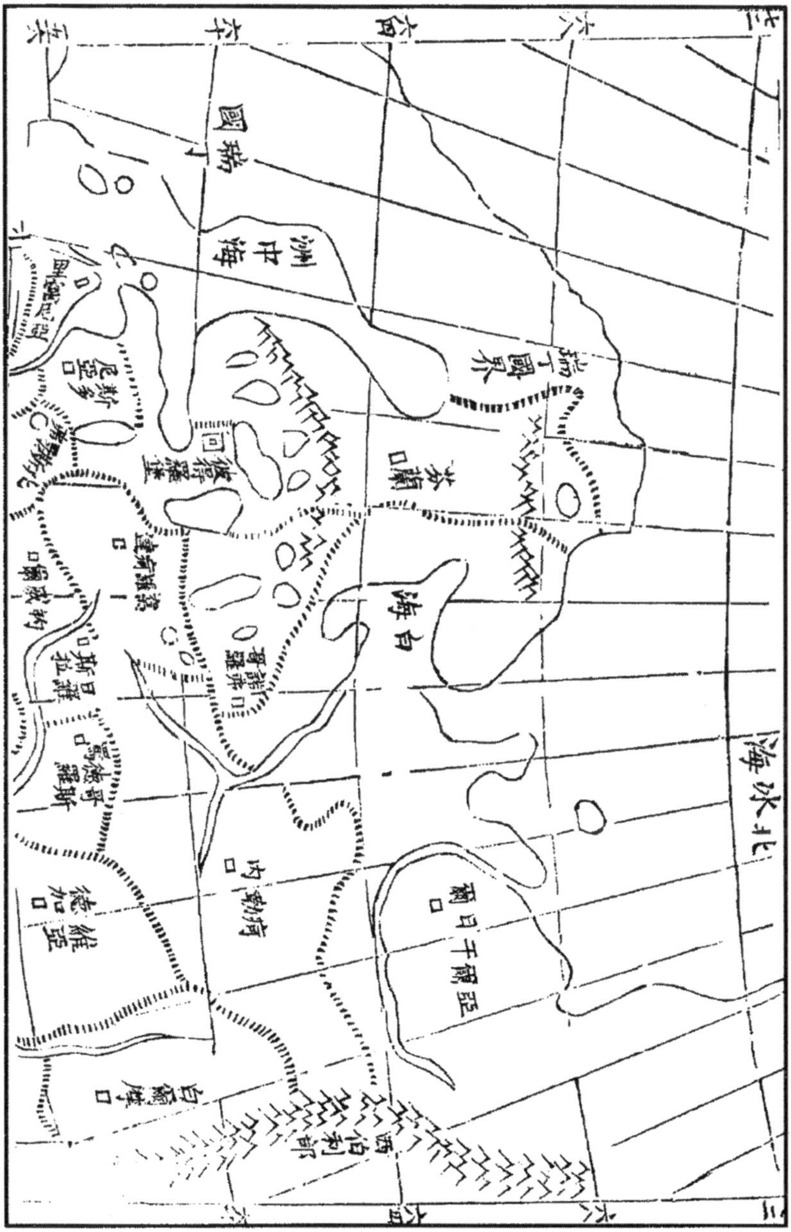

『영환지략』 러시아 서부 지도

북빙해北冰海: 지금의 북극해Arctic Ocean이다.

서정국계瑞丁國界: 스웨덴 경계이다.

서정국瑞丁國: 지금의 스웨덴Sweden이다.

분란芬蘭: 지금의 핀란드Finland이다.

백해白海: 지금의 백해White Sea이다.

주중해洲中海: 지금의 발트해Baltic Sea이다.

피득라보彼得羅堡: 지금의 러시아 상트페테르부르크Sankt-Peterburg이다.

낙불가라諾弗哥羅: 지금의 러시아 노브고로드Novgorod이다.

아륵내痾勒內: 지금의 러시아 연방 카렐리야 공화국 남부에 위치한 올로네츠Olonetz이다.

와라아달窩羅痾達: 지금의 러시아 볼로그다Vologda이다.

아이간일이亞爾干日爾: 지금의 러시아 아르한겔스크Arkhangel'sk이다.

백이마白爾摩: 지금의 러시아 페름Perm이다.

서백리부西伯利部: 지금의 러시아 시베리아Siberia이다.

유아덕가維亞德加: 뱟카Vyatka로, 지금의 러시아 키로프주Kirov의 주도인 키로프이다.

가사덕라매哥斯德羅罵: 지금의 러시아 코스트로마Kostroma이다.

일라사랍日羅斯拉: 지금의 러시아 야로슬라블Yaroslavl이다.

적위이的威爾: 지금의 러시아 트베리Tver'이다.

비사가불比斯哥弗: 지금의 러시아 프스코프Pskov이다.

사다니아斯多尼亞: 지금의 에스토니아Estonia이다.

리와니아里窩尼亞: 리보니아Livonia로, 라트비아Latvija와 에스토니아 일부분

지역의 옛 명칭이다.

고이란적아孤爾蘭的亞: 지금의 라트비아 쿠르제메Kurzeme이다.

위덕비사과威德比斯科: 지금의 벨라루스 비텝스크Vitebsk이다.

사마릉사과斯摩稜斯科: 지금의 러시아 스몰렌스크Smolensk이다.

묵사과墨斯科: 지금의 러시아 모스크바Moskva이다.

니내낙오아라尼內諾烏痾羅: 지금의 러시아 니즈니노브고로드Nijni Novgorod 이다.

분살奔薩: 지금의 러시아 펜자Penza이다.

와랍적미이瓦拉的迷爾: 지금의 러시아 블라디미르Vladimir이다.

가언加匽: 지금의 러시아 카잔Kazan이다.

아륜불이액痾倫不爾厄: 지금의 러시아 오렌부르크Orenburg이다.

신비이사극新比爾斯克: 심비르스크Simbirsk로, 지금의 러시아 울리야놉스크 Ul'yanovsk이다.

살랍덕부薩拉德夫: 지금의 러시아 사라토프Saratov이다.

아사달랍간阿斯達拉干: 지금의 러시아 아스트라한Astrakhan이다.

당파불當波弗: 지금의 러시아 탐보프Tambov이다.

혁아언赫阿匽: 지금의 러시아 랴잔Ryazan이다.

도강都扛: 지금의 러시아 툴라Tula이다.

가루아加婁牙: 지금의 러시아 칼루가Kaluga이다.

아륵이痾勒爾: 지금의 러시아 오룔Oryol이다.

고이사극古爾斯克: 지금의 러시아 쿠르스크Kursk이다.

와라니일窩羅尼日: 지금의 러시아 보로네시Voronezh이다.

가적구파이적가加的勾巴爾的哥: 지금의 우크라이나 하르키우Kharkiv이다.

살가사薩加社: 지금의 러시아 체르케스Cherkess로, 북캅카스와 흑해를 따라 위치한 북동쪽 해안가 지역이다.

일이일日爾日: 지금의 조지아Georgia이다.

낙니아諾尼阿: 지금의 아르메니아Armenia를 가리킨다.

도리달擣里達: 지금의 우크라이나 크림주로 옛 명칭은 타브리다Taurida이며, 크림반도에 위치한다.

급이손給爾孫: 지금의 우크라이나 헤르손Kherson이다.

비살랍비아比薩拉比亞: 베사라비아Bessarabia이다. 동유럽의 역사적 지역으로, 지금의 몰도바 영토와 우크라이나의 부자크 지역에 해당한다.

파다리아波多里亞: 포돌리아Podolia이다. 동유럽의 역사적 지역으로, 지금의 우크라이나 중서부와 남서부, 몰도바 북동부에 위치한다.

와러니아窩黎尼亞: 볼히니아Volhynia이다. 우크라이나 서부에 위치한 역사적 지역이다.

액가덕려락사랍厄加德黎諾斯拉: 지금의 우크라이나 드니프로페트로우스크Dnepropetrovsk이다.

구究: 지금의 우크라이나 수도 키예프Kiev이다.

자이액아불者爾厄痾弗: 지금의 우크라이나 체르니히우Chernihiv이다.

마의륵위摩宜勒威: 지금의 우크라이나 마힐료우Mahilyow이다.

명사극明斯克: 지금의 벨라루스 수도 민스크Minsk이다.

유리납維里納: 지금의 리투아니아 수도 빌뉴스Vilnius이다.

가라덕락哥羅德諾: 지금의 벨라루스 그로드노Grodno이다.

회부回部: 지금의 신강新疆 위구르 자치구의 타림분지와 그곳에 거주하는 이슬람교도 주민을 가리키는 명칭이다.

리해裏海: 지금의 카스피해Caspian Sea이다.

흑해黑海: 지금의 흑해Black Sea이다.

토이기계土耳其界: 터키 경계이다.

파사계波斯界: 페르시아 경계이다. 파사, 즉 페르시아는 지금의 이란Iran이다.

오지리국계墺地利國界: 오스트리아 경계이다.

보로사계普魯社界: 프로이센 경계이다.

파라니아波羅尼亞: 지금의 폴란드Poland이다.

『異域錄』俄羅斯國圖

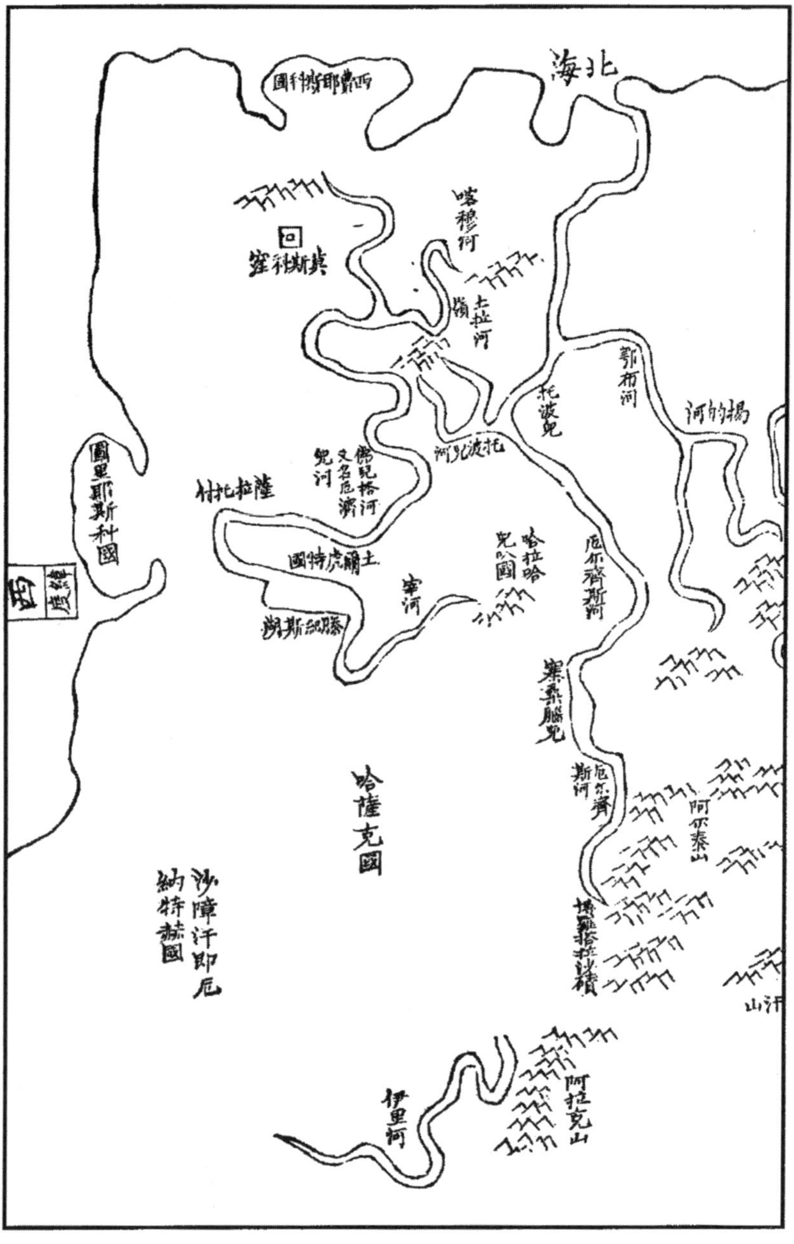

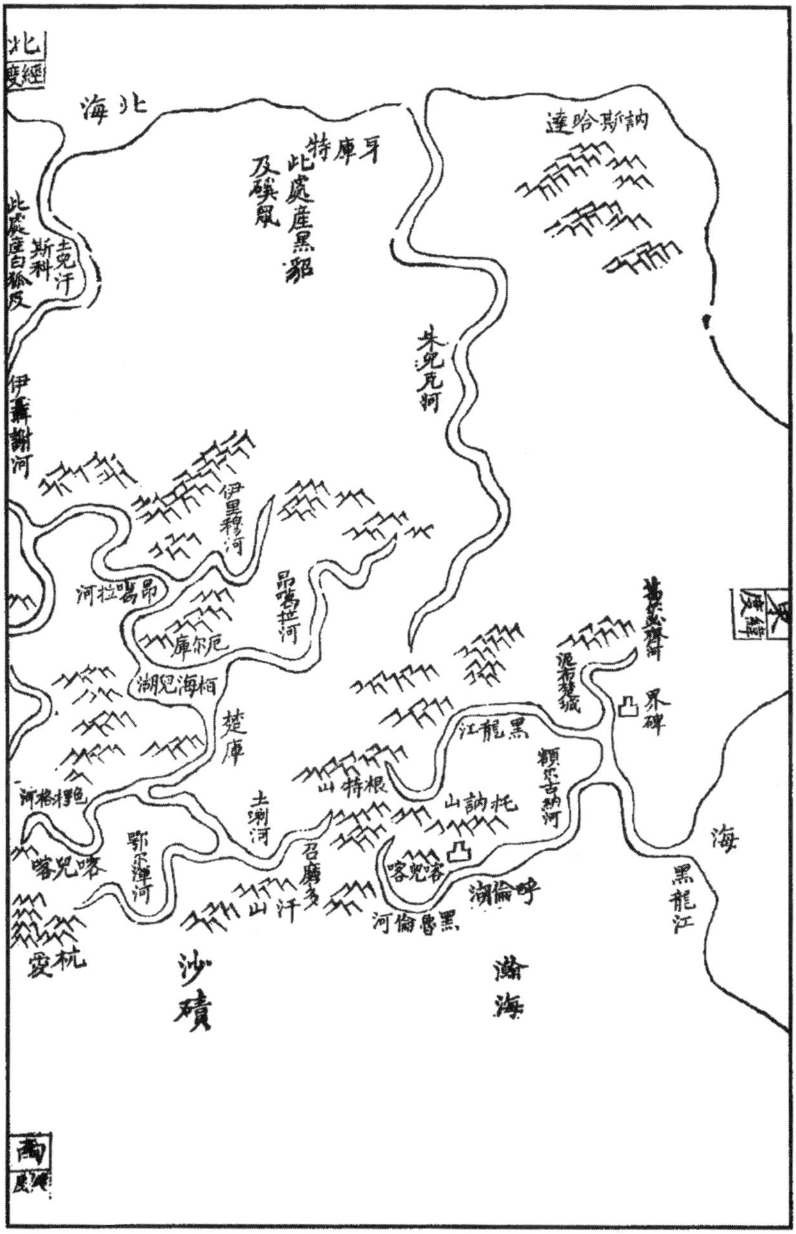
北海
牙庫特
此處産黑貂及鼷鼠
納斯哈達
朱兒克河
伊里穆河
昂噶拉河
厄尔庫
柏海兒湖
楚庫
根特山
黑龍江
界碑
托訥山
喀兒喀
客兒喀
呼倫湖
黑魯倫河
汗山
杭愛
沙磧
瀚海
海
黑龍江

『이역록』 러시아 지도

북해北海: 지금의 북극해Arctic Ocean이다.

눌사합달訥斯哈達: 지도상에는 표시되어 있으나, 현재 어떤 지역을 가리키는지는 미상이다.

주아극하朱兒克河: 지금의 레나강Lena River의 옛 명칭이다.

아고특牙庫特: 지금의 러시아 연방 사하 공화국Republic of Sakha의 수도인 야쿠츠크Yakutsk이다. 이곳에서는 검은담비(黑貂)와 계서磎鼠(두더지 종류)가 난다.

토아한사과土兒汗斯科: 지금의 투루한스크Turukhansk로, 이곳에서는 백여우 가죽이 난다.

이섭사하伊聶謝河: 지금의 예니세이강Yenisey River이다.

이리목하伊里穆河: 지금의 일림강Ilim River이다.

앙갈랍하昂噶拉河: 지금의 안가라강Angara River이다.

액이고厄尔庫: 지금의 러시아 이르쿠츠크Irkutsk이다.

백해아호栢海兒湖: 지금의 바이칼호Ozero Baykal이다.

초고楚庫: 지금의 치코이Chikoy이다.

색릉격하色楞格河: 지금의 셀렝가강Selenga River이다.

토라하土喇河: 지금의 툴라강Tula River이다.

갈이필제하葛尔必齊河: 지금의 케르비치강Kerbetchi River으로, 1689년 네르친스크조약Treaty of Nerchinsk 체결 시에 중국과 러시아의 경계가 되었다.

계비界碑: 네르친스크조약 비문으로, 중국과 러시아의 경계를 나타내는 경계비이다.

니포초성泥布楚城: 지금의 러시아 네르친스크Nerchinsk이다.

흑룡강黑龍江: 지금의 러시아 아무르강Amur River으로, 중국에서는 흑룡강이라고 한다.

액이고납하額尔古納河: 지금의 아르군강Argun River이다.

탁눌산托訥山: 청나라와 러시아의 경계비가 있던 곳으로 추정되나, 정확한 명칭은 알 수 없다.

호륜호呼倫湖: 지금의 후룬호Hulun Lake로, 달라이호達賚湖라고도 하며 내몽골 자치구에 위치한 호수이다.

근특산根特山: 지금의 헨티산Hentiyn Nuruu이다.

흑로륜하黑魯倫河: 지금의 케룰렌강Kerulen River이다.

객아객喀兒喀: 지금의 몽골Mongolia이다.

소마다召磨多: 지금의 몽골 준모드Zuunmod이다.

한산汗山: 지금의 몽골 수도 울란바토르Ulannbaatar를 둘러싸고 있는 산맥이다.

악이혼하鄂爾渾河: 지금의 오르혼강Orkhon River으로, 셀렝가강의 지류이다.

한해瀚海: 지금의 몽골 도르노드주Dornod에 위치한 드넓은 평원으로 추정된다.

사적沙磧: 지금의 고비사막Gobi Desert이다.

항애한산杭愛汗山: 지금의 항가이산맥이다.

게적하揭的河: 지금의 케티강Ket' River이다.

악포하鄂布河: 지금의 오비강Ob' River이다.

탁파아托波兒: 지금의 러시아 토볼스크Tobol'sk이다.

탁파아하托波兒河: 지금의 토볼강Tobol River이다.

토랍하령土拉河嶺: 지금의 우랄산맥Ural Mountains이다.

객목하喀穆河: 지금의 카마강Kama River이다.

막사과와莫斯科窪: 지금의 러시아 수도 모스크바Moskva이다.

서비야사과국西費耶斯科國: 지금의 코눙아리케트 스베리예Konungariket Sverige, 즉 스웨덴 왕국Kingdom of Sweden을 가리킨다.

도리야사과국圖里耶斯科國: 오스만 제국으로, 지금의 터키Turkey이다.

살랍탁부薩拉托付: 지금의 러시아 사라토프Saratov이다.

불아격하佛兒格河: 지금의 볼가강Volga River으로, 액제아하厄濟兒河라고도 한다.

토이호특국土爾虎特國: 토르구트Torgut이다.

등기사호滕紀斯湖: 지금의 카스피해Caspian Sea이다.

재하宰河: 지금의 우랄강Ural River이다.

합랍합아팔국哈拉哈兒叭國: 지금의 카라칼파크스탄Karakalpakstan이다.

액이제사하厄尔齊斯河: 지금의 이르티시강Irtysh River이다.

아이태산阿尔泰山: 지금의 알타이산맥Altai Mountains이다. 러시아(서시베리아)와 몽골, 카자흐스탄, 중국에 접해 있는 산맥이다.

박라탑랍사적博羅搭拉沙磧: 지금의 준가르 분지 남서쪽에 위치하는 보르타라Bortala사막이다.

채상뇌아寨桑腦兒: 당시 중국의 자이산호Lake Zaisan였으나, 지금은 카자흐스탄에 속한다.

합살극국哈薩克國: 지금의 카자흐스탄이다.

사장한沙障汗: 샤자한Shāh Jahān은 무굴 제국Mughul Empire의 황제로, [이곳은] 바로 [샤자한이 다스리는] 무굴 제국이다.

아랍극산阿拉克山: 지금의 알타이산맥이다.

이리하伊里河: 지금의 일리강Ili River이다.

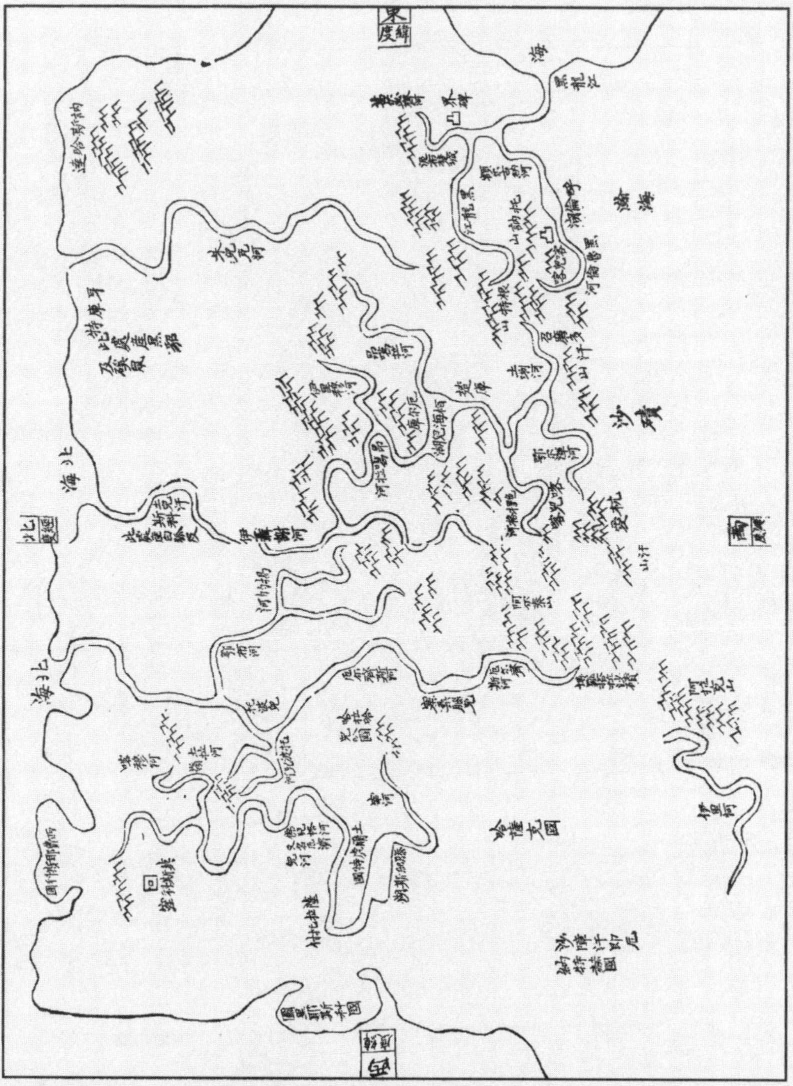

英吉利本國三島[1]國合圖

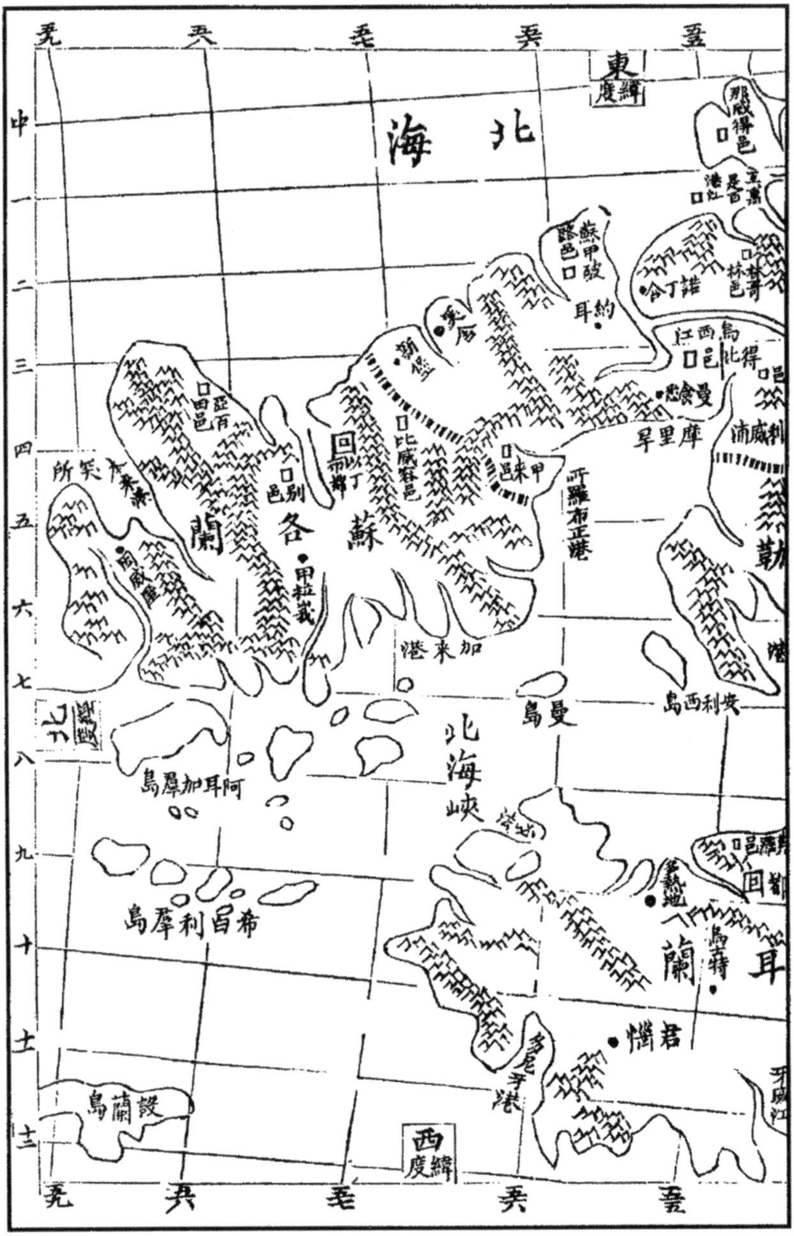

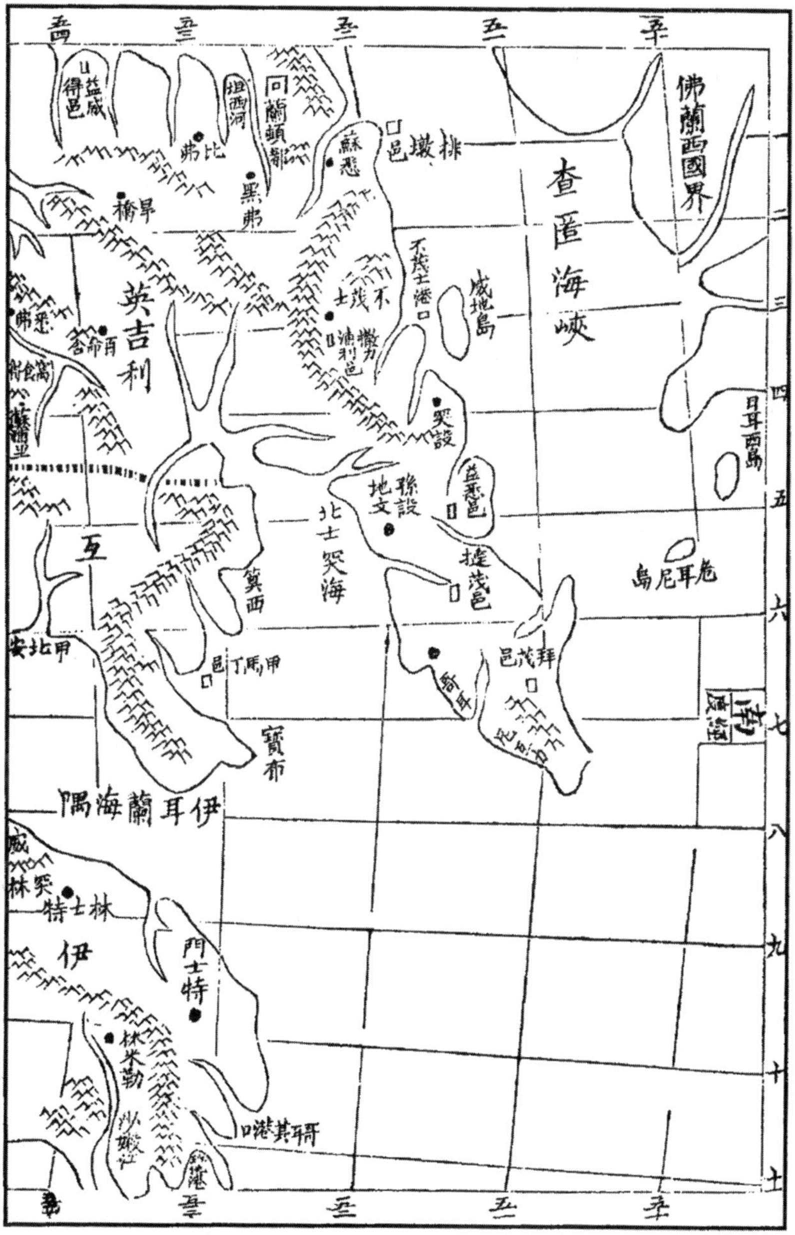

佛蘭西國界
查匿海峽
英吉利
北士哭海
伊耳蘭海隅
威地島
日耳西島
危耳尼島
排墩邑
不茂士港
拜茂邑
甲馬丁邑
寶布
門士特
林士特
伊
哥耳其港口
甲北安
孫設
地文
提茂邑
益悉邑
哭設

영국 지도

불란서국계佛蘭西國界: 프랑스 경계이다.

일이서도日耳西島: 지금의 영국 저지섬Jersey Island이다.

위이니도危耳尼島: 지금의 영국 건지섬Guernsey Island이다.

사닉해협查匿海峽: 지금의 영국해협English Channel이다.

배돈읍排墩邑: 지금의 영국 브리튼Britain이다.

소실蘇悉: 지금의 영국 서식스Sussex이다.

란돈도蘭頓都: 지금의 영국 수도 런던London이다.

탄서하坦西河: 지금의 템스강Thames River이다.

흑불黑弗: 지금의 영국 하트퍼드Hertford이다.

비불比弗: 지금의 영국 베드퍼드Bedford이다.

익위득읍益威得邑: 지금의 영국 입스위치Ipswich이다.

한교旱橋: 지금의 영국 케임브리지Cambridge이다.

위지도威地島: 지금의 영국 와이트섬Isle of Wight이다.

불무사不茂士: 지금의 영국 포츠머스Portsmouth이다.

불무사항구不茂士港口: 지금의 영국 포츠머스항Portsmouth Harbour이다.

살력포리읍撒力浦利邑: 지금의 영국 솔즈베리Salisbury이다.

영길리英吉利: 지금의 영국United Kingdom이다.

백명함百命含: 지금의 영국 버밍엄Birmingham이다.

실불悉弗: 영국 스토크온트렌트Stoke-on-Trent로, 실제 위치는 버밍엄 서북쪽 이다.

와식득읍窩食得邑: 영국 우스터Worcester로, 실제 위치는 버밍엄 서남쪽이다.

소포리蘇浦里: 지금의 영국 슈롭셔Shropshire이다.

돌설突設: 지금의 영국 도싯Dorset이다.

익실읍益悉邑: 지금의 영국 엑서터Exeter이다.

손설孫設: 지금의 영국 서머싯Somerset이다.

지문地文: 지금의 영국 데번Devon이다.

달무읍撻茂邑: 지금의 영국 다트머스Dartmouth이다.

배무읍拜茂邑: 지금의 영국 플리머스Plymouth이다.

가이니호력哥耳尼互力: 지금의 영국 콘월Cornwall이다.

북사돌해北士突海: 지금의 브리스틀해협Bristol Channel이다.

산서算西: 지금의 영국 스완지Swansea이다.

호륵互勒: 지금의 영국 웨일스Wales 지역이다.

갑마정읍甲馬丁邑: 지금의 영국 카마던Carmarthen이다.

갑북안항甲北安港: 지금의 영국 카디건Cardigan이다.

보포寶布: 지금의 영국 펨브로크Pembroke이다.

이이란해우伊耳蘭海隅: 지금의 아일랜드해Irish Sea이다.

위기라읍威其羅邑: 지금의 아일랜드 위클로Wicklow로, 실제 위치는 더블린 동남쪽이다.

돌림도突林都: 지금의 아일랜드 수도 더블린Dublin이다.

림사특林士特: 지금의 아일랜드 렌스터Leinster이다.

문사특門士特: 지금의 아일랜드 먼스터Munster이다.

림미륵林米勒: 지금의 아일랜드 리머릭Limerick이다.

가이기항구哥爾其港口: 지금의 아일랜드 코크항Cork Harbour이다.

반타항班他港: 지금의 아일랜드 밴트리Bantry이다.

사눈강沙嫩江: 지금의 섀넌강Shannon River이다.

이이란伊耳蘭: 지금의 아일랜드Ireland이다.

설란도設蘭島: 지금의 셰틀랜드제도Shetland Islands로, 실제 위치는 스코틀랜드 동북쪽이다.

다니아항多尼牙港: 지금의 더니골만Donegal Bay이다.

군뇌君惱: 지금의 아일랜드 코노트Connacht이다.

아위강牙威江: 지금의 모인강Moyne River이다.

오사특烏士特: 지금의 얼스터Ulster이다.

다열지多熱地: 지금의 아일랜드 드로이다Drogheda이다.

필법必法: 지금의 영국 북아일랜드 벨파스트Belfast이다.

희백리군도希白利羣島: 지금의 헤브리디스제도Hebrides Islands이다.

아이가군도阿耳加羣島: 지금의 오크니제도Orkney Islands로, 실제 위치는 스코틀랜드 동북쪽이다.

북해협北海峽: 지금의 노스해협North Channel으로, 북아일랜드 동부와 스코틀랜드 남서부 사이에 놓인 해협이다.

가래항加來港: 지금의 클라이드만Firth of Clyde이다.

만도曼島: 지금의 영국 맨섬Isle of Man 지역이다.

안리서도安利西島: 지금의 영국 앵글시섬Isle of Anglesey이다.

돌소突所: 지금의 영국 서소Thurso이다.

본래항本來港: 지금의 모라이만Moray Firth이다.

인위닉因威匿: 지금의 영국 인버네스Inverness이다.

아백전읍亞百田邑: 지금의 영국 애버딘Aberdeen이다.

별읍別邑: 지금의 영국 퍼스Perth이다.

소각란蘇各蘭: 지금의 영국 스코틀랜드Scotland이다.

갑랍아甲拉戩: 지금의 영국 글래스고Glasgow이다.

이정포도以丁布都: 지금의 영국 에든버러Edinburgh이다.

비위객읍比威客邑: 지금의 영국 버릭어폰트위드Berwick-upon-Tweed이다.

신보新堡: 지금의 영국 뉴캐슬Newcastle이다.

돌함突含: 지금의 영국 더럼Durham이다.

갑래읍甲來邑: 지금의 영국 칼라일Carlisle이다.

소라포정항所羅布正港: 지금의 솔웨이만Solway Firth이다.

소갑파로읍蘇甲破路邑: 지금의 영국 스카버러Scarborough이다.

약이約耳: 지금의 영국 요크York이다.

마리한摩里旱: 지금의 모어캠만Morecambe Bay이다.

만식실曼食悉: 지금의 영국 맨체스터Manchester이다.

리위포利威浦: 지금의 영국 리버풀Liverpool이다.

득비읍得比邑: 지금의 영국 더비Derby이다.

오서강烏西江: 지금의 우즈강Ouse River이다.

낙정함諾丁含: 지금의 영국 노팅엄Nottingham이다.

임가림읍林哥林邑: 지금의 영국 링컨Lincoln이다.

호동시백항강구互董是百港江口: 지금의 험버강Humber River 하구로, 하구에는 험버사이드주Humberside의 도시 헐Hull이 있다.

나위득읍那威得邑: 지금의 영국 노리치Norwich이다.

북해北海: 지금의 북해North Sea이다.

주석

1 三島: 만청晩淸 시기에 중국에서는 영국을 '삼도三島'로 지칭했다. 잉글랜드·스코틀랜드·아일랜드가 이에 해당된다.

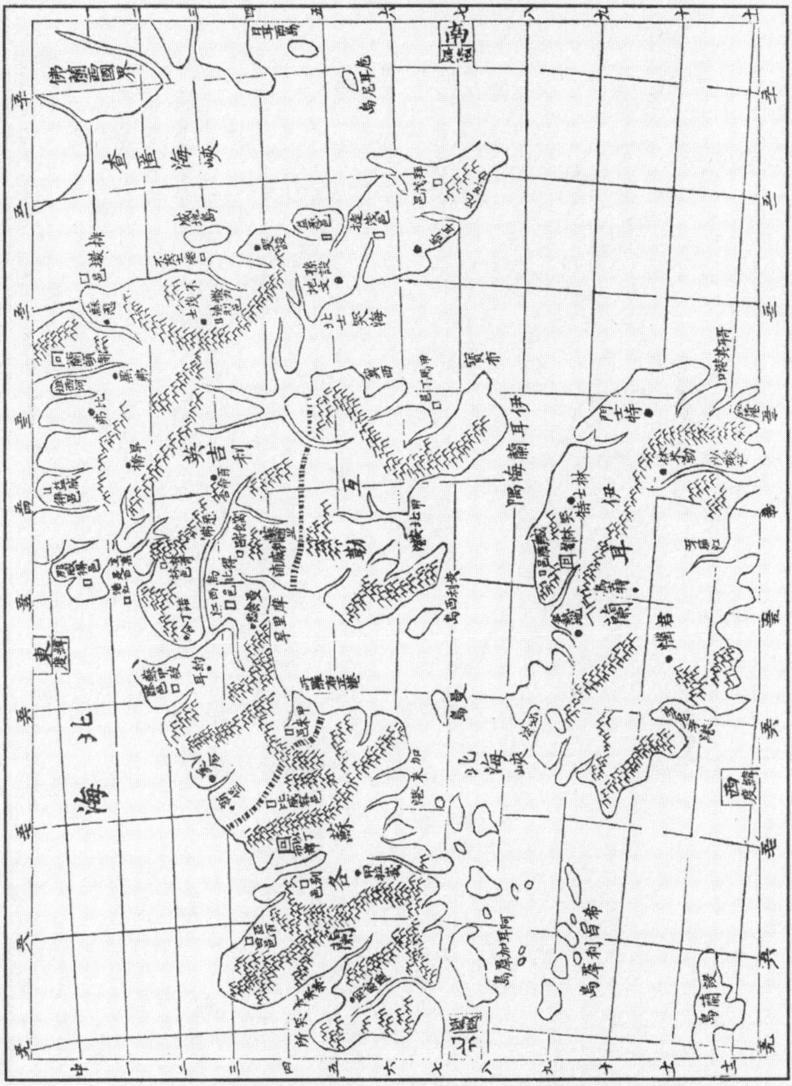

『四洲志』英吉利國分部圖

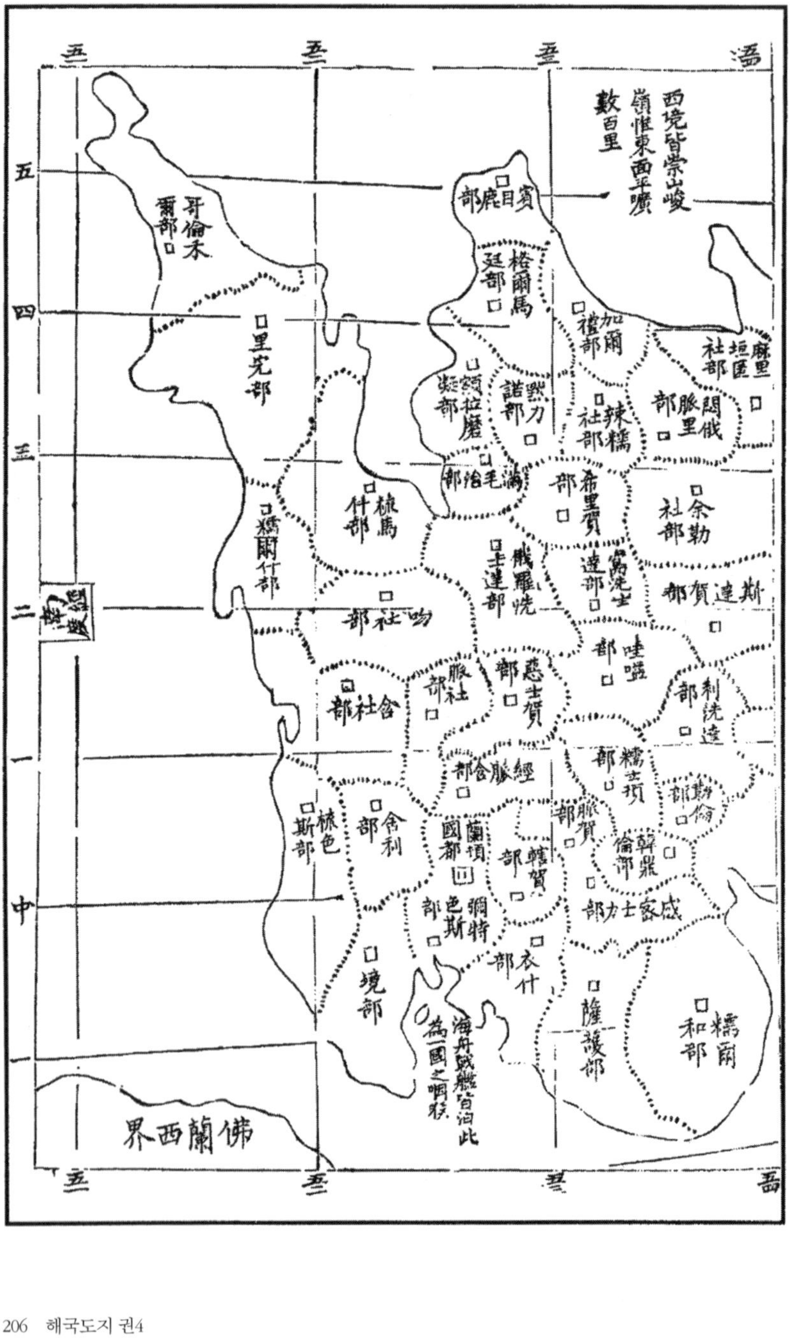

西境皆崇山峻嶺惟東面平曠數百里
賓目鹿部
哥倫禾爾部
里宪部
格爾馬廷部
加爾禮部
麻里垣匽社部
領拉靡凝部
黙力諾部
辣糯社部
閟俄脈里部
滿毛恰部
榛馬什部
糯爾什部
希里賀部
余勒社部
戚羅洗士達部
窩洗士達部
斯達賀部
吻社部
哇嗹部
脈社部
悉士賀部
舍社部
利洗達部
經脈舍部
糯士頂部
勒倫部
榛色斯部
舍利部
蘭頂國都
脈賀部
韓鼎倫部
韓賀部
彌特色斯部
成家士力部
衣什部
境部
海舟賊艦皆泊此為一國之咽喉
薩護部
糯爾和部
佛蘭西界
五
四
三
二
一
中
一

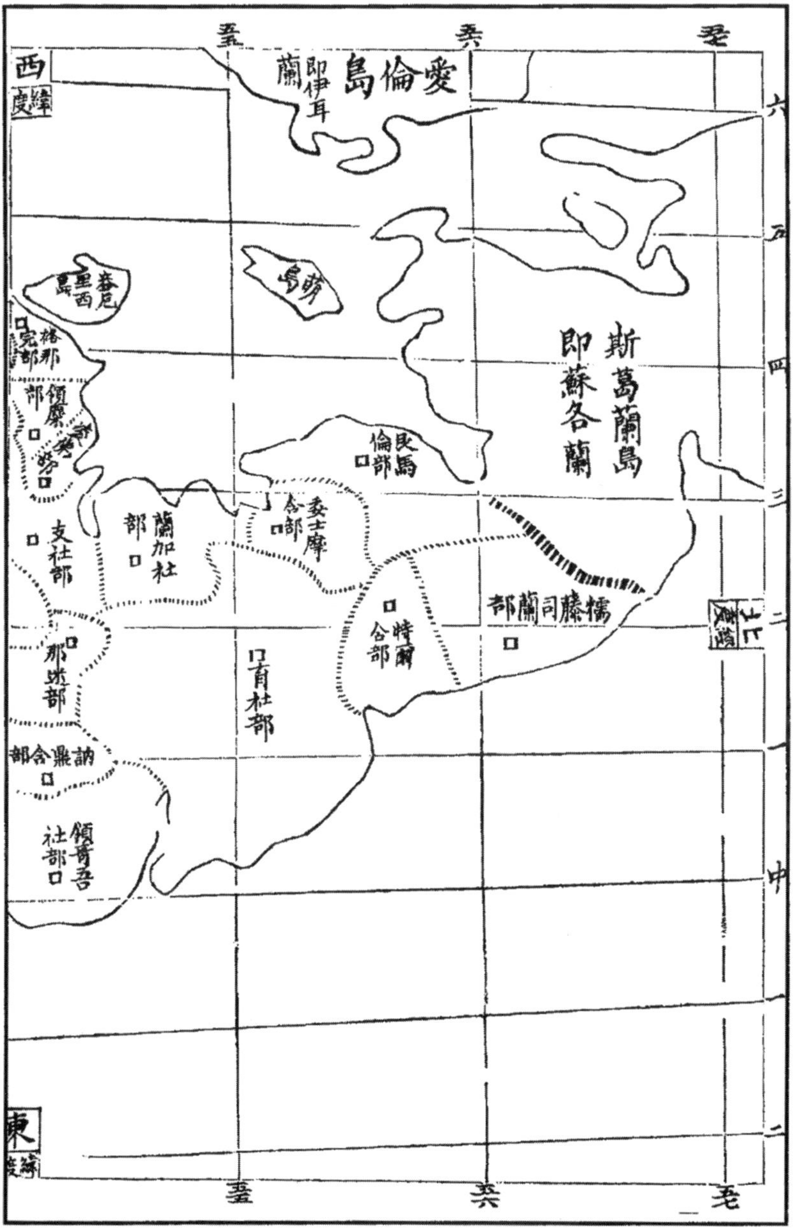
西
緯度
愛倫島
即伊耳蘭
斯葛蘭島
即蘇各蘭
民馬倫部
蘭加杜部
支杜部
特爾合部
育杜部
那迷部
訥鼎含部
領吾杜部
東
緯度

『사주지』 영국 구획도

애륜도愛倫島: 지금의 아일랜드Ireland이다.

사갈란도斯葛蘭島: 지금의 영국 스코틀랜드Scotland 지역이다.

맹도萌島: 지금의 영국 맨섬Isle of Man이다.

나등사란부糯藤司蘭部: 지금의 영국 노섬벌랜드Northumberland이다.

간마륜부艮馬倫部: 지금의 영국 컴벌랜드Cumberland이다.

위사마함부委士摩含部: 지금의 영국 웨스트모얼랜드Westmorland이다.

특이함부特爾含部: 지금의 영국 더럼Durham이다.

육사부育社部: 지금의 영국 요크셔Yorkshire이다.

란가사부蘭加社部: 지금의 영국 랭커셔Lancashire이다.

앙액리서도盎厄里西島: 지금의 영국 앵글시섬Isle of Anglesey이다.

격나완부格那完部: 지금의 영국 카나번셔Caernarvonshire이다.

령미부領麋部: 지금의 영국 덴비셔Denbighshire이다.

능불부淩佛部: 지금의 영국 플린트셔Flintshire이다.

지사부支社部: 지금의 영국 체셔Cheshire이다.

나미부那迷部: 지금의 영국 더비Derby이다.

눌정함부訥鼎含部: 지금의 영국 노팅엄셔Nottinghamshire이다.

령가오사부領哥吾社部: 지금의 영국 링컨셔Lincolnshire이다.

서쪽 지경은 모두 높은 산과 가파른 고개로 이루어져 있지만 동쪽은 수백 리에 걸쳐 평평하고 드넓다.

마리탄닉사부麻里坦匿社部: 지금의 영국 메리오네스셔Merionethshire이다.

민아맥리부閩俄脈里部: 지금의 영국 몽고메리셔Montgomeryshire이다.

여륵사부余勒社部: 지금의 영국 슈롭셔Shropshire이다.

사달하부射達賀部: 지금의 영국 스태퍼드셔Staffordshire이다.

리승달부利冼達部: 지금의 영국 레스터셔Leicestershire이다.

륵륜부勒倫部: 지금의 영국 러틀랜드Rutland이다.

한정륜부韓鼎倫部: 지금의 영국 헌팅던Huntingdon이다.

감밀사력부感密士力部: 지금의 영국 케임브리지셔Cambridgeshire이다.

나이화부糯爾和部: 지금의 영국 노퍽Norfolk이다.

살호부薩護部: 지금의 영국 서퍽Suffolk이다.

맥하부脈賀部: 지금의 영국 베드퍼드셔Bedfordshire이다.

나사돈부糯士頓部: 지금의 영국 노샘프턴셔Northamptonshire이다.

왜익부哇嗌部: 지금의 영국 워릭셔Warwickshire이다.

와승사달부窩冼師達部: 지금의 영국 우스터셔Worcestershire이다.

희리하부希里賀部: 지금의 영국 헤리퍼드셔Herefordshire이다.

랄나사부辣糯士部: 지금의 영국 래드너셔Radnorshire이다.

가이례부加爾禮部: 지금의 영국 카디건셔Cardiganshire이다.

빈일록부賓日鹿部: 지금의 영국 펨브로크셔Pembrokeshire이다.

격이마정부格爾馬廷部: 지금의 영국 카마던셔Carmarthenshire이다.

묵력낙부默力諾部: 지금의 영국 브레크녹셔Brecknockshire이다.

액랍마응부額拉磨凝部: 지금의 영국 글러모건Glamorgan이다.

만모치부滿毛治部: 지금의 영국 몬머스셔Monmouthshire이다.

아라세사달부俄羅洗士達部: 지금의 영국 글로스터셔Gloucestershire이다.

오사하부惡士賀部: 지금의 영국 옥스퍼드셔Oxfordshire이다.

경맥함부經脈含部: 지금의 영국 버킹엄셔Buckinghamshire이다.

할하부轄賀部: 지금의 영국 하트퍼드셔Hertfordshire이다.

의십부衣什部: 지금의 영국 에식스Essex이다.

미특색사부彌特色斯部: 지금의 영국 미들섹스Middlesex이다.

경부境部: 지금의 영국 켄트Kent이다.

이곳은 선박과 전함이 모두 정박하는 일국一國의 요충지이다.

란돈국도蘭頓國都: 지금의 영국 수도 런던London이다.

사리부舍利部: 지금의 영국 서리Surrey이다.

소색사부梳色斯部: 영국 서식스Sussex로, 지금은 이스트서식스East Sussex와 웨스트서식스West Sussex의 두 주로 나뉘었다.

맥사부脈社部: 지금의 영국 버크셔Berkshire이다.

함사부含社部: 지금의 영국 햄프셔Hampshire이다.

홀사부喲社部: 지금의 영국 윌트셔Wiltshire이다.

소마십부梳馬什部: 지금의 영국 서머싯Somerset이다.

나이십부糯爾什部: 지금의 영국 도싯Dorset이다.

이완부里完部: 지금의 영국 데번Devon이다.

가륜화이부哥倫禾爾部: 지금의 영국 콘월Cornwall이다.

불란서계佛蘭西界: 프랑스 경계이다.

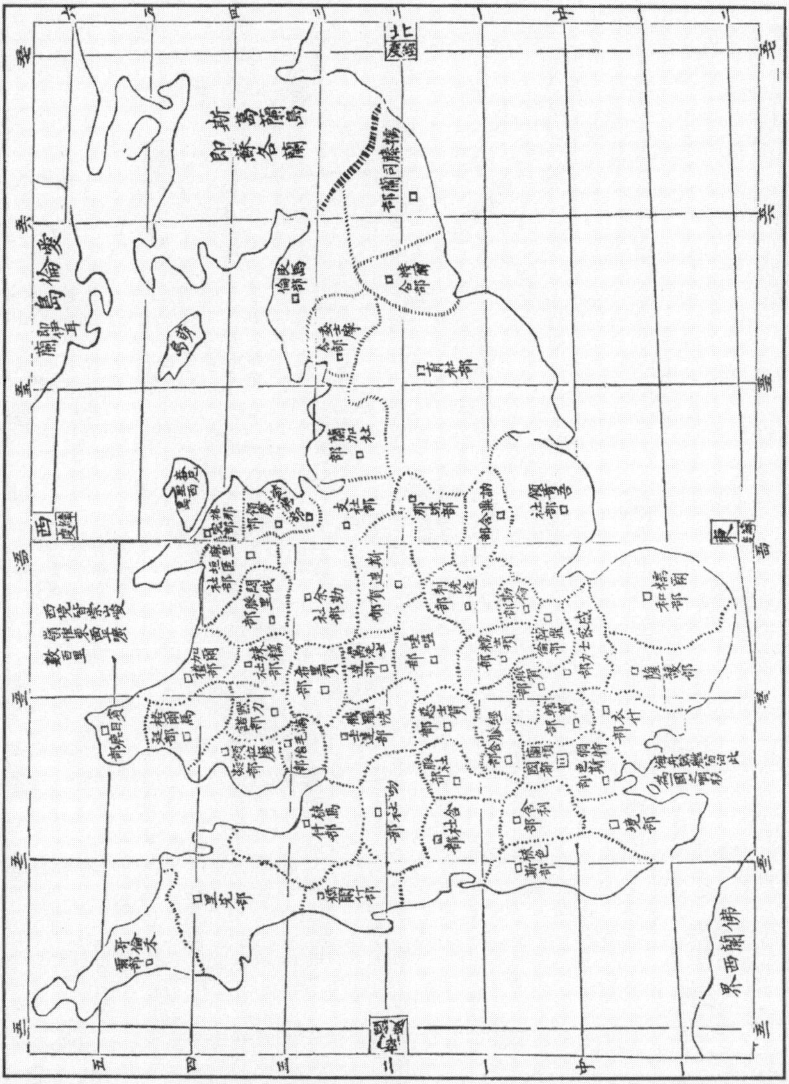

『瀛環志略』英吉利圖

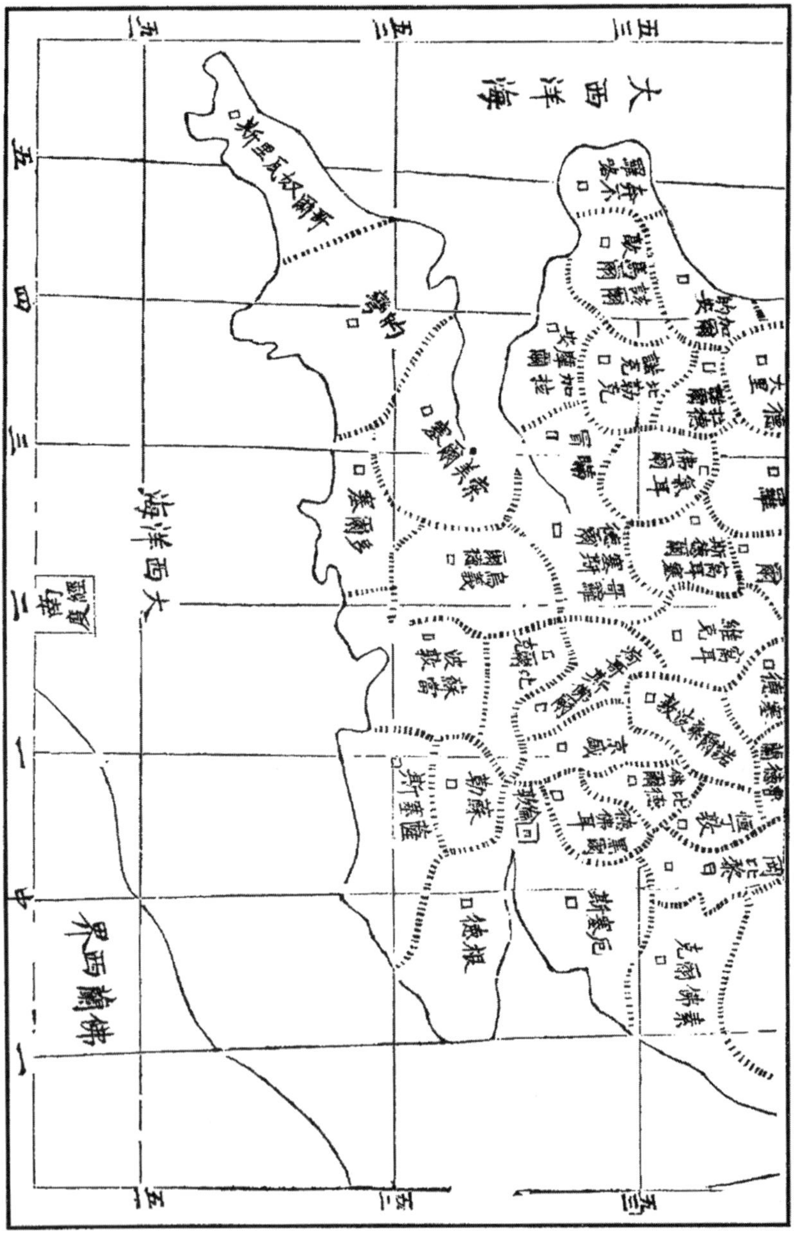

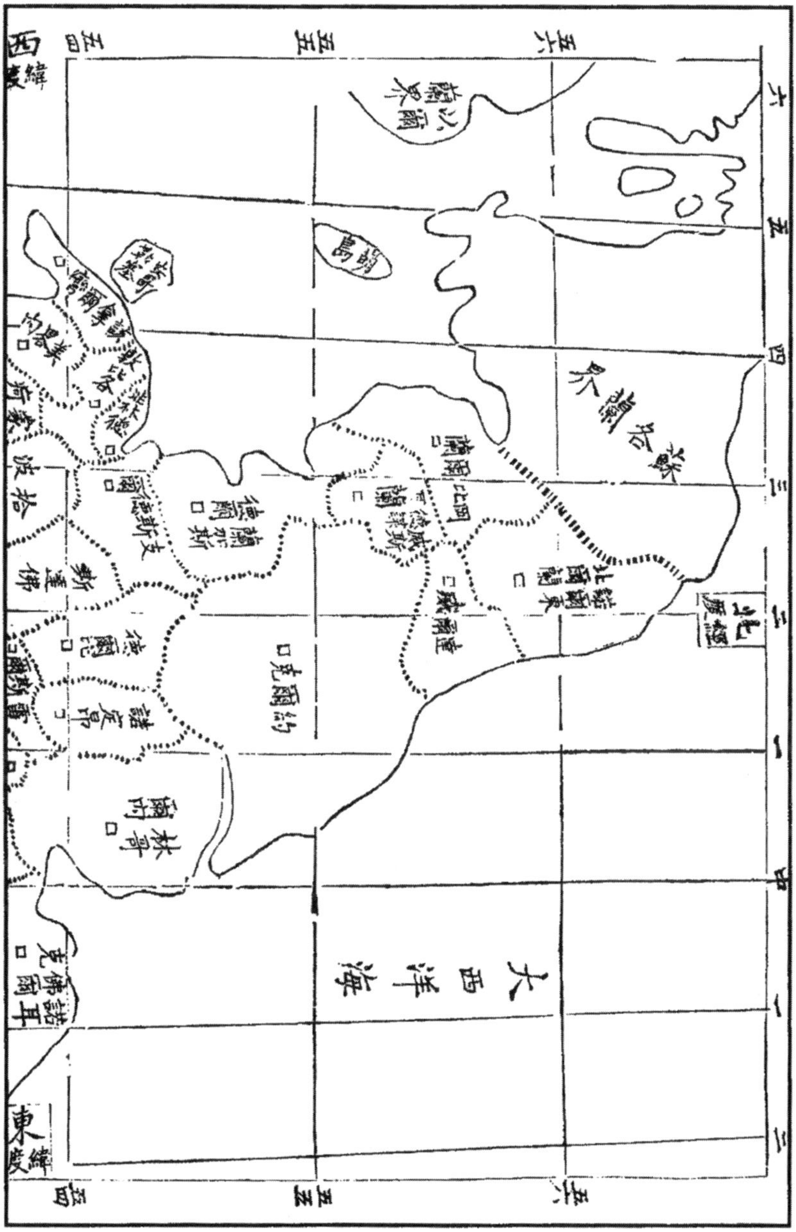
大西洋海

『영환지략』 영국 지도

대서양해大西洋海: 지금의 대서양Atlantic Ocean이다.

이이란계以爾蘭界: 아일랜드 경계이다.

소각란계蘇各蘭界: 스코틀랜드 경계이다.

낙이동북이란諾爾東北爾蘭: 지금의 영국 노섬벌랜드Northumberland이다.

강비이란岡比耳蘭: 지금의 영국 컴벌랜드Cumberland이다.

달이위達爾威: 지금의 영국 더럼Durham이다.

위사덕모이란威斯德謀耳蘭: 지금의 영국 웨스트모얼랜드Westmorland이다.

약이극約爾克: 지금의 영국 요크셔Yorkshire이다.

란가사덕이蘭加斯德爾: 지금의 영국 랭커스터Lancaster이다.

맹도萌島: 지금의 영국 맨섬Isle of Man이다.

안가륵새安哥勒塞: 지금의 영국 앵글시섬Isle of Anglesey이다.

해나이만該拿爾彎: 지금의 영국 카나번셔Caernarvonshire이다.

미략내美略內: 지금의 영국 메리오네스셔Merionethshire이다.

돈비각敦比各: 지금의 영국 덴비셔Denbighshire이다.

비림덕非林德: 지금의 영국 플린트셔Flintshire이다.

몽덕아대리夢德痾大里: 지금의 영국 몽고메리셔Montgomeryshire이다.

지사덕이支斯德爾: 지금의 영국 체스터Chester로, 체셔Cheshire에 있다.

습라파拾羅波: 지금의 영국 슈롭셔Shropshire이다.

사달불이斯達佛爾: 지금의 영국 스태퍼드셔Staffordshire이다.

덕이비德爾比: 지금의 영국 더비Derby이다.

낙정앙諾定昻: 지금의 영국 노팅엄셔Nottinghamshire이다.

뢰새사덕이雷塞斯德爾: 지금의 영국 레스터셔Leicestershire이다.

림가이내林哥爾內: 지금의 영국 링컨셔Lincolnshire이다.

낙이불이극諾爾佛爾克: 지금의 영국 노퍽Norfolk이다.

소불이극素佛爾克: 지금의 영국 서퍽Suffolk이다.

강비려일岡比黎日: 지금의 영국 케임브리지셔Cambridgeshire이다.

항정돈恒丁敦: 지금의 영국 헌팅던Huntingdon이다.

로덕란魯德蘭: 지금의 영국 러틀랜드Rutland이다.

낙이상파돈諾爾桑波敦: 지금의 영국 노샘프턴셔Northamptonshire이다.

와이유극窩爾維克: 지금의 영국 워릭셔Warwickshire이다.

와이새사덕이窩爾塞斯德爾: 지금의 영국 우스터셔Worcestershire이다.

기이불이氣爾佛爾: 지금의 영국 헤리퍼드셔Herefordshire이다.

납덕락이拉德諾爾: 지금의 영국 래드너셔Radnorshire이다.

가이적안加爾的安: 지금의 영국 카디건셔Cardiganshire이다.

분불라각奔不羅咯: 지금의 영국 펨브로크셔Pembrokeshire이다.

해이마이돈該爾馬爾敦: 지금의 영국 카마던셔Carmarthenshire이다.

북륵극락극北勒克諾克: 지금의 영국 브레크녹셔Brecknockshire이다.

가랍마이안加拉摩爾安: 지금의 영국 글러모건Glamorgan이다.

만모瞞冒: 지금의 영국 몬머스셔Monmouthshire이다.

가라새사덕이哥羅塞斯德爾: 지금의 영국 글로스터셔Gloucestershire이다.

아가사불이痾哥斯佛爾: 지금의 영국 옥스퍼드셔Oxfordshire이다.

비이극比爾克: 지금의 영국 버크셔Berkshire이다.

경성京盛: 지금의 영국 버킹엄셔Buckinghamshire이다.

비덕불이比德佛爾: 지금의 영국 베드퍼드셔Bedfordshire이다.

흑이덕불이黑爾德佛爾: 지금의 영국 하트퍼드셔Hertfordshire이다.

액새사厄塞斯: 지금의 영국 에식스Essex이다.

륜돈倫敦: 지금의 영국 수도 런던London이다.

근덕根德: 지금의 영국 켄트Kent이다.

소륵蘇勒: 지금의 영국 서리Surrey이다.

살새사薩塞斯: 지금의 영국 서식스Sussex이다.

소당파돈蘇當波敦: 지금의 영국 사우샘프턴Southampton이다.

오의이덕烏義爾德: 지금의 영국 윌트셔Wiltshire이다.

색미이새索美爾塞: 지금의 영국 서머싯Somerset이다.

다이새多爾塞: 지금의 영국 도싯Dorset이다.

적만的彎: 지금의 영국 데번Devon이다.

가이노와리사哥爾奴瓦里斯: 지금의 영국 콘월Cornwall이다.

불란서계佛蘭西界: 프랑스 경계이다.

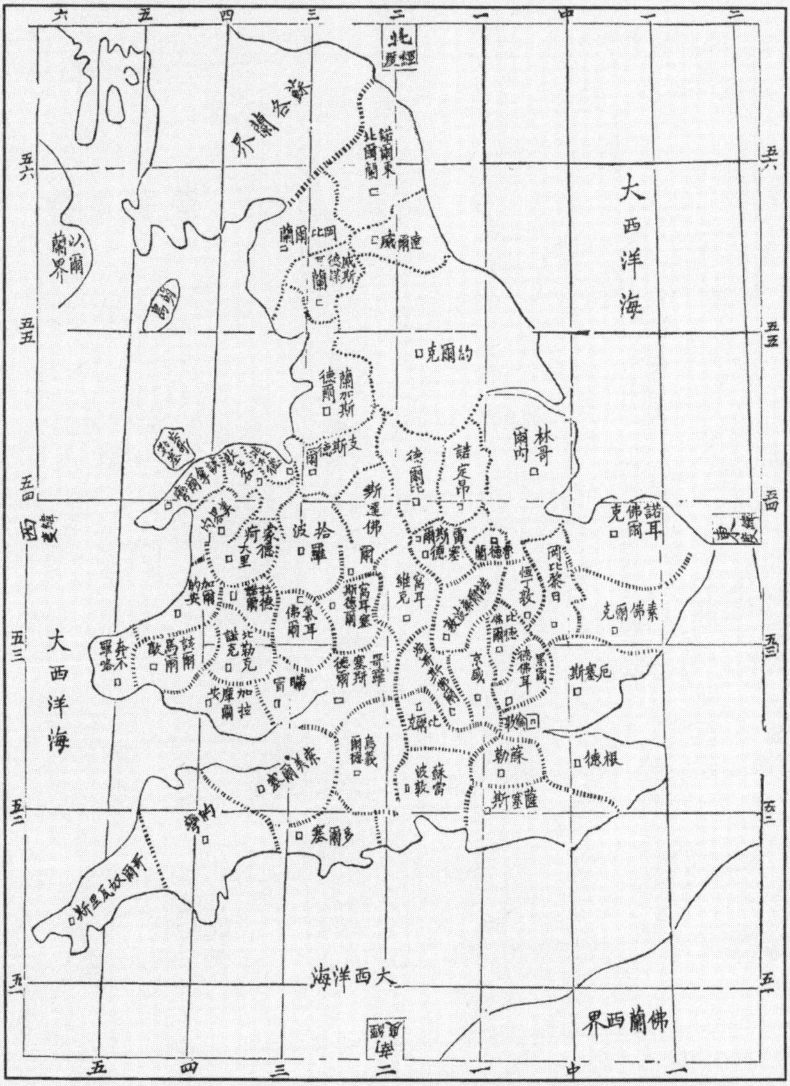
大西洋海
大西洋海
大西洋海
蘇格蘭界
以爾蘭界
佛蘭西界

蘇各蘭圖

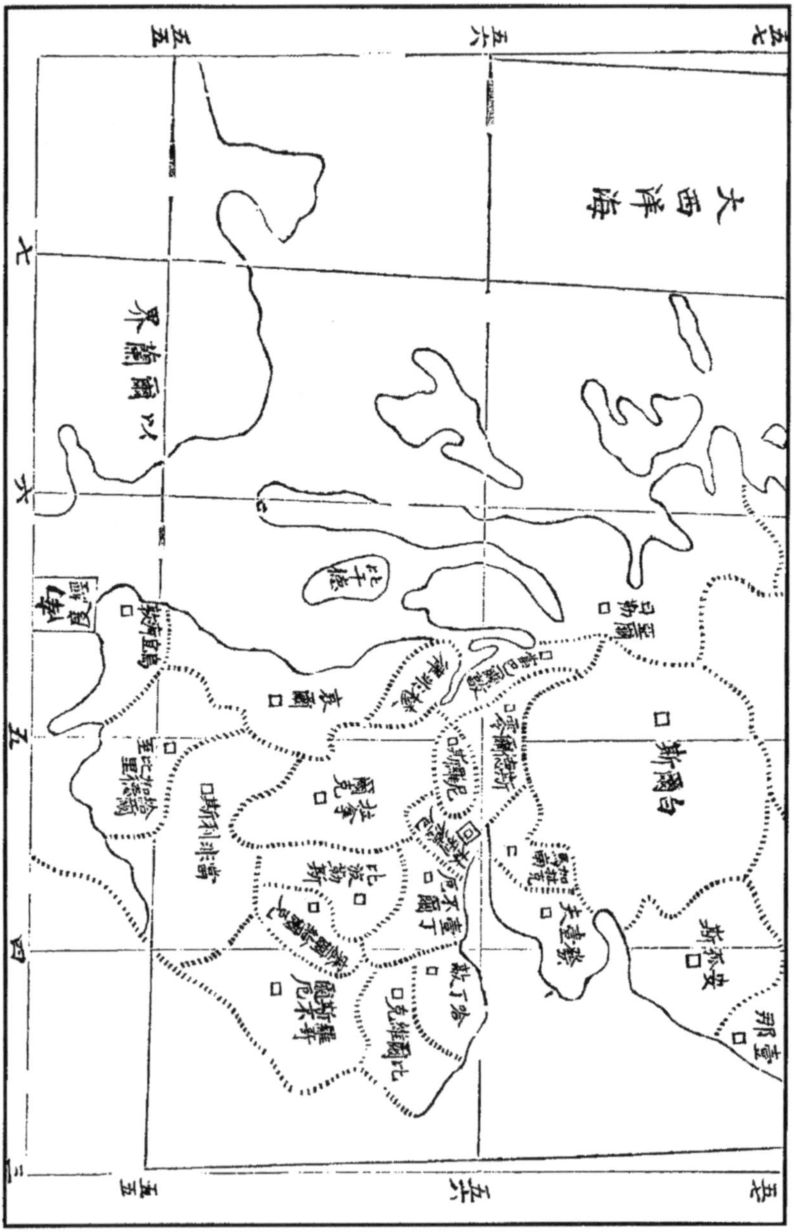

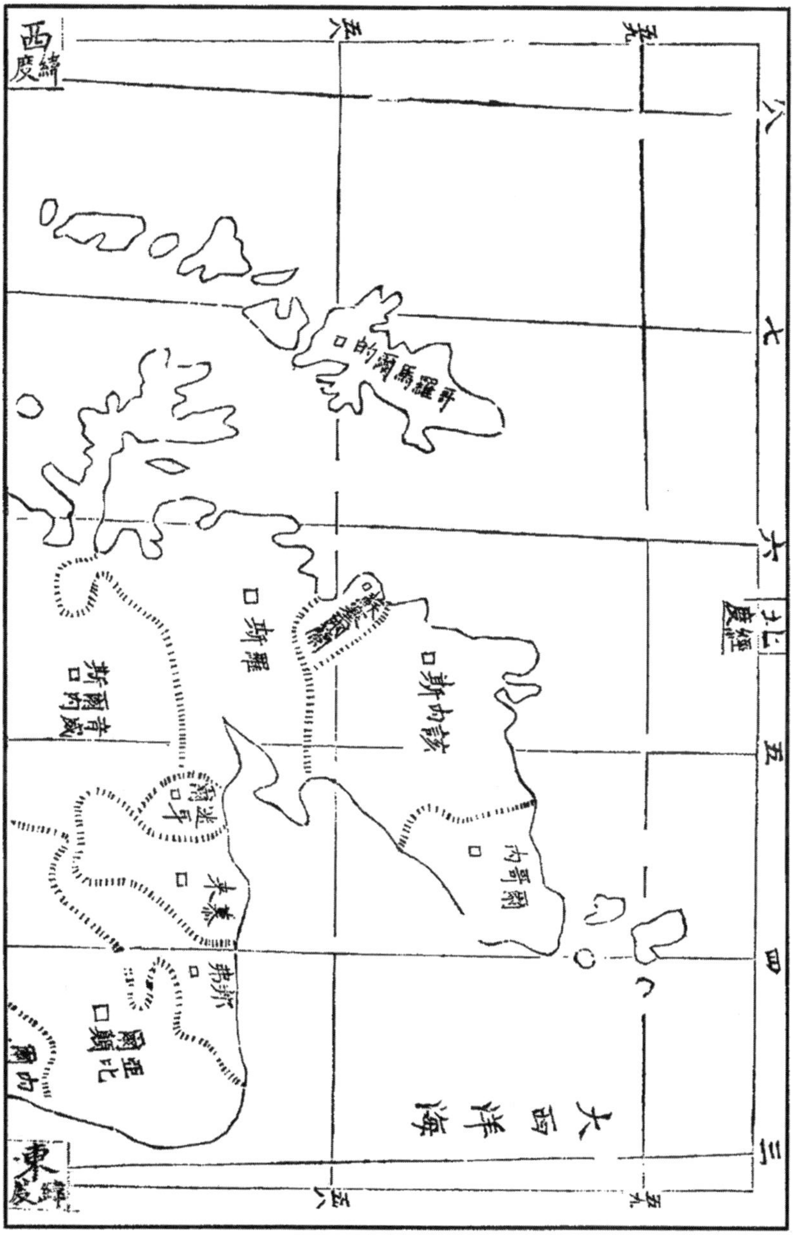
大西洋海

스코틀랜드 지도

대서양해大西洋海: 지금의 대서양Atlantic Ocean이다.

이가내爾哥內: 영국 오크니제도Orkney Islands로, 실제 그레이트브리튼섬 북쪽에 위치한다. 본 지도상 위치에서 바로 위쪽이 오크니제도이다.

해내사該內斯: 영국 케이스네스Caithness로, 실제 본 지도상 '이가내爾哥內' 자리에 위치한다.

가라마이적哥羅馬爾的: 지금의 영국 크로머티Cromarty이다.

소새이란蘇塞爾蘭: 영국 서덜랜드Sutherland로, 실제 본 지도상 '해내사該內斯' 자리에 위치한다.

라사羅斯: 지금의 영국 로스Ross이다.

미아이迷牙爾: 지금의 영국 네언Nairn이다.

모래慕來: 지금의 영국 머리Moray이다.

방불邦弗: 지금의 영국 밴프Banff이다.

아비이돈亞比爾頓: 지금의 영국 애버딘Aberdeen이다.

내일이나內壹爾那: 지금의 영국 킨카딘Kincardine이다.

음위이내사音威爾內斯: 지금의 영국 인버네스Inverness이다.

아이일륵亞爾日勒: 지금의 영국 아가일Argyle이다.

백이사白爾斯: 지금의 영국 퍼스Perth이다.

안고사安孤斯: 지금의 영국 앵거스Angus이다.

발일부發壹夫: 지금의 영국 파이프Fife이다.

가랍극마남加拉克馬南: 지금의 영국 클라크매넌Clackmannan이다.

사덕이령斯德爾零: 지금의 영국 스털링Stirling이다.

당파이돈當巴爾敦: 지금의 영국 덤버턴Dumbarton이다.

릉비률棱非律: 지금의 영국 렌프루Renfrew이다.

니라사尼羅斯: 지금의 영국 킨로스Kinross이다.

림리덕액林利德厄: 지금의 영국 웨스트로디언West Lothian으로, 린리스고Linlithgow라고도 한다.

일정불이액壹丁不爾厄: 지금의 영국 미들로디언Midlothian으로, 에든버러Edinburgh라고도 한다.

합정돈哈丁敦: 지금의 영국 해딩턴Haddington이다.

비이유극比爾維克: 지금의 영국 버릭Berwick이다.

라가사불이액羅哥斯不爾厄: 지금의 영국 록스버러Roxburgh이다.

새이급이극塞爾給爾克: 지금의 영국 셀커크Selkirk이다.

비파륵신比波勒新: 지금의 영국 피블스Peebles이다.

랍나이극拉拿爾克: 지금의 영국 래너크Lanark이다.

애이哀爾: 지금의 영국 에어Ayr이다.

비간덕比干德: 지금의 영국 뷰트Bute이다.

오의아돈烏宜痾敦: 지금의 영국 위그타운Wigtown이다.

당비리사當非利斯: 지금의 영국 덤프리스Dumfries이다.

급이가덕비리지給爾加德比里至: 지금의 영국 커쿠브리Kirkcudbright이다.

이이란계以爾蘭界: 아일랜드 경계이다.

伊耳蘭島圖

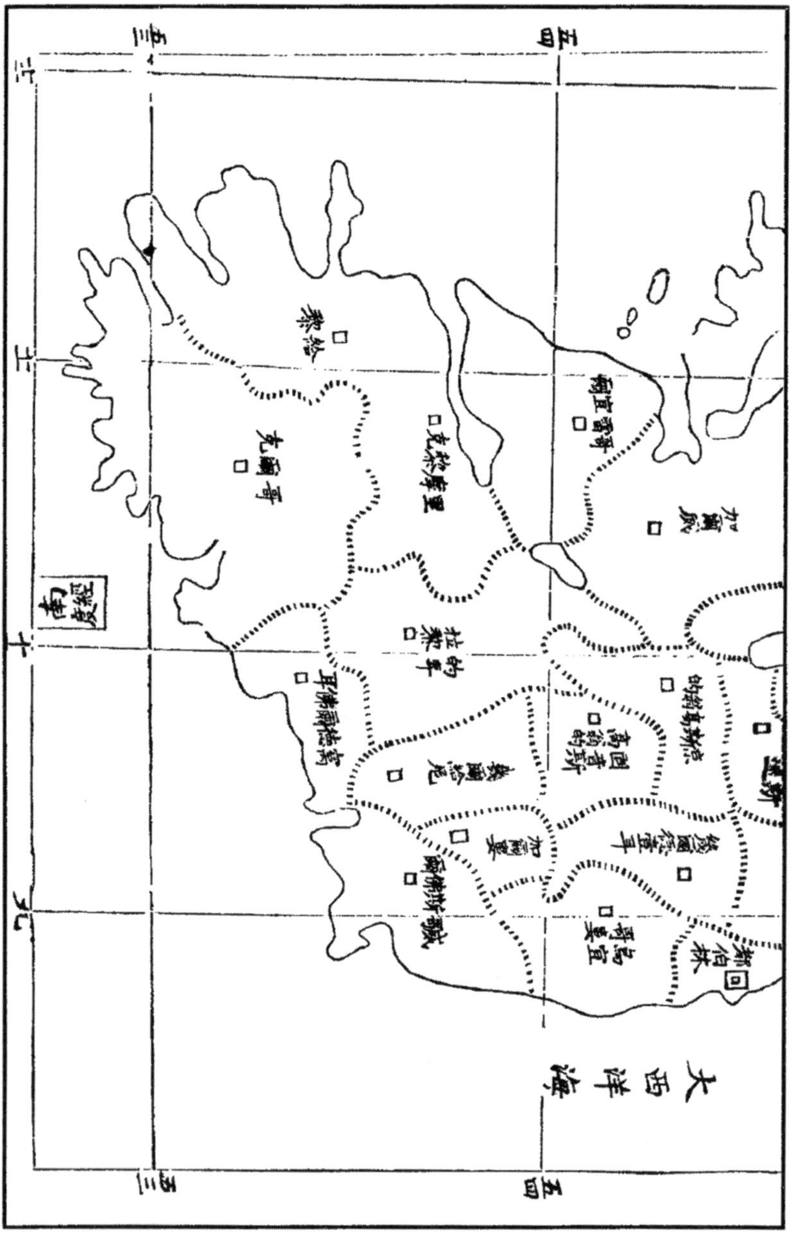

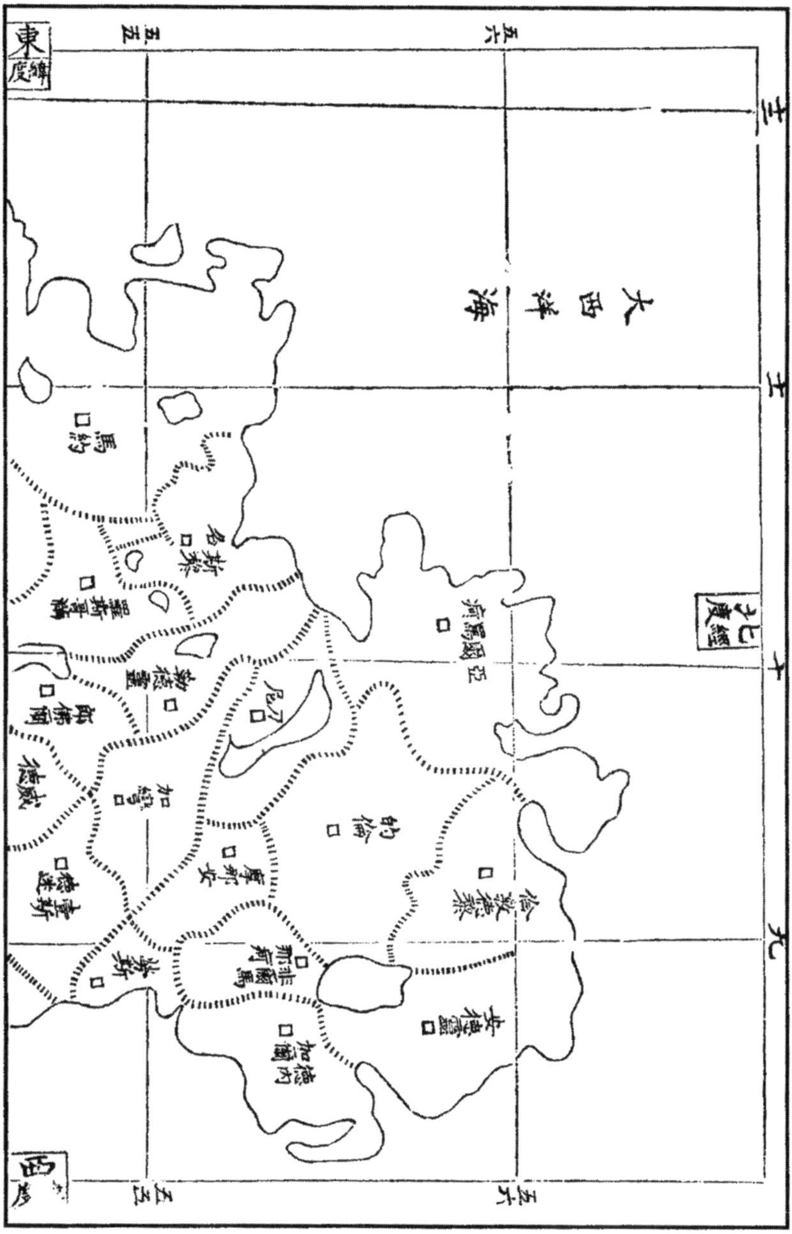
大西洋海

아일랜드 지도

대서양해大西洋海: 지금의 대서양Atlantic Ocean이다.

륜돈덕려倫敦德黎: 지금의 영국 북아일랜드 런던데리Londonderry이다.

안덕령安德靈: 지금의 영국 북아일랜드 앤트림Antrim이다.

아이매아亞爾罵痾: 영국 북아일랜드 아마Armagh로, 실제 본 지도상 '비이마나아非爾馬那痾' 자리에 위치한다.

비이마나아非爾馬那痾: 영국 북아일랜드 퍼매너Fermanagh로, 실제 본 지도상 '도니刀尼' 자리에 위치한다.

적륜的倫: 지금의 영국 북아일랜드 티론Tyrone이다.

도니刀尼: 영국 북아일랜드 다운Down으로, 실제 본 지도상 '덕내가이德內加爾' 자리에 위치한다.

덕내가이德內加爾: 아일랜드 더니골Donegal로, 실제 본 지도상 '아이매아亞爾罵痾' 자리에 위치한다.

마나안摩那安: 지금의 아일랜드 모너핸Monaghan이다.

사려각斯黎各: 지금의 아일랜드 슬라이고Sligo이다.

륵덕령勒德靈: 지금의 아일랜드 리트림Leitrim이다.

가만加彎: 지금의 아일랜드 캐번Cavan이다.

로사勞斯: 지금의 아일랜드 라우스Louth이다.

일신덕미壹新德迷: 지금의 아일랜드 미스Meath로, 이스트미스East-Meath라고도 한다.

위사덕미威斯德迷: 지금의 아일랜드 웨스트미스West-Meath이다.

랑불이郎佛爾: 지금의 아일랜드 롱퍼드Longford이다.

라사가만羅斯哥滿: 지금의 아일랜드 로스커먼Roscommon이다.

마약馬約: 지금의 아일랜드 메이요Mayo이다.

가이위加爾威: 지금의 아일랜드 골웨이Galway이다.

가뢰의이哥雷宜爾: 지금의 아일랜드 클레어Clare이다.

경사고옹적京斯高翁的: 킹스카운티Kings County로, 지금의 아일랜드 오펄리Offaly이다.

기이덕일이幾爾德壹耳: 지금의 아일랜드 킬데어Kildare이다.

도백림都伯林: 지금의 아일랜드 수도 더블린Dublin이다.

오의가루烏宜哥婁: 지금의 아일랜드 위클로Wicklow이다.

가이루加爾婁: 지금의 아일랜드 칼로Carlow이다.

고음사고옹적固音斯高翁的: 퀸스카운티Queens County로, 지금의 아일랜드 레이시Laois이다.

기이급니幾爾給尼: 지금의 아일랜드 킬케니Kilkenny이다.

위가사불이威哥斯佛爾: 지금의 아일랜드 웩스퍼드Wexford이다.

와덕이불이窩德爾佛爾: 지금의 아일랜드 워터퍼드Waterford이다.

적비랍려的卑拉黎: 지금의 아일랜드 티퍼레리Tipperary이다.

리마려극里摩黎克: 지금의 아일랜드 리머릭Limerick이다.

가이극哥爾克: 지금의 아일랜드 코크Cork이다.

급려給黎: 지금의 아일랜드 케리Kerry이다.

아메리카 각 나라 지도

亞墨利加州各國圖

北亞默利加洲全圖

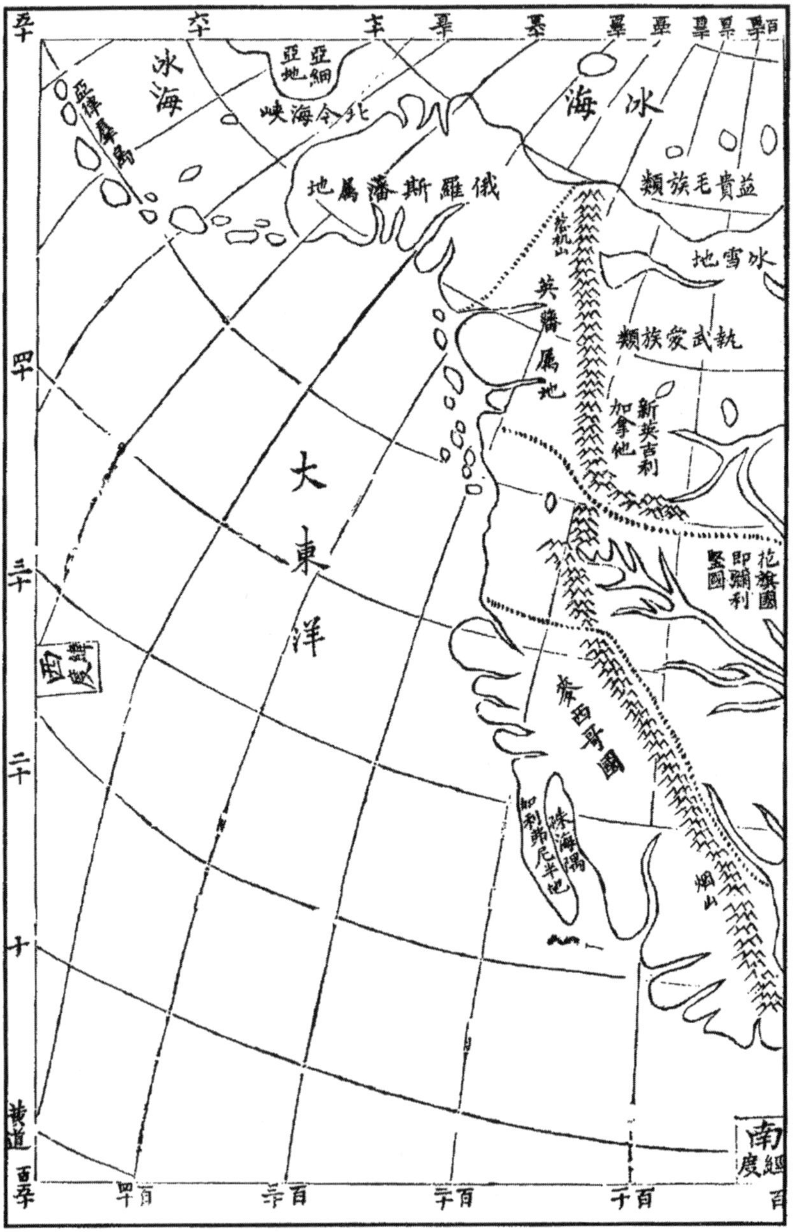
冰海
亞細亞地
俄羅斯藩屬地
海冰
益貴毛族類
冰雪地
英藩屬地
新英吉利
加拿他
大東洋
花旗國
即彌利
堅國
墨西哥國
加利弗尼半地
烟山
黃道
南
度經

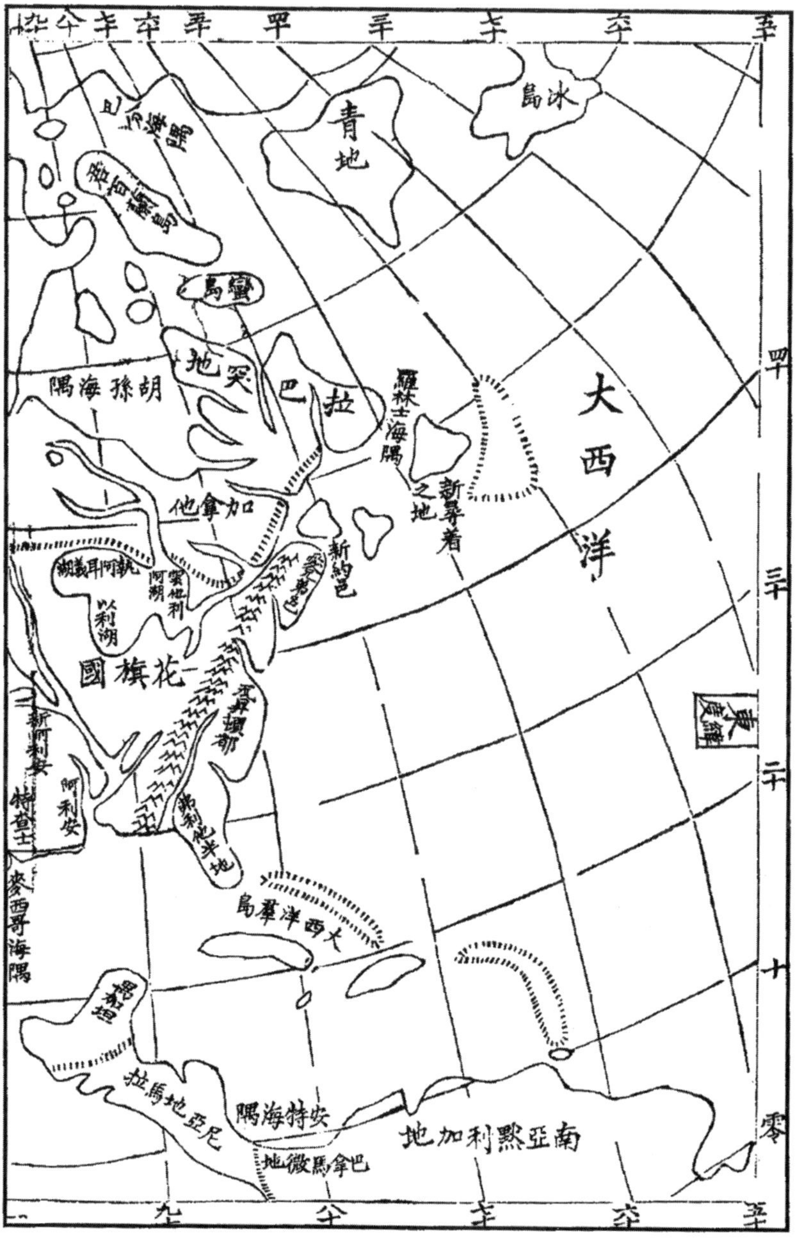
冰島
青地
大西洋
拉巴突地
胡孫海隅
加拿他
花旗國
羅林士海隅
新尋着之地
新約巴
麥西哥海隅
大西洋羣島
安特海隅
南亞默利加地
巴拿馬微地

북아메리카 전도

대서양大西洋: 지금의 대서양Atlantic Ocean이다.

빙도冰島: 지금의 아이슬란드Iceland이다.

청지靑地: 지금의 그린란드Greenland이다.

신심착지지新尋着之地: 새로 발견한 땅으로, 지금의 캐나다 뉴펀들랜드Newfoundland이다.

라림사해우羅林士海隅: 지금의 세인트로렌스만Gulf of Saint Lawrence이다.

랍파돌지拉巴突地: 지금의 래브라도반도Labrador Peninsula이다.

호손해우胡孫海隅: 지금의 허드슨만Hudson Bay이다.

만도蠻島: 지금의 캐나다 맨슬섬Mansel Island이다.

군백란도君百蘭島: 지금의 컴벌랜드반도Cumberland Peninsula이다.

파분해우巴分海隅: 지금의 배핀만Baffin Bay이다.

가나타加拿他: 지금의 캐나다Canada이다.

운타리아호雲他利阿湖: 지금의 온타리오호Lake Ontario이다.

집아이의호執阿耳義湖: 지금의 조지아만Georgian Bay이다.

이리호以利湖: 지금의 이리호Lake Erie이다.

신약읍新約邑: 지금의 미국 뉴욕New York이다.

애형제읍愛兄弟邑: 지금의 미국 필라델피아Philadelphia로, 그리스어로 '형제의 우애'라는 뜻이다.

와승돈도瓦昇頓都: 지금의 미국 수도 워싱턴Washington이다.

화기국花旗國: 지금의 미국United States of America이다.

불리타반지弗利他半地: 지금의 플로리다반도Florida Peninsula이다.

대서양군도大西洋羣島: 지금의 앤틸리스제도Antilles Islands이다.

우가탄禹加坦: 지금의 유카탄반도Yucatan Peninsula이다.

니아지마랍尼亞地馬拉: 지금의 과테말라Guatemala이다.

안특해우安特海隅: 지금의 카리브해Caribbean Sea이다.

파나마미지巴拿馬微地: 지금의 파나마지협Isthmus of Panama이다.

남아묵리가지南亞默利加地: 남아메리카 땅이다.

신아리안新阿利安: 지금의 미국 뉴올리언스New Orleans이다.

아리안阿利安: 지금의 미국 오렌지 카운티Orange County로, 포트아서Port Arthur 동북쪽에 위치한다.

특사사特查士: 지금의 미국 텍사스주Texas이다.

맥서가해우麥西哥海隅: 지금의 멕시코만Gulf of Mexico이다.

익귀모족류益貴毛族類: 에스키모족Eskimo 거주지를 가리킨다.

빙설지冰雪地: 얼음과 눈으로 뒤덮인 지역이다.

집무애족류執武愛族類: 지금의 오지브와족Ojibwa 거주지를 가리킨다.

신영길리新英吉利: 뉴잉글랜드New England로 실제 미국 북동부에 위치한다.

맥서가국麥西哥國: 지금의 멕시코Mexico이다.

주해우硃海隅: 지금의 캘리포니아만Gulf of California으로, 바닷물이 붉은색을 띤다.

가리불니반지加利弗尼半地: 지금의 캘리포니아반도California Peninsula이다.

연산烟山: 지금의 시에라마드레산맥Sierra Madre Mountains으로, 화산이 많다.

락기산落機山: 지금의 로키산맥Rocky Mountains이다.

영번속지英藩屬地: 영국 속지이다.

아라사번속지俄羅斯藩屬地: 러시아 속지이다.

북령해협北令海峽: 지금의 베링해협Bering Strait이다.

아세아지亞細亞地: 아시아 땅이다.

빙해冰海: 지금의 북극해Arctic Ocean이다.

아률군도亞律羣島: 지금의 알류샨열도Aleutian Islands이다.

대동양大東洋: 지금의 태평양Pacific Ocean을 가리킨다.

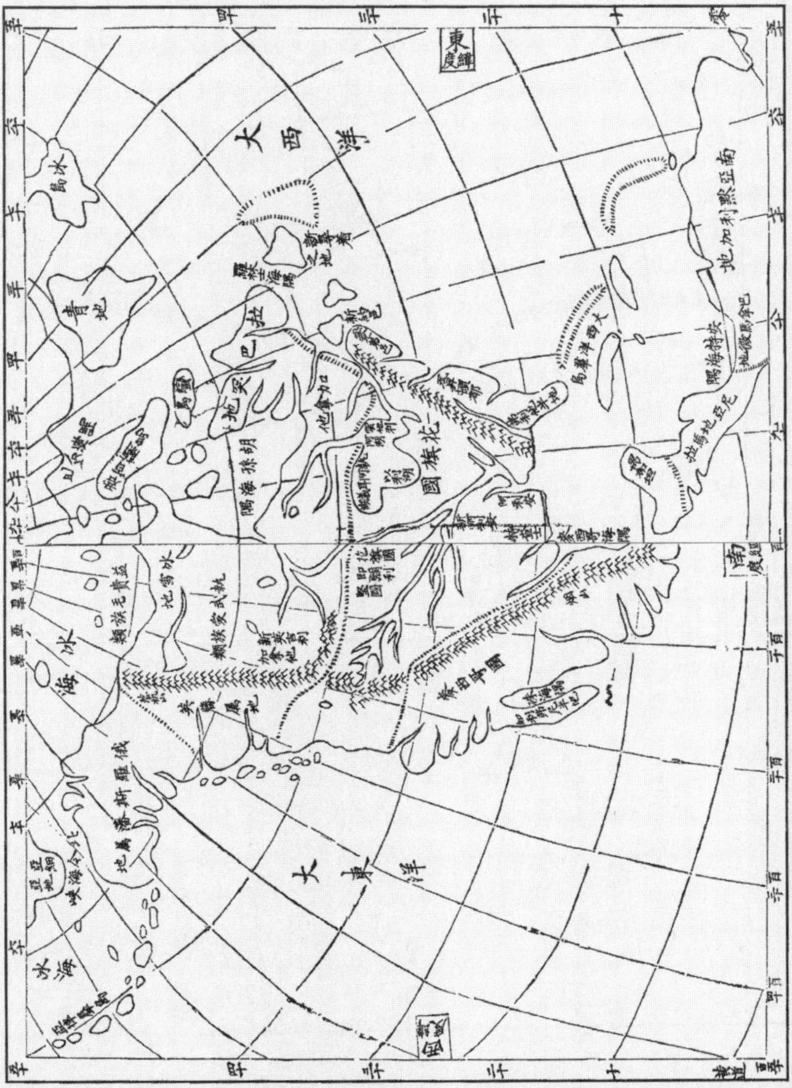

大西洋
大東洋

英吉利所屬加拿他國東邊各部圖

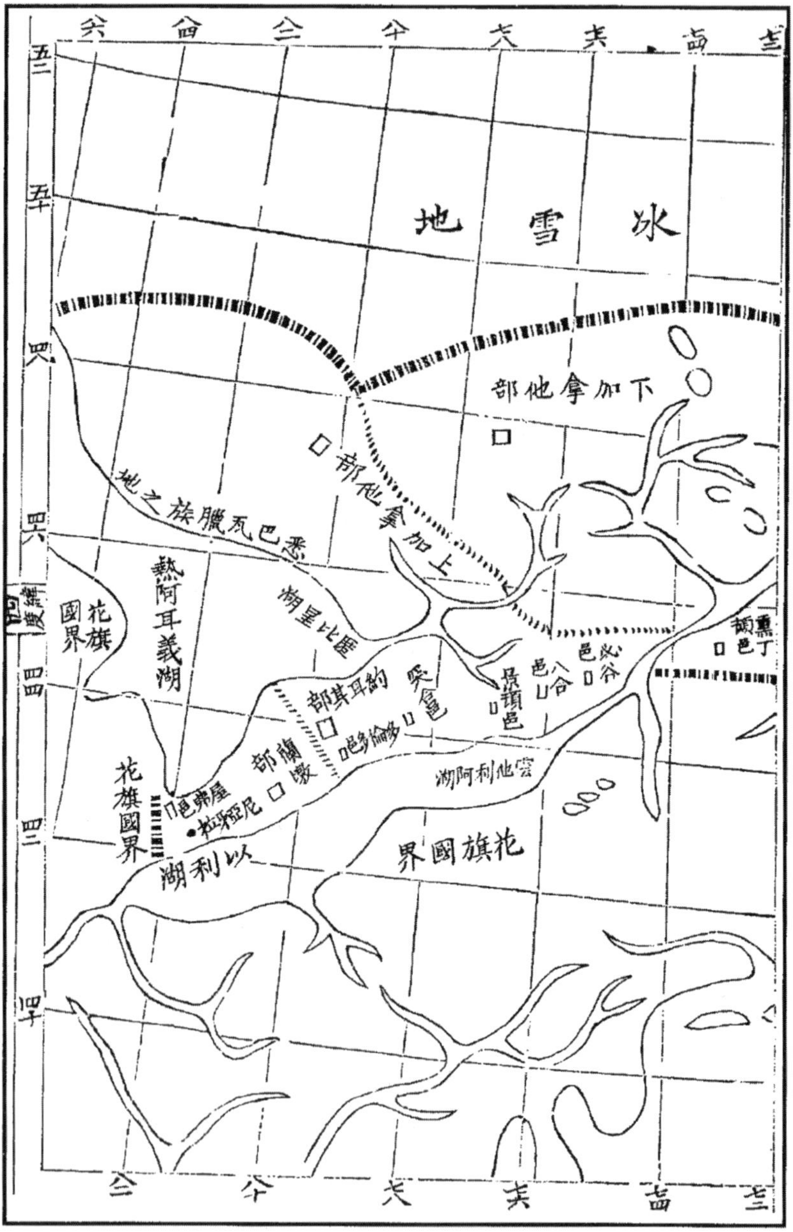

北經度
拉巴突族類
五十
加拿他海峽
新義亞利島
羅林士河口
羅林士海隅
熱港
羅林士河
新本西威部
黑弗邑
馬義他林島
益瓦地島
北薰巴蘭海峽
北頓地嘴
東經度
聖約輪邑
新蘇各蘭部
哈里法邑
大西洋
四八
四十
南經度

영국령 캐나다 동부 지도

랍파돌족류拉巴突族類: 이누이트족Inuit 거주지를 가리킨다. 알래스카주, 그린란드, 캐나다 북부와 시베리아 극동에 사는 에스키모족 원주민이다.

빙설지冰雪地: 얼음과 눈으로 뒤덮인 지역이다.

가나타해협加拿他海峽: 지금의 벨아일해협Strait of Belle Isle이다.

신의아리도新義亞利島: 지금의 캐나다 앙티코스티섬Île d'Anticosti이다.

라림사해우羅林士海隅: 지금의 세인트로렌스만Gulf of Saint Lawrence이다.

북돈지취北頓地嘴: 지금의 캐나다 케이프브레턴섬Cape Breton Island이다.

마의타림도馬義他林島: 지금의 캐나다 마들렌제도Madeleine Islands이다.

익와지도益瓦地島: 지금의 캐나다 프린스에드워드섬Prince Edward Island이다.

북훈파란해협北薰巴蘭海峽: 지금의 노섬벌랜드해협Northumberland Strait이다.

신소각란부新蘇各蘭部: 지금의 캐나다 노바스코샤주Nova Scotia이다.

합리법읍哈里法邑: 지금의 캐나다 핼리팩스Halifax이다.

분지해우分地海隅: 지금의 펀디만Bay of Fundy이다.

대서양大西洋: 지금의 대서양Atlantic Ocean이다.

성약한읍聖約翰邑: 지금의 캐나다 세인트존Saint John이다.

신본서위부新本西威部: 지금의 캐나다 뉴브런즈윅New Brunswick이다.

위득돈읍威得頓邑: 지금의 캐나다 프레더릭턴Fredericton이다.

열항熱港: 지금의 샬뢰르만Chaleur Bay이다.

라림사하구羅林士河口: 지금의 세인트로렌스강 하구이다.

라림사하羅林士河: 지금의 세인트로렌스강Saint Lawrence River이다.

북훈북란부北薰北蘭部: 지금의 래브라도반도Labrador Peninsula이다.

흑불읍黑弗邑: 지금의 캐나다 포트알프레드Port Alfred이다.

귀비읍貴比邑: 지금의 캐나다 퀘벡Quebec이다.

하가나타부下加拿他部: 지금의 캐나다 로어캐나다Lower Canada 지역이다.

훈정돈읍熏丁頓邑: 지금의 캐나다 몬트리올Montreal이다.

필곡읍必谷邑: 지금의 캐나다 셰르브루크Sherbrooke이다.

팔합읍八合邑: 지금의 캐나다 트루아리비에르Trois-Rivières이다.

경돈읍景頓邑: 지금의 캐나다 킹스턴Kingston이다.

돌합읍突合邑: 지금의 캐나다 포트호프Port Hope이다.

약이기부約耳其部: 지금의 캐나다 요크York이다.

다륜다읍多倫多邑: 지금의 캐나다 토론토Toronto이다.

운타리아호雲他利阿湖: 지금의 온타리오호Lake Ontario이다.

화기국계花旗國界: 미국 경계이다.

란돈부蘭墩部: 지금의 캐나다 런던London이다.

니아아랍尼亞牙拉: 지금의 나이아가라폭포Niagara Falls로, 캐나다와 미국 양국에 걸쳐 있다.

옥불읍屋弗邑: 지금의 캐나다 옥스퍼드Oxford이다.

이리호以利湖: 지금의 이리호Lake Erie이다.

익비성호匿比星湖: 지금의 휴런호Lake Huron이다.

열아이의호熱阿耳義湖: 위치상 미시간호Lake Michigan인데, 조지호Lake George로 잘못 표기되어 있다.

상가나타부上加拿他部: 지금의 어퍼캐나다Upper Canada 지역이다.

실파와랍족지지悉巴瓦臘族之地: 치페와족Chippewa 거주지를 가리킨다.

彌利堅國全圖

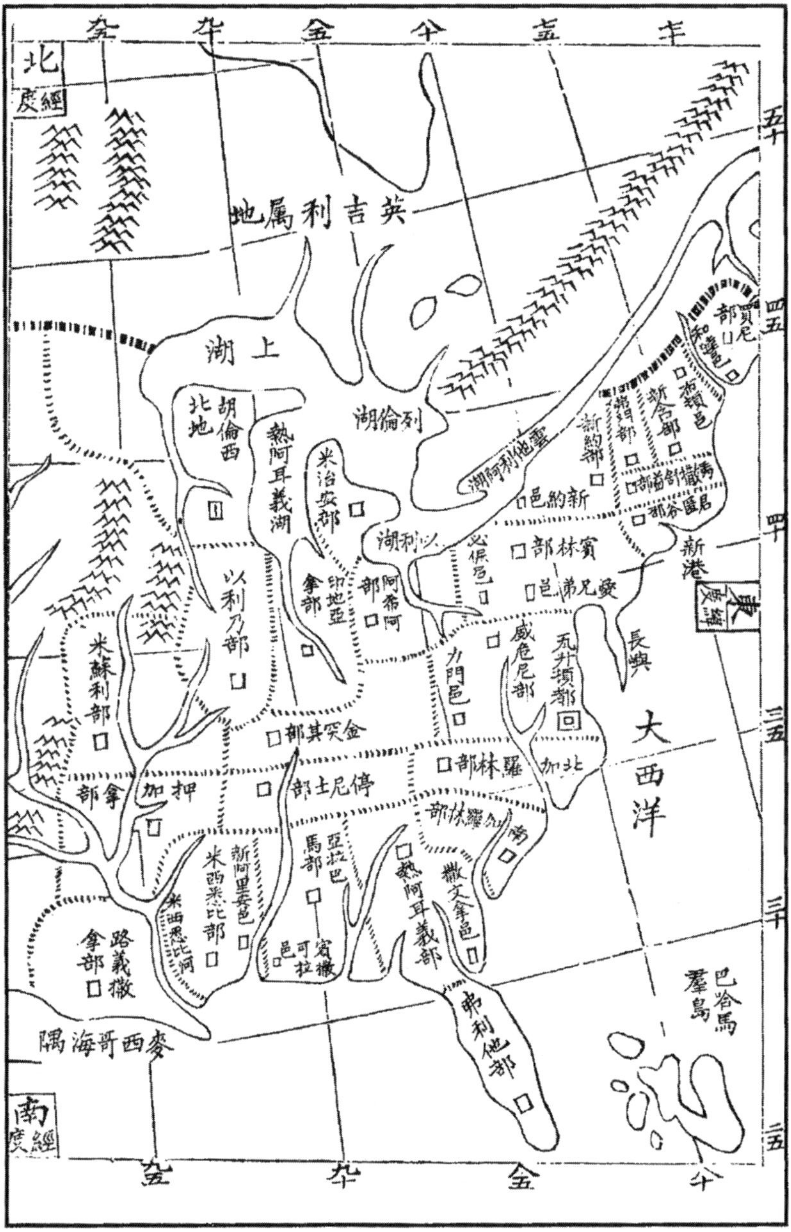
北
經度
英吉利屬地
上湖
列倫湖
米治安部
以利乃部
米蘇利部
金突其部
傳尼土部
押加拿部
羅林部
北加
賓林部
新約邑
新港
大西洋
東
經度
麥西哥海隅
路義撒拿部
弗利他部
巴哈馬羣島
南
經度

미국 전도

영길리속지英吉利屬地: 영국 속지이다.

매니부買尼部: 지금의 미국 메인주Maine이다.

화목읍和睦邑: 지금의 미국 동북부의 포틀랜드Portland를 가리키는 것으로 추정된다.

포돈읍布頓邑: 지금의 미국 보스턴Boston이다.

신함부新含部: 지금의 미국 뉴햄프셔주New Hampshire이다.

불문부弗門部: 지금의 미국 버몬트주Vermont이다.

마살서익부馬撒舒益部: 지금의 미국 매사추세츠주Massachusetts이다.

군닉곡부君匿谷部: 지금의 미국 코네티컷주Connecticut이다.

신항新港: 지금의 미국 뉴헤이븐New Haven이다.

신약부新約部: 지금의 미국 뉴욕주New York이다.

신약읍新約邑: 지금의 미국 뉴욕이다.

빈림부賓林部: 지금의 미국 펜실베이니아주Pennsylvania이다.

필보읍必保邑: 지금의 미국 피츠버그Pittsburgh이다.

애형제읍愛兄弟邑: 지금의 미국 필라델피아Philadelphia로, 그리스어로 '형제의 우애'라는 뜻이다.

장서長嶼: 지금의 미국 롱아일랜드Long Island이다.

대서양大西洋: 지금의 대서양Atlantic Ocean이다.

와승돈도瓦升頓都: 지금의 미국 수도 워싱턴Washington이다.

위위니부威危尼部: 지금의 미국 버지니아주Virginia이다.

력문읍力門邑: 지금의 미국 리치먼드Richmond이다.

북가라림부北加羅林部: 지금의 미국 노스캐롤라이나주North Carolina이다.

남가라림부南加羅林部: 지금의 미국 사우스캐롤라이나주South Carolina이다.

열아이의부熱阿耳義部: 지금의 미국 조지아주Georgia이다.

살문나읍撒文拿邑: 지금의 미국 서배너Savannah이다.

불리타부弗利他部: 지금의 미국 플로리다주Florida이다.

파합마군도巴哈馬羣島: 지금의 바하마제도Bahamas이다.

아랍파마부亞拉巴馬部: 지금의 미국 앨라배마주Alabama이다.

빈살가랍읍賓撒可拉邑: 지금의 미국 펜서콜라Pensacola이다.

정니사부仃尼士部: 지금의 미국 테네시주Tennessee이다.

금돌기부金突其部: 지금의 미국 켄터키주Kentucky이다.

인지아나부印地亞拿部: 지금의 미국 인디애나주Indiana이다.

아희아부阿希阿部: 지금의 미국 오하이오주Ohio이다.

미치안부米治安部: 지금의 미국 미시간주Michigan이다.

열륜호列倫湖: 지금의 휴런호Lake Huron이다.

이리호以利湖: 지금의 이리호Lake Erie이다.

운타리아호雲他利阿湖: 지금의 온타리오호Lake Ontario이다.

열아이의호熱阿耳義湖: 위치상 미시간호Lake Michigan인데, 조지호Lake George로 잘못 표기되어 있다.

상호上湖: 지금의 슈피리어호Lake Superior이다.

호륜서북지胡倫西北地: 휴런호 서북 지역이다.

이리내부以利乃部: 지금의 미국 일리노이주Illinois이다.

미소리부米蘇利部: 지금의 미국 미주리주Missouri이다.

압가나부押加拿部: 지금의 미국 아칸소주Arkansas이다.

로의살나부路義撒拿部: 지금의 미국 루이지애나주Louisiana이다.

미서실비부米西悉比部: 지금의 미국 미시시피주Mississippi이다.

미서실비하米西悉比河: 지금의 미시시피강Mississippi River이다.

신아리안읍新阿里安邑: 지금의 미국 뉴올리언스New Orleans이다.

맥서가해우麥西哥海隅: 지금의 멕시코만Gulf of Mexico이다.

영길리번속지英吉利藩屬地: 영국 속지이다.

미소리지米蘇利地: 지금의 미국 미주리 땅이다.

락기대산落機大山: 지금의 로키산맥Rocky Mountains이다.

만족지蠻族地: 아메리카 원주민 거주지를 가리킨다.

대동양大東洋: 지금의 태평양Pacific Ocean이다.

아리옹지阿利翁地: 지금의 미국 오리건Oregon 지역이다.

맥서가국계麥西哥國界: 멕시코 경계이다.

연산烟山: 지금의 시에라마드레산맥Sierra Madre Mountains으로, 화산이 많다.

주해우硃海隅: 지금의 캘리포니아만Gulf of California으로, 바닷물이 붉은색을 띤다.

가리불니반지加利弗尼半地: 지금의 캘리포니아반도California Peninsula이다.

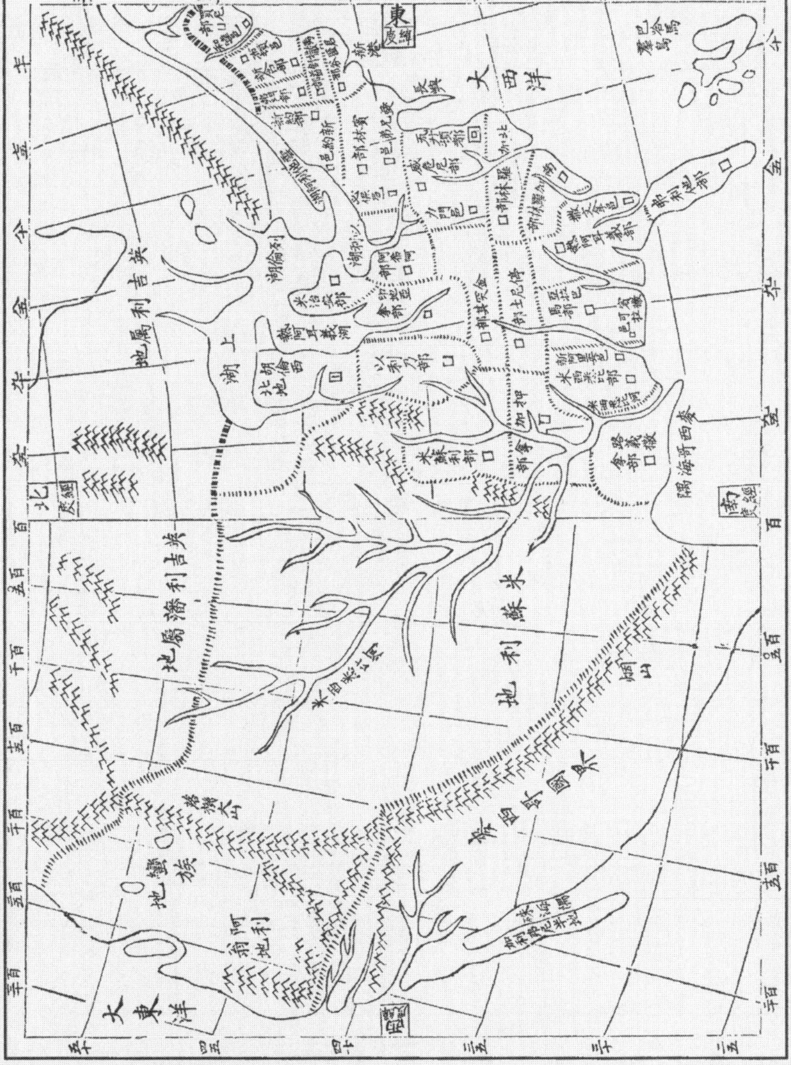
大西洋
大東洋

麥西哥國全圖

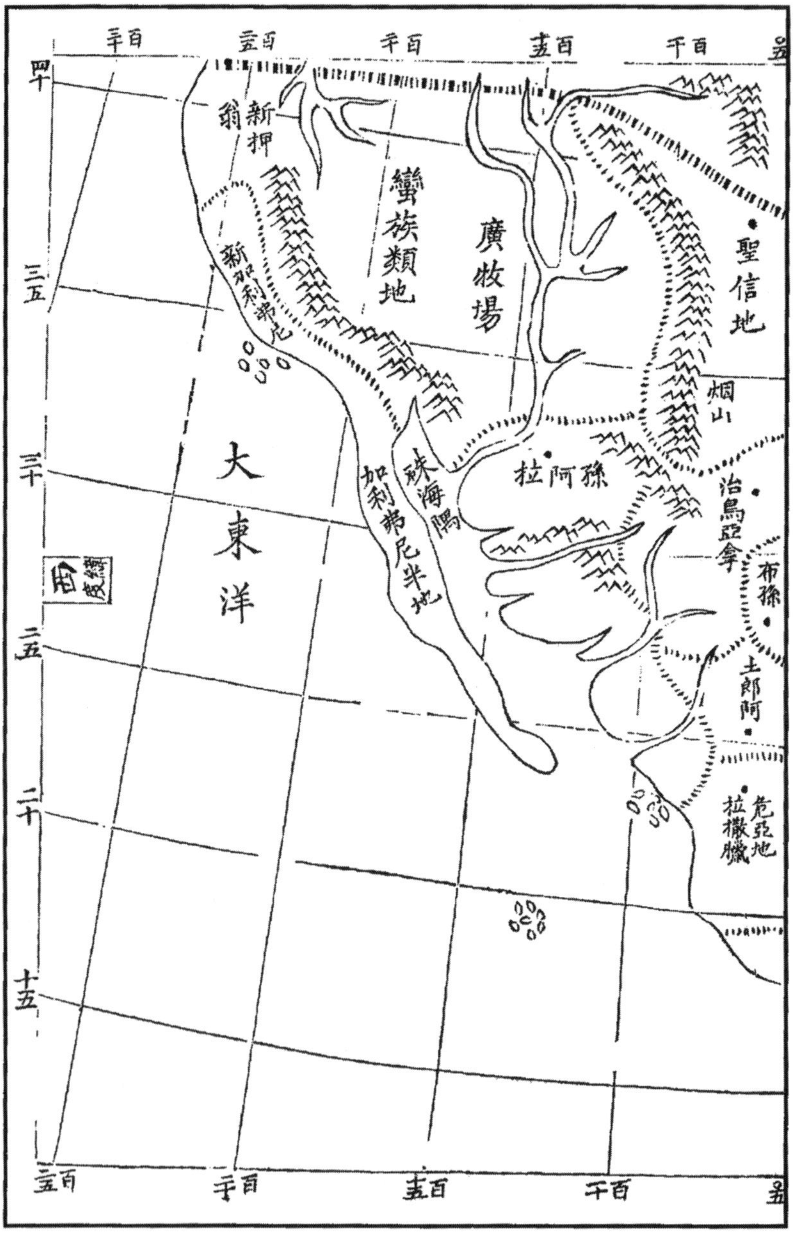

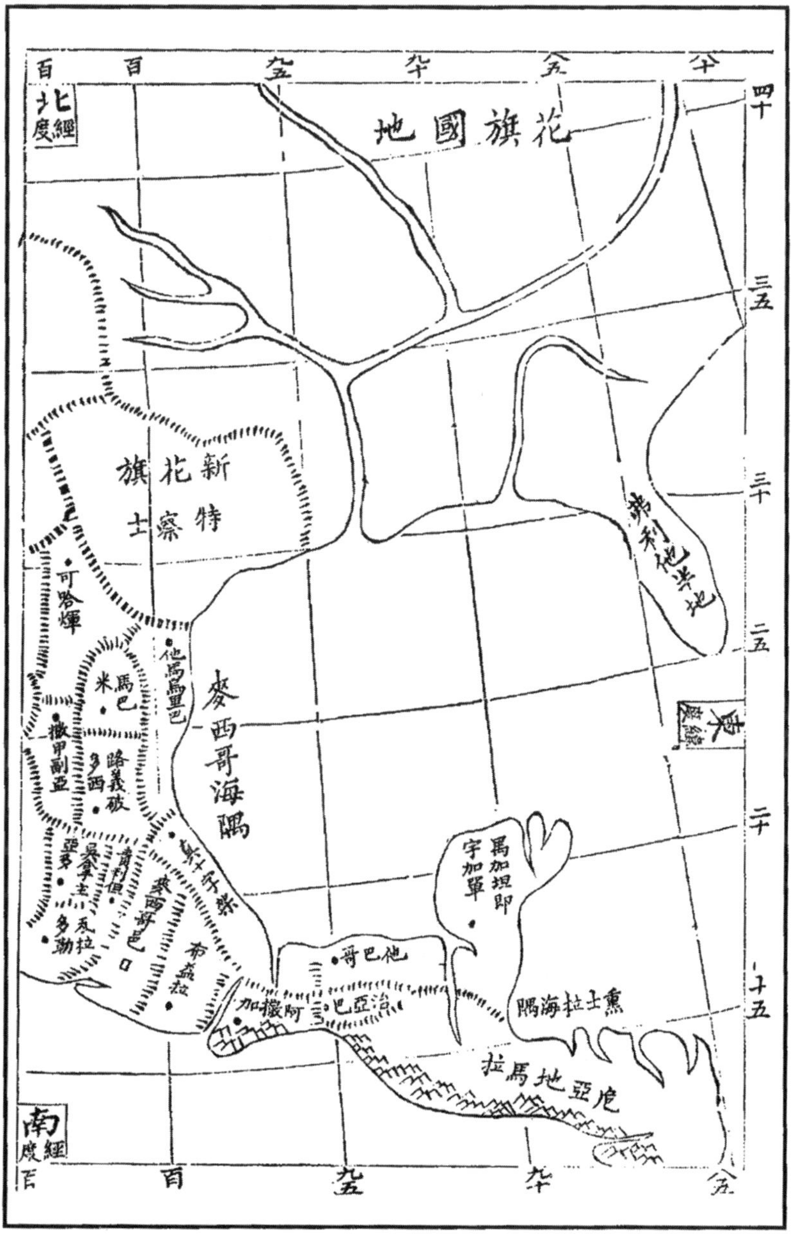

北 經度
花旗國地
新花旗
特察士
麥西哥海隅
弗利他半地
東 經度
馬加坦即宇加單
哥巴他
危亞地馬拉
南 經度

멕시코 전도

화기국지花旗國地: 미국이다.

불리타반지弗利他半地: 지금의 플로리다반도Florida Peninsula이다.

맥서가해우麥西哥海隅: 지금의 멕시코만Gulf of Mexico이다.

훈사랍해우熏士拉海隅: 지금의 온두라스만Gulf of Honduras이다.

우가탄禺加坦: 지금의 멕시코 유카탄주Yucatan로, 우가단宇加單이라고도 한다.

타파가他巴哥: 지금의 멕시코 타바스코주Tabasco이다.

치아파治亞巴: 지금의 멕시코 치아파스주Chiapas이다.

아살가阿撒加: 지금의 멕시코 오악사카주Oaxaca이다.

위아지마랍危亞地馬拉: 지금의 과테말라Guatemala이다.

진십자가眞十字架: 지금의 멕시코 베라크루스주Veracruz이다.

포익랍布益拉: 지금의 멕시코 푸에블라주Puebla이다.

맥서가읍麥西哥邑: 지금의 멕시코시티Ciudad de México이다.

귀리단貴利但: 지금의 멕시코 케레타로주Querétaro이다.

오나주아다吳拿主亞多: 지금의 멕시코 과나후아토주Guanajuato이다.

와랍다륵瓦拉多勒: 지금의 멕시코 미초아칸주 주도 모렐리아Morelia이다. 16세기 스페인 정복자들에 의해 세워진 최초의 도시 중 하나이다. 원래 지명은 바야돌리드Valladolid인데, 멕시코 민족 영웅 모렐로스Morelos를 기념하기 위해 1828년부터 모렐리아로 개명했다.

로의파다서路義破多西: 지금의 멕시코 산루이스포토시주San Luis Potosí이다.

살갑부아撒甲副亞: 지금의 멕시코 사카테카스주Zacatecas이다.

마파미馬巴米: 지금의 멕시코 누에보레온주Nuevo León이다.

가합휘可哈輝: 지금의 멕시코 코아우일라주Coahuila이다.

타마오리파他馬烏里巴: 지금의 멕시코 타마울리파스주Tamaulipas이다.

신화기특찰사新花旗特察士: 지금의 미국 텍사스주Texas이다.

성신지聖信地: 지금의 미국 뉴멕시코주New Mexico의 샌타페이Santa Fe이다.

연산烟山: 지금의 시에라마드레산맥Sierra Madre Mountains이다.

치오아나治烏亞拿: 지금의 멕시코 치와와주Chihuahua이다.

포손布孫: 지금의 멕시코 코아우일라주 토레온Torreón이다.

토랑하土郎河: 지금의 멕시코 두랑고주Durango이다.

위아지랍살랍危亞地拉撒臘: 지금의 멕시코 할리스코주 과달라하라Guadalajara 이다.

손아랍孫阿拉: 지금의 멕시코 소노라주Sonora이다.

광목장廣牧場: 드넓은 목장 지대를 가리킨다.

만족류지蠻族類地: 아메리카 원주민 거주지를 가리킨다.

신압옹新押翁: 지금의 미국 오리건주Oregon이다.

신가리불니新加利弗尼: 지금의 미국 캘리포니아주California이다.

주해우硃海隅: 지금의 캘리포니아만Gulf of California이다.

가리불니반지加利弗尼半地: 지금의 캘리포니아반도California Peninsula이다.

대동양大東洋: 지금의 태평양Pacific Ocean이다.

危亞地馬拉國全圖

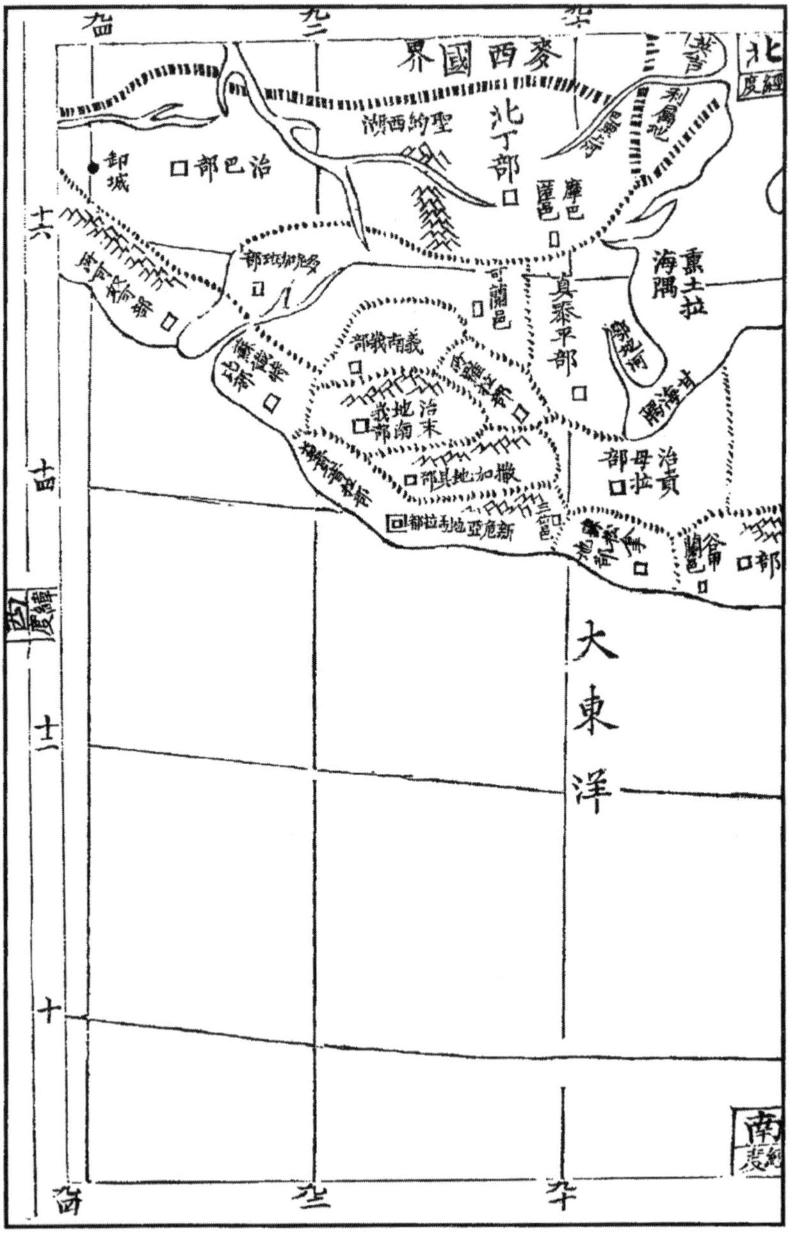

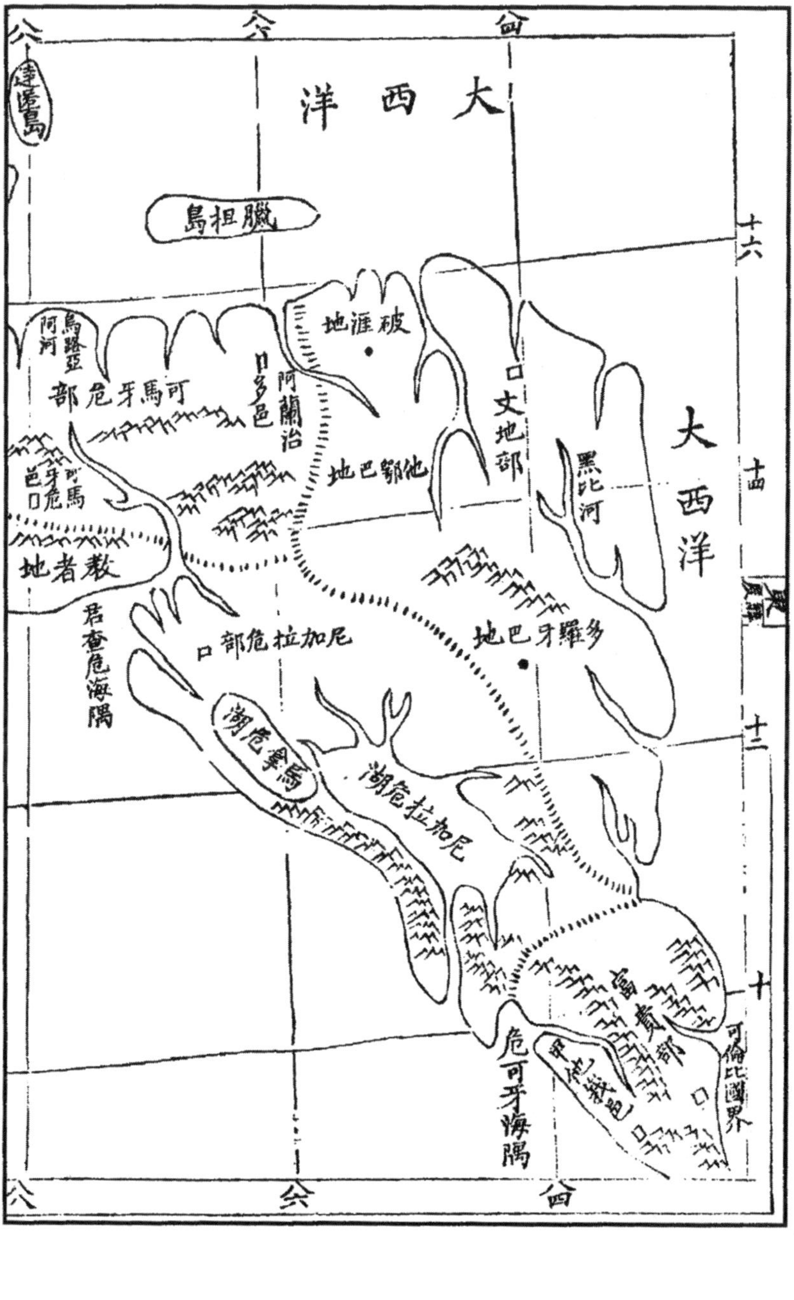
大西洋
臘担島
破涯地
可馬牙危部
阿蘭治
烏路亞
阿河
他鄂巴地
敎者地
文地部
黑比河
大西洋
多羅牙巴地
尼加拉危部口
君査危海隅
馬拿危湖
尼加拉危湖
富貴部
危可牙海隅
可倫比國界

과테말라 전도

대서양大西洋: 지금의 대서양Atlantic Ocean이다.

랍단도臘担島: 지금의 온두라스 로아탄섬Roatán Island이다.

흑비하黑比河: 지금의 코코강Coco River이다.

문지부文地部:지금의 온두라스 그라시아스아디오스주Gracias a Dios로 추정된다.

파애지破涯地: 지금의 온두라스 트루히요Trujillo로 추정된다.

아란치다읍阿蘭治多邑: 지금의 온두라스 올란치토Olanchito이다.

가마아위부可馬牙危部: 지금의 온두라스 코마야과주Comayagua이다.

오로아아하烏路亞阿河: 지금의 온두라스 울라강Río Ulúa이다.

가마아위읍可馬牙危邑: 지금의 온두라스 코마야과이다.

타악파지他鄂巴地: 지금의 온두라스 수도 테구시갈파Tegucigalpa로, 16세기에 건설되어 1880년에 온두라스의 수도가 되었다.

다라아파지多羅牙巴地: 지금의 니카라과 마타갈파Matagalpa이다.

니가랍위부尼加拉危部: 지금의 니카라과Nicaragua이다.

니가랍위호尼加拉危湖: 지금의 니카라과호Lago de Nicaragua이다.

마나위호馬拿危湖: 지금의 마나과호Lago de Managua이다.

위가아해우危可牙海隅: 지금의 니코야만Golfo de Nicoya이다.

부귀부富貴部: 지금의 코스타리카Costa Rica이다. 코스타리카는 스페인어로 '풍요로운 해안'을 뜻한다.

갑타아읍甲他峩邑: 지금의 온두라스 푸에르토코르테스Puerto Cortés이다.

가륜비국계可倫比國界: 콜롬비아 경계이다.

군사위해우君查危海隅: 지금의 폰세카만Golfo de Fonseca이다.

달닉도達匿島: 지금의 투르네페제도Turneffe Islands이다.

교자지부敎者地部: 지금의 엘살바도르El Salvador이다. 스페인어로 '구세주'를 뜻한다.

곡갑란읍谷甲蘭邑: 지금의 엘살바도르 산살바도르San Salvador이다.

영길리속지英吉利屬地: 영국 속지이다.

맥서국계麥西國界: 멕시코 경계이다.

손송나지부孫松拿地部: 지금의 엘살바도르 손소나테Sonsonate이다.

치귀모랍부治貴母拉部: 지금의 과테말라 치키물라Chiquimula이다.

훈토랍해우熏土拉海隅: 지금의 온두라스만Gulf of Honduras이다.

북정부北丁部: 지금의 과테말라 페텐주Petén이다.

성약서호聖約西湖: 지금의 과테말라 페텐주 페텐이트사호Lake Petén Itzá이다.

파리토하巴里土河: 지금의 벨리즈강Belize River이다.

마파닉읍摩巴匿邑: 지금의 과테말라 페텐주 플로레스Flores이다.

진태평부眞泰平部: 지금의 벨리즈Belize이다.

가란읍可蘭邑: 지금의 벨리즈 수도 벨모판Belmopan으로 추정된다.

악지하鄂地河: 지금의 온도강Hondo River이다.

감해우甘海隅: 지금의 아마티크만Amatique Bay이다.

소라랍부所羅拉部: 지금의 과테말라 솔롤라주Sololá이다.

살가지기부撒加地其部: 지금의 과테말라 사카테페케스주Sacatepéquez이다.

신위아지마랍도新危亞地馬拉都: 지금의 과테말라시티Guatemala City이다.

익귀음랍부益貴音拉部: 지금의 과테말라 에스쿠인틀라주Escuintla이다.

치말지남아부治末地南峩部: 지금의 과테말라 치말테낭고주Chimaltenango이다.

의남아부義南峩部: 지금의 과테말라 우에우에테낭고주Huehuetenango이다.

다니가반부多尼加班部: 지금의 과테말라 토토니카판주Totonicapán이다.

소지특비부蘇識特比部: 지금의 과테말라 수치테페케스주Suchitepéquez이다.

치파부治巴部: 지금의 멕시코 치아파스주Chiapas이다.

사성卸城: 지금의 멕시코 치아파스주 툭스틀라구티에레스Tuxtla Gutiérrez이다.

소가노가부所可奴可部: 지금의 멕시코 오악사카주Oaxaca이다.

대동양大東洋: 지금의 태평양Pacific Ocean이다.

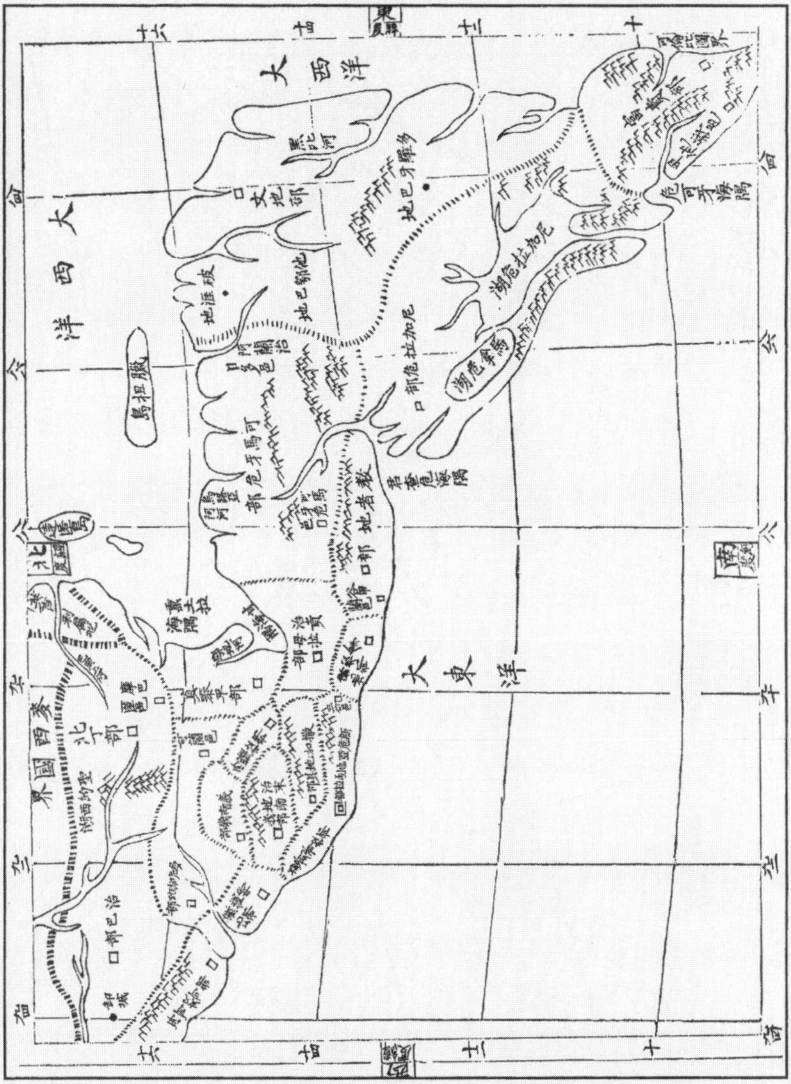
大西洋
大西洋
大東洋

北默利加內英俄二國屬地圖

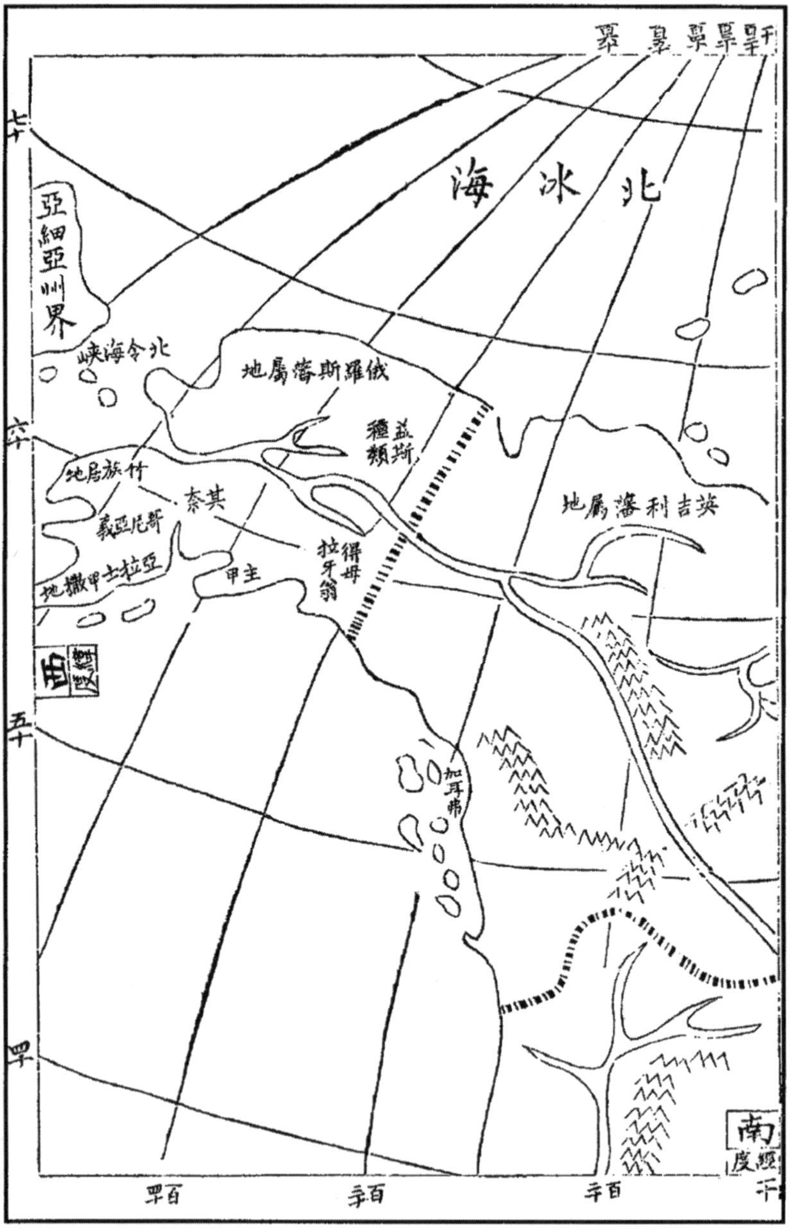

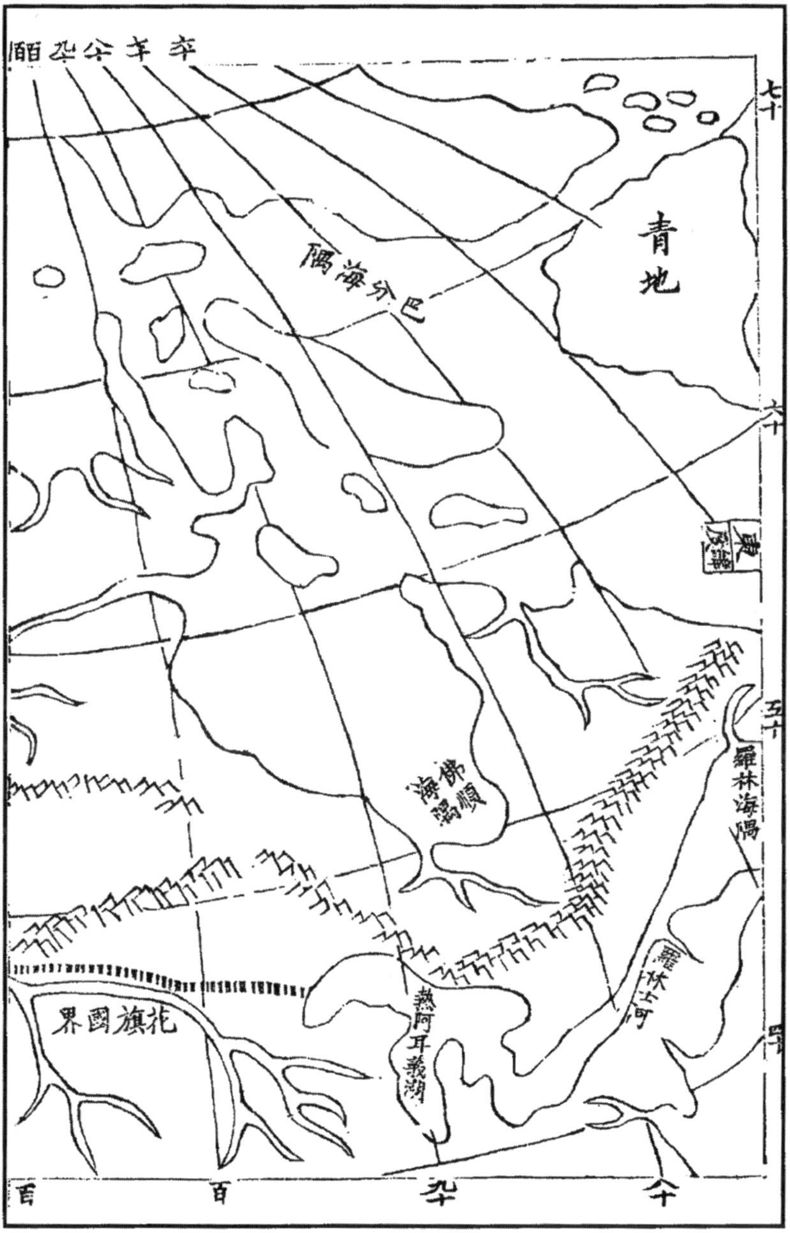

青地
巴分海隅
佛順海隅
羅林海隅
羅林士河
熱阿耳義湖
花旗國界

북아메리카 내 영국 및 러시아 식민지 지도

청지青地: 지금의 그린란드Greenland이다.

파분해우巴分海隅: 지금의 배핀만Baffin Bay이다.

불순해우佛順海寓: 지금의 허드슨만Hudson Bay이다.

라림해우羅林海隅: 지금의 세인트로렌스만Gulf of Saint Lawrence이다.

라림사하羅林士河: 지금의 세인트로렌스강Saint Lawrence River이다.

열아이의호熱阿耳義湖: 위치상 미시간호Lake Michigan인데, 조지호Lake George로 잘못 표기되어 있다.

화기국계花旗國界: 미국 경계이다.

북빙해北冰海: 지금의 북극해Arctic Ocean이다.

영길리번속지英吉利藩屬地: 영국 속지이다.

익사종류益斯種類: 에스키모인Esquimaux 거주지를 가리킨다.

득모랍아옹得母拉牙翁: 캐나다 로건산Mount Logan의 음역으로, 모득락아안母得洛牙安이라고도 한다.

가이불加耳弗: 지금의 뉴캘리포니아해안Coast of New California으로, 주로 보데가Bodega를 가리킨다.

아라사번속지俄羅斯藩屬地: 러시아 속지이다.

기내其奈: 지금의 알래스카 케나이반도Kenai Peninsula이다.

주갑主甲: 지금의 알래스카 밸디즈Valdez이다.

아세아주계亞細亞州界: 아시아 경계이다.

북령해협北令海峽: 지금의 베링해협Bering Strait이다.

죽족거지竹族居地: 지리적 위치를 고려해볼 때, 이누이트족Inuit 거주지로 추정된다.

가니아의哥尼亞義: 미국 알래스카주 알렉산더크릭Alexander Creek이다.

아랍사갑살지亞拉士甲撒地: 지금의 알래스카반도Alaska Peninsula이다.

亞默利加洲各島圖

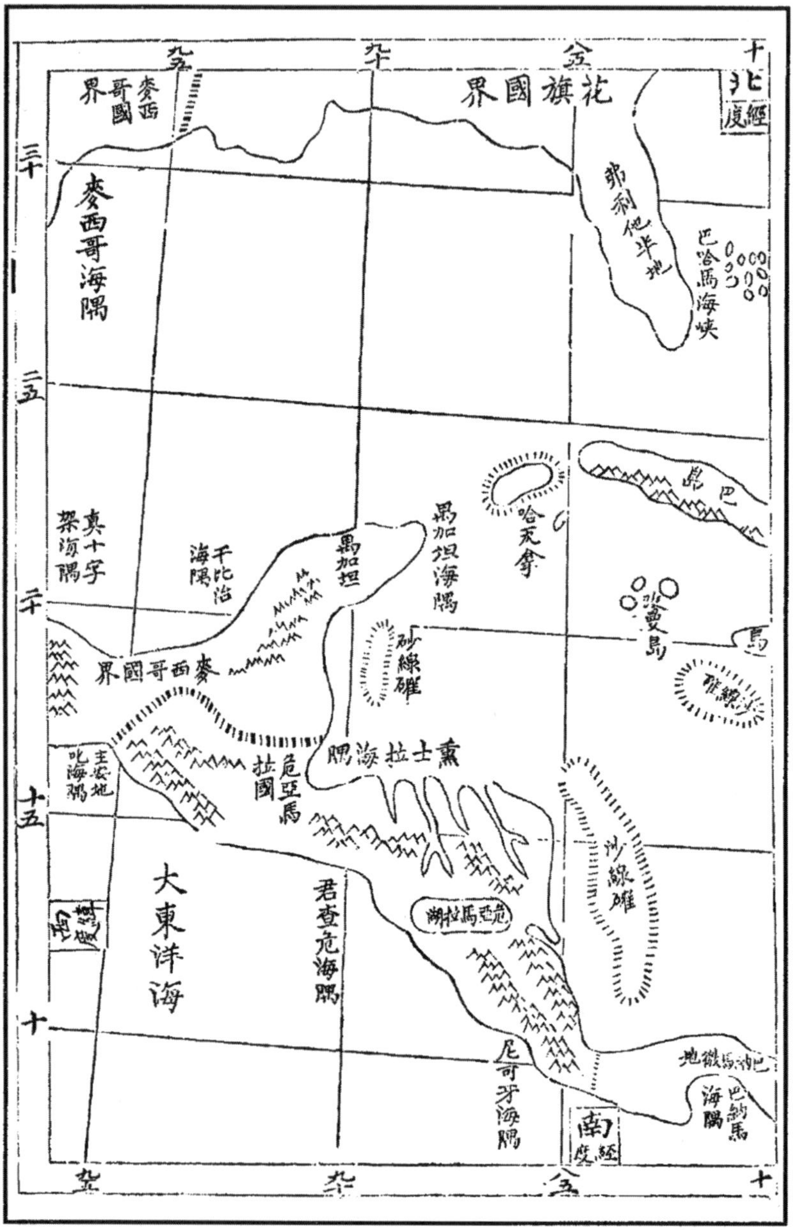

花旗國界
麥西哥國界
麥西哥海隅
弗利他半地
巴哈馬海峽
古巴島
哈瓦拿
真十字架海隅
千比治海隅
畧加担
畧加担海隅
砂線礁
麥西哥國界
薰士拉海隅
危亞馬拉國
主安地比海隅
大東洋海
君查危海隅
危亞馬拉湖
沙線礁
尼可牙海隅
巴納馬微地
巴納馬海隅
北經度
南經度

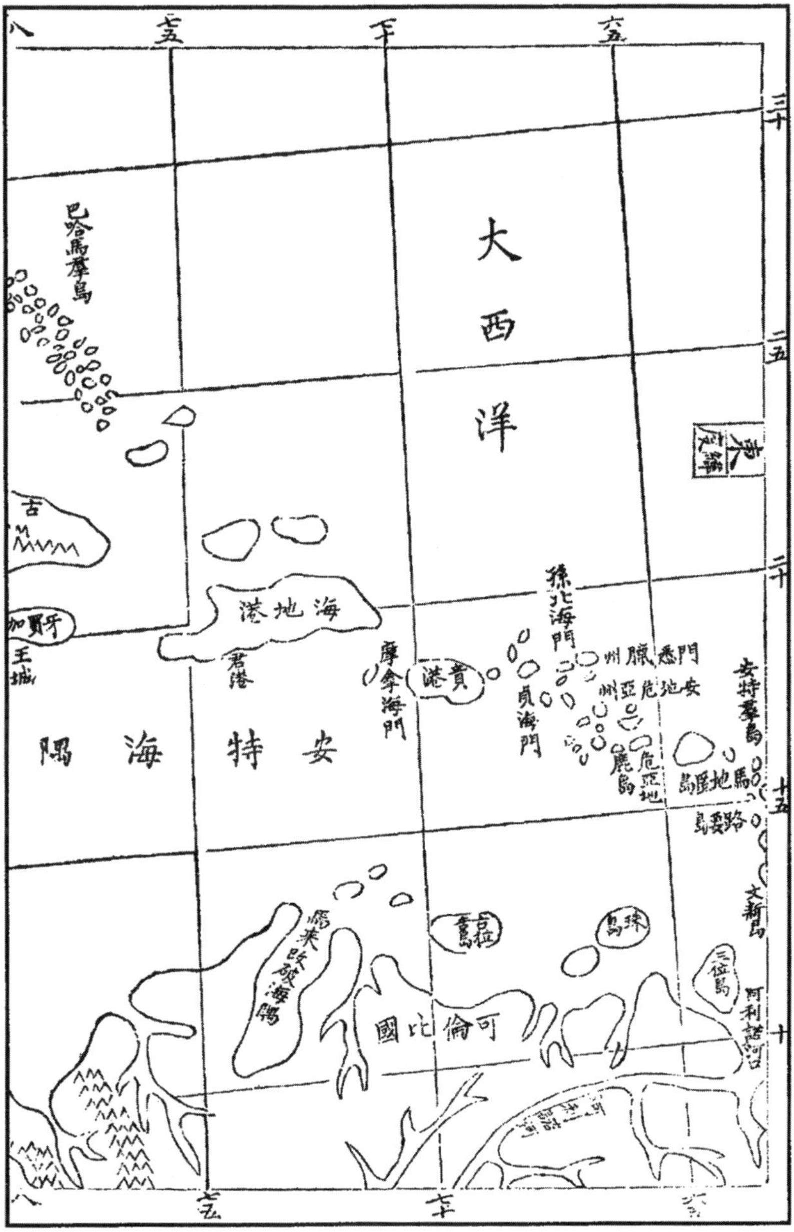
大西洋
巴哈馬摩島
海地港
安特海隅
摩拿海門
貴港
員海門
安特摩島
馬地匿島
路要島
文新島
三位島
可倫比國
阿利諾河口
古
王城
君港

아메리카 각 섬 지도

대서양大西洋: 지금의 대서양Atlantic Ocean이다.

안특군도安特羣島: 지금의 소앤틸리스제도Lesser Antilles Island이다.

문실랍주門悉臘州: 지금의 영국령 몬트세랫섬Montserrat Island이다.

안지위아주安地危亞州: 지금의 앤티가바부다 앤티가섬Antigua Island이다.

마지닉도馬地匿島: 지금의 프랑스령 마르티니크섬Martinique Island이다.

로요도路要島: 지금의 세인트루시아Saint Lucia이다.

문신도文新島: 지금의 세인트빈센트그레나딘 세인트빈센트섬Saint Vincent Island이다.

위아지록도危亞地鹿島: 지금의 프랑스령 과들루프섬Guadeloupe Island이다.

손북해문孫北海門: 지금의 솜브레로해협Sombrero Channel이다.

정해문貞海門: 지금의 영국령 버진아일랜드 동남쪽의 아네가다해협Anegada Passage이다.

아리락하구阿利諾河口: 지금의 베네수엘라 오리노코강 삼각주Delta del Orinoco 이다.

아리락하阿利諾河: 지금의 오리노코강Orinoco River이다.

삼위도三位島: 지금의 트리니다드토바고 트리니다드섬Island of Trinidad이다.

주도珠島: 지금의 베네수엘라 마르가리타섬Margarita Island이다.

고랍고도古拉告島: 지금의 퀴라소Curaçao이다.

가륜비국可倫比國: 지금의 콜롬비아Colombia이다.

마래개파해우馬來改破海隅: 지금의 베네수엘라만Golfo de Venezuela이다. 코키바코아만Golfo de Coquivacoa, 마라카이보만Golfo de Maracaibo이라고도 한다.

안특해우安特海隅: 지금의 카리브해Caribbean Sea이다.

귀항貴港: 지금의 미국령 푸에르토리코Puerto Rico이다.

마나해문摩拿海門: 지금의 모나해협Can de la Mona이다.

해지항海地港: 지금의 히스파니올라섬Hispaniola이다.

군항君港: 지금의 아이티 수도 포르토프랭스Port-au-Prince이다.

아매가도牙買加島: 지금의 자메이카Jamaica이다.

왕성王城: 지금의 자메이카 수도 킹스턴Kingston이다.

고파도古巴島: 지금의 쿠바Cuba이다.

파합마군도巴哈馬羣島: 지금의 바하마제도Bahamas이다.

파합마해협巴哈馬海峽: 지금의 바하마해협Straits of Bahamas이다.

불리타반지弗利他半地: 지금의 플로리다반도Florida Peninsula이다.

화기국계花旗國界: 미국 경계이다.

합와나哈瓦拿: 지금의 쿠바 수도 아바나Habana이다.

개만도改曼島: 지금의 영국령 케이맨제도Cayman Islands이다.

사선확沙線確: 모래톱 지역이다.

우가탄해우禹加坦海隅: 지금의 유카탄해협Canal de Yucatan이다.

우가탄禹加坦: 지금의 유카탄반도Yucatán Peninsula이다.

파납마미지巴納馬微地: 지금의 파나마지협Isthmas of Panama이다.

파납마해우巴納馬海隅: 지금의 파나마만Golfo De Panamá이다.

니가아해우尼可牙海隅: 지금의 니코야만Golfo de Nicoya이다.

위아마랍호危亞馬拉湖: 위치상 니카라과호Lago de Nicaragua가 맞다.

군사위해우君查危海隅: 지금의 폰세카만Golfo de Fonseca이다.

위아마랍국危亞馬拉國: 지금의 과테말라Guatemala이다.

훈사랍해우熏士拉海隅: 지금의 온두라스만Gulf of Honduras이다.

간비치해우干比治海隅: 지금의 캄페체만Golfo de Campeche이다.

맥서가국계麥西哥國界: 멕시코 경계이다.

맥서가해우麥西哥海隅: 지금의 멕시코만Gulf of Mexico이다.

진십자가해우眞十字架海隅: 지금의 베라크루스만Golfo de Veracruz이다.

주안지질해우主安地叱海隅: 지금의 테우안테펙만Golfo de Tehuantepec이다.

대동양해大東洋海: 지금의 태평양Pacific Ocean이다.

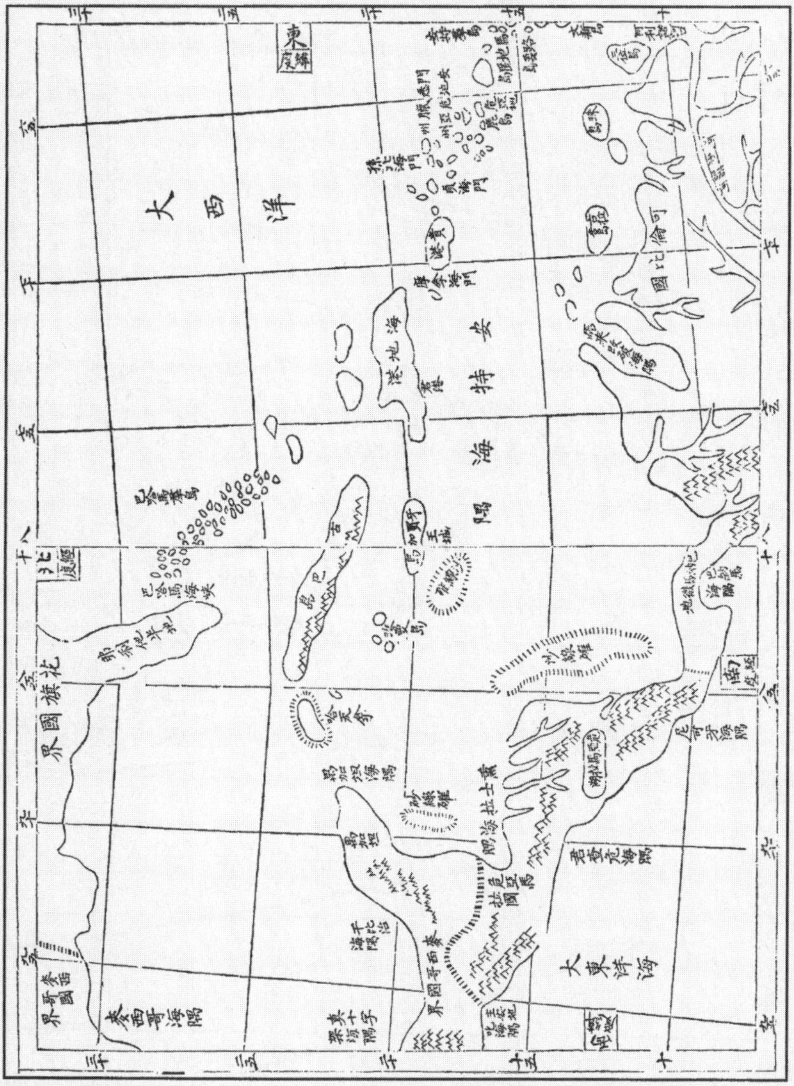

南亞默利加洲全圖

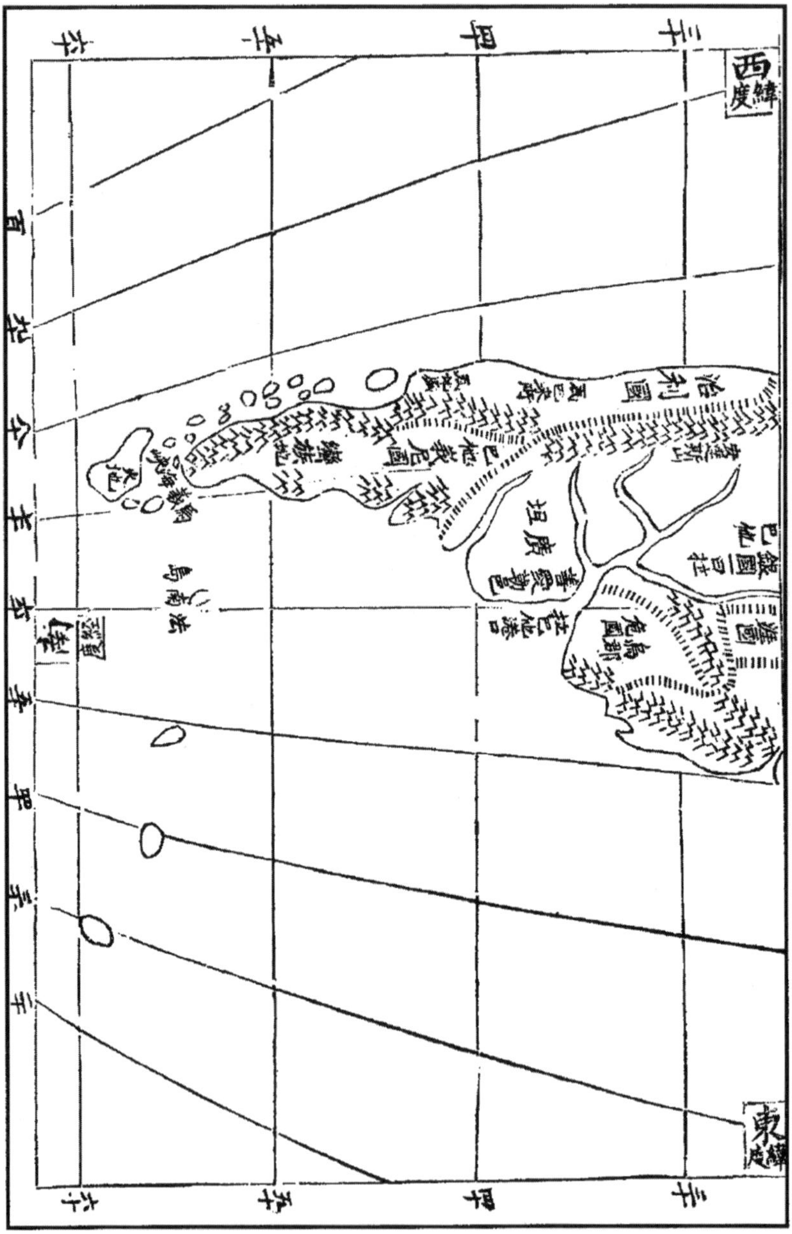

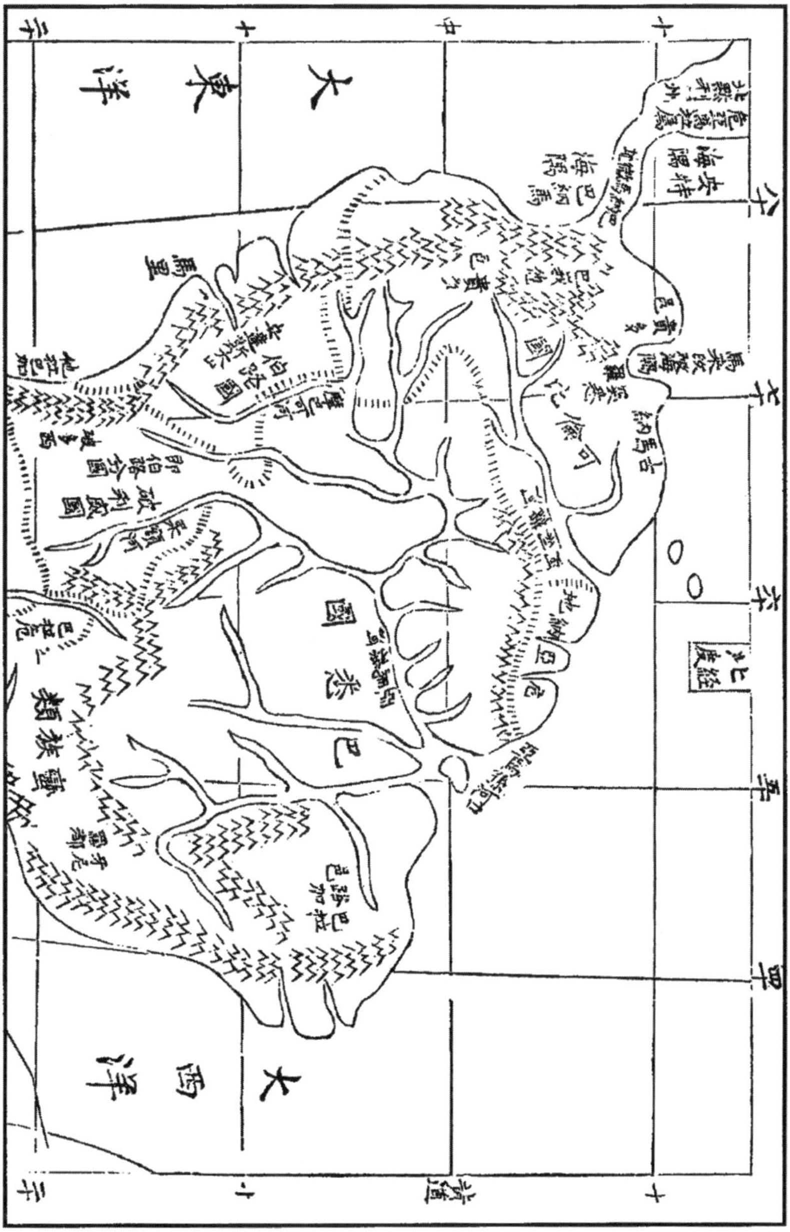
大東洋
大西洋

남아메리카 전도

대서양大西洋: 지금의 대서양Atlantic Ocean이다.

대동양大東洋: 지금의 태평양Pacific Ocean이다.

귀다읍貴多邑: 지금의 콜롬비아 키브도Quibdó이다.

마래개파해우馬來改破海隅: 지금의 베네수엘라만Golfo de Venezuela이다.

파아타巴峩他: 지금의 콜롬비아 보고타Bogotá이다.

가륜비국可倫比國: 지금의 콜롬비아Colombia이다.

아리락하亞利諾河: 지금의 오리노코강Orinoco River이다.

돌실라突悉羅: 지금의 베네수엘라 트루히요Trujillo이다.

고마납古馬納: 지금의 베네수엘라 쿠마나Cumaná이다.

위아납지危亞納地: 지금의 가이아나Guyana이다.

파실국巴悉國: 지금의 브라질Brazil이다.

아마손하亞馬孫河: 지금의 아마존강Amazonas River이다.

아마손하구亞馬孫河口: 지금의 아마존강 하구이다.

파랍로가읍巴拉路加邑: 지금의 브라질 헤시피Recife로 추정된다.

아니라도牙尼羅都: 지금의 브라질 리우데자네이루Rio de Janeiro이다.

만족류蠻族類: 아메리카 원주민 거주지를 가리킨다.

파랍위애국巴拉危涯國: 지금의 파라과이Paraguay이다.

과액하果額河: 지금의 마데이라강Madeira River으로 추정된다.

파리위국破利威國: 지금의 볼리비아Bolivia로, 바로 페루의 분국이다.

파다서破多西: 지금의 볼리비아 포토시Potosí이다.

마파가하摩巴可河: 지금의 우카얄리강Ucayali River으로 추정된다.

백로국伯路國: 지금의 페루Peru이다.

안달사대산安達斯大山: 지금의 안데스산맥Andes Mountains이다.

마리馬里: 지금의 페루 수도 리마Lima이다.

타랍파가他拉巴加: 지금의 칠레 타라파카주Tarapacá이다.

안특해우安特海隅: 지금의 카리브해Caribbean Sea이다.

위아마랍속북묵리가주危亞馬拉屬北默利加州: 과테말라는 북아메리카에 위치한다.

파납마미지巴拿馬微地: 지금의 파나마지협Isthmus of Panama이다.

파납마해우巴納馬海隅: 지금의 파나마만Golfo De Panamá이다.

치리국治利國: 지금의 칠레Chile이다.

와파래소瓦巴來所: 지금의 칠레 발파라이소Valparaíso이다.

와지위瓦地威: 지금의 칠레 발디비아Valdivia이다.

은국銀國: 지금의 아르헨티나Argentina로, 랍파타拉巴他라고도 한다.

오군위국烏郡危國: 지금의 우루과이Uruguay이다.

랍파타항구拉巴他港口: 지금의 아르헨티나 라플라타항Port of La Plata이다.

선애륵읍善愛勒邑: 지금의 아르헨티나 수도 부에노스아이레스Buenos Aires이다.

광탄廣坦: 대평원이다.

파타아니巴他峩尼: 파타고니아Patagonia로, 남아메리카의 최남부를 포함한 지리적 영역이다.

만족지蠻族地: 테우엘체족Tehuelche 거주지이다. 테우엘체족은 파타고니아인이라고도 한다.

마의해협馬義海峽: 지금의 마젤란해협Estrecho de Magallanes이다.

화지火地: 지금의 티에라델푸에고섬Tierra del Fuego Island이다.

법남도法南島: 지금의 영국령 포클랜드제도Falkland Islands이다.

可倫比國全圖

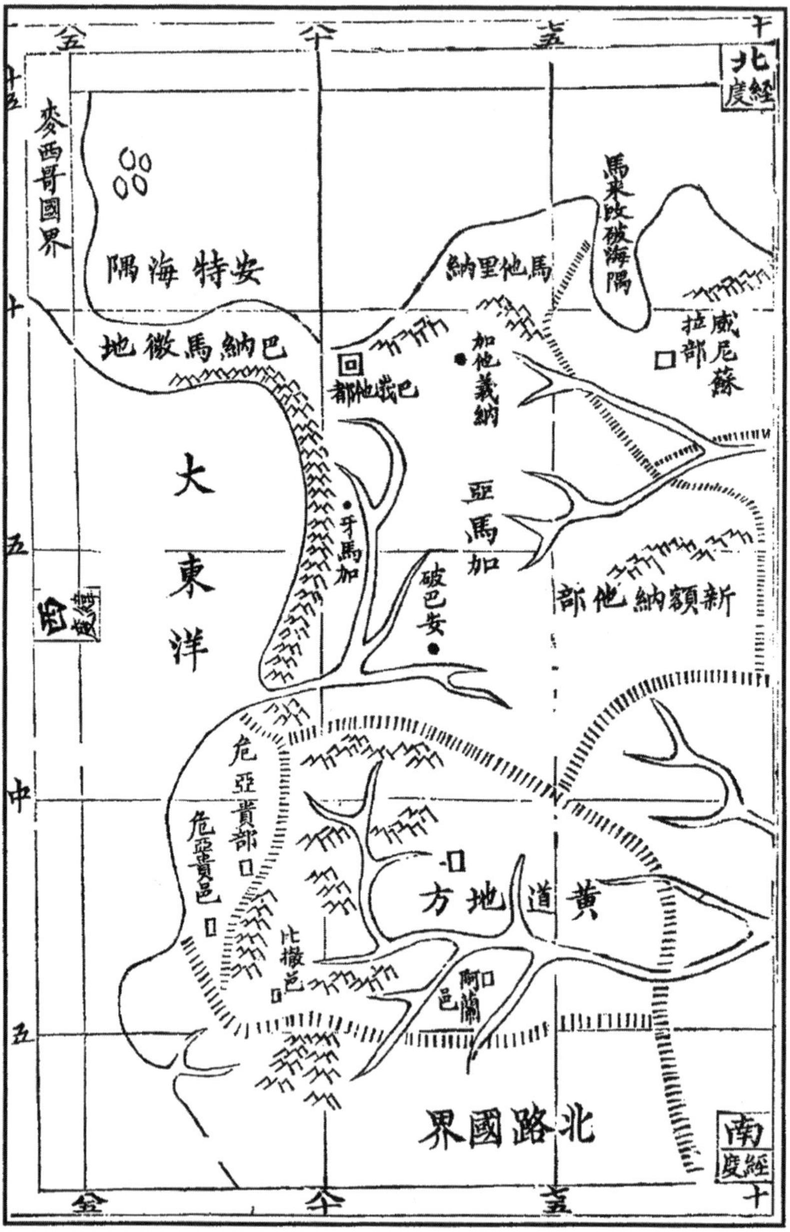
北經度
麥西哥國界
安特海隅
馬他里納
馬米哎破海隅
巴納馬徵地
加他義納
威尼蘇拉部
大東洋
亞馬加
牙馬加
破巴安
新額納他部
危亞貴部
危亞貴邑
黃道地方
比撒邑
阿蘭邑
北路國界
南經度

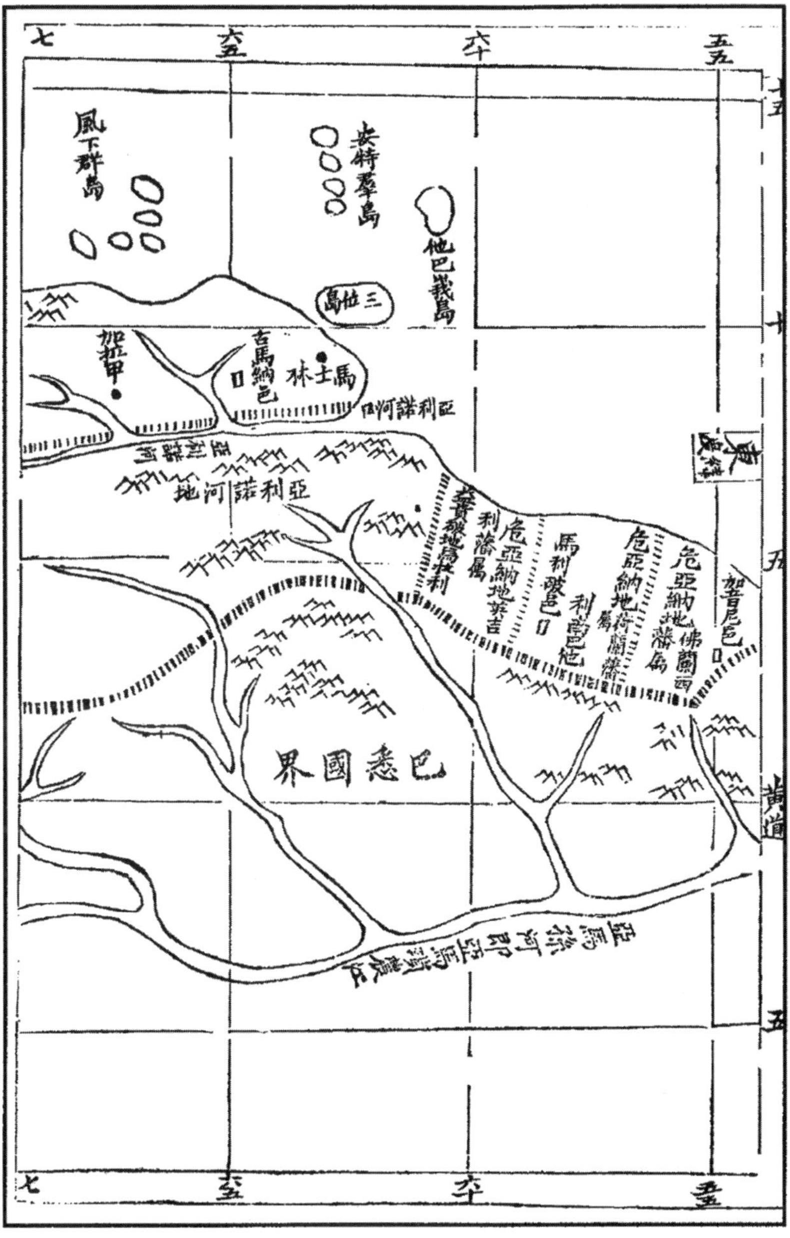

七
風下群島
安特羣島
他巴義島
三位島
加拉甲
馬士林
亞利諾河
亞利諾河地
巴悉國界

콜롬비아 전도

타파아도他巴峩島: 지금의 트리니다드토바고 트리니다드섬Island of Trinidad이다.

안특군도安特羣島: 지금의 소앤틸리스제도Lesser Antilles Islands이다.

풍하군도風下羣島: 지금의 윈드워드제도Windward Islands이다.

삼위도三位島: 지금의 트리니다드토바고 토바고섬Tobago Island이다.

가음니읍加音尼邑: 지금의 프랑스령 기아나 수도 카옌Cayenne이다.

위아납지危亞納地: 프랑스령 기아나French Guiana이다.

리남파타마리파읍利南巴他馬利破邑: 지금의 수리남 수도 파라마리보Paramaribo이다.

위아납지危亞納地: 네덜란드령 기아나Nederlands Guiana이다.

익귀파지마랍리益貴破地馬拉利: 가이아나Guyana 에세키보주Essequibo와 데메라라주Demerara로 추정된다.

위아납지危亞納地: 영국령 기아나British Guiana이다.

파실국계巴悉國界: 브라질 경계이다.

아마손하亞馬孫河: 지금의 아마존강Amazonas이다.

아리락하亞利諾河: 지금의 오리노코강Orinoco River이다.

마사림馬士林: 지금의 베네수엘라 마투린Maturín이다.

고마납읍古馬納邑: 지금의 베네수엘라 쿠마나Cumaná이다.

가랍갑加拉甲: 지금의 베네수엘라 수도 카라카스Caracas이다.

위니소랍부威尼蘇拉部: 지금의 베네수엘라Venezuela이다.

마래개파해우馬來改破海隅: 지금의 베네수엘라만Golfo de Venezuela이다.

마타리납馬他里納: 지금의 콜롬비아 마그달레나주Magdalena이다.

가타의납加他義納: 지금의 콜롬비아 카르타헤나Cartagena로, 위치가 잘못 표기되어 있다.

파아타도巴峩他都: 지금의 콜롬비아 수도 보고타Bogota이다.

아마가亞馬加: 쿤디나마르카Cundinamarca로, 인디언Indian 왕국의 옛 명칭이다.

아마가牙馬加: 당시의 콜롬비아 쿤디나마르카주를 가리킨다.

파파안破巴安: 지금의 콜롬비아 포파얀Popayán이다.

신액납타부新額納他部: 뉴그라나다New Granada로, 그란콜롬비아Gran Colombia가 해체된 이후 설립된 연방공화국이며, 오늘날 콜롬비아의 전신이다.

황도지방黃道地方: 지금의 에콰도르Ecuador로, 적도를 뜻한다.

위아귀읍危亞貴邑: 지금의 에콰도르 과야킬Guayaquil이다.

위아귀부危亞貴部: 지금의 에콰도르 과야스주Guayas이다.

비살읍比撒邑: 지금의 에콰도르 로하Loja로 추정된다.

아란읍阿蘭邑: 지금의 에콰도르 사모라Zamora로 추정된다.

북로국계北路國界: 페루 경계이다.

안특해우安特海隅: 지금의 카리브해Caribbean Sea이다.

파납마미지巴拿馬微地: 지금의 파나마지협Isthmus of Panama이다.

맥서가국계麥西哥國界: 멕시코 경계이다.

대동양大東洋: 지금의 태평양Pacific Ocean이다.

巴悉國圖

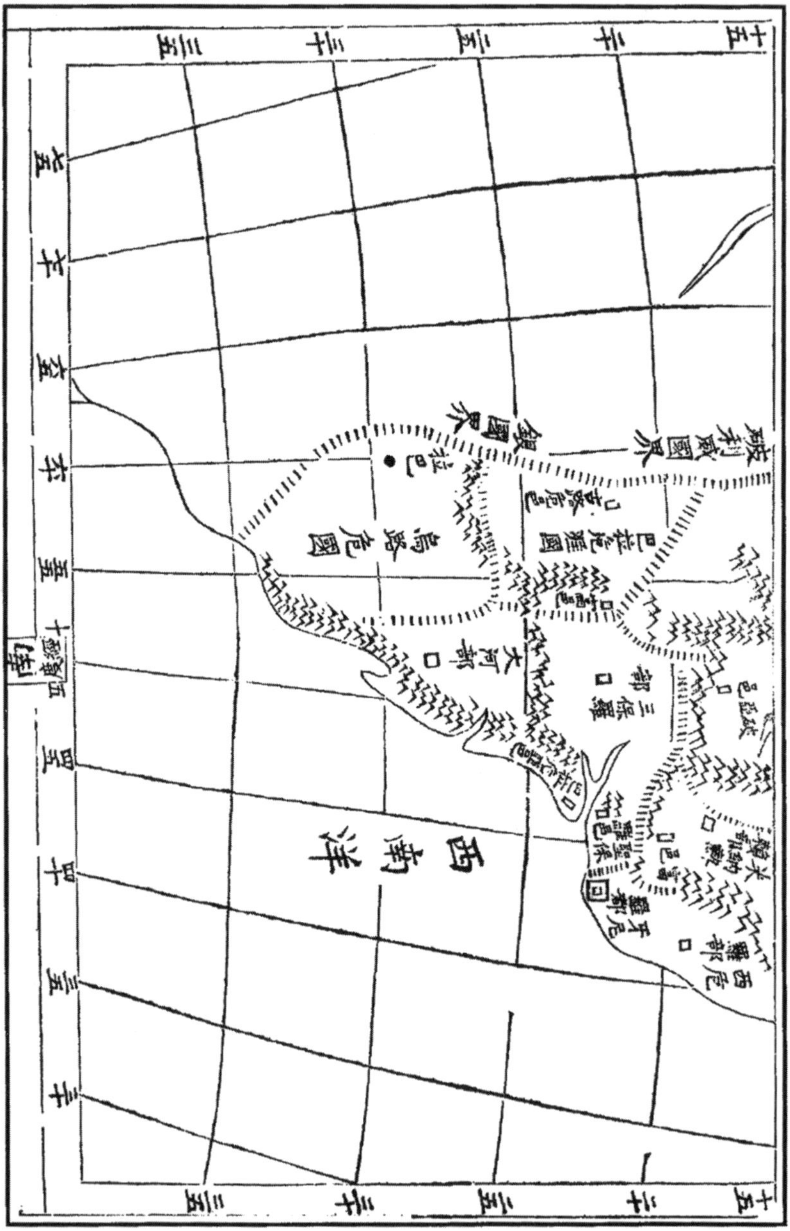

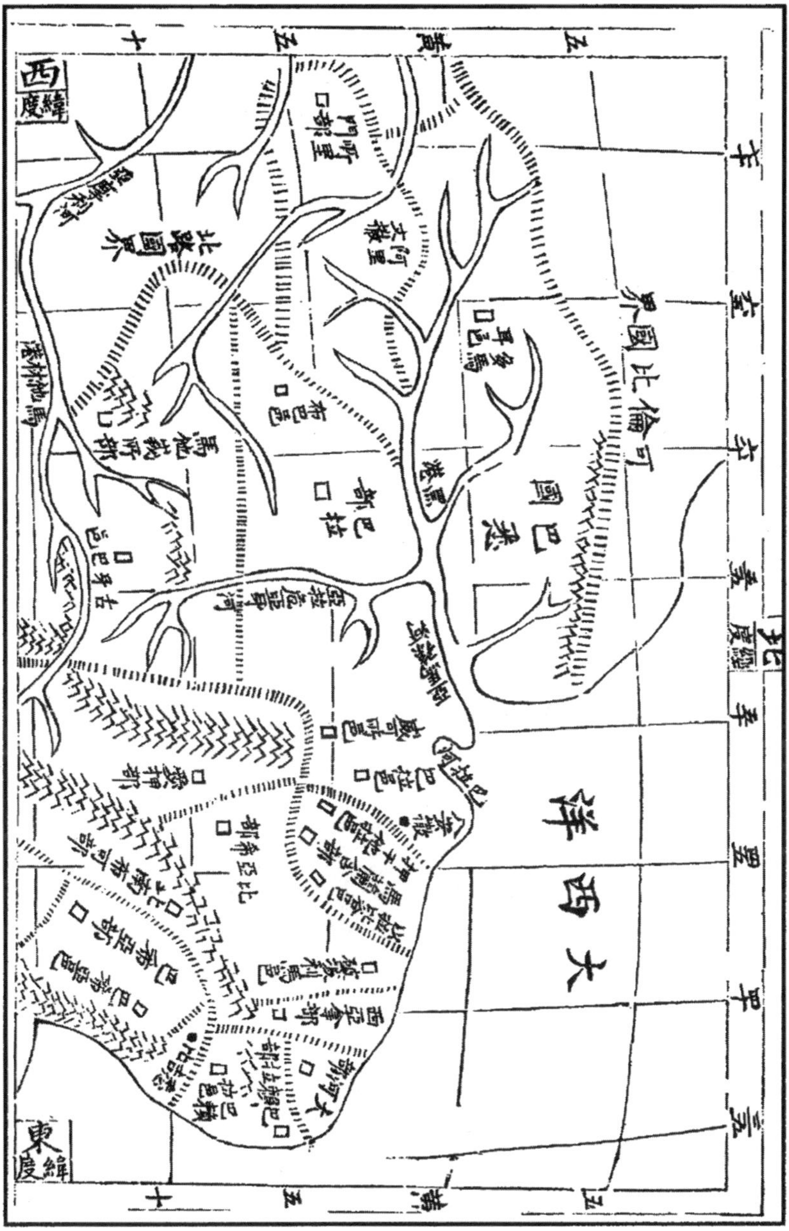
大西洋
可倫比國界

브라질 지도

가륜비국계可倫比國界: 콜롬비아 경계이다.

대서양大西洋: 지금의 대서양Atlantic Ocean이다.

파실국巴悉國: 지금의 브라질Brazil이다.

대하부大河部: 지금의 브라질 히우그란지두노르치주Rio Grande do Norte이다.

파뢰랍부巴賴拉部: 지금의 브라질 파라이바주Paraíba이다.

파뢰랍읍巴賴拉邑: 지금의 브라질 주앙페소아João Pessoa이다.

실길비悉吉比: 지금의 브라질 세르지피주Sergipe이다.

파희아부巴希亞部: 지금의 브라질 바이아주Bahia이다.

파희아읍巴希亞邑: 지금의 브라질 사우바도르Salvador이다.

북남포가부北南布可部: 지금의 브라질 페르남부쿠주Pernambuco이다.

비아희부比亞希部: 지금의 브라질 피아우이주Piauí이다.

서아나부西亞拿部: 지금의 브라질 세아라주Ceará이다.

파파리마읍破波利馬邑: 지금의 브라질 북동부 테레지나Teresina이다.

마란함부馬蘭含部: 지금의 브라질 마라냥주Maranhão이다.

압간타랍읍押干他拉邑: 지금의 브라질 알칸타라Alcântara이다.

이랍비곡읍以拉比谷邑: 지금의 브라질 상루이스São Luís로 추정된다.

파랍부巴拉部: 지금의 브라질 파라주Pará이다.

파랍하巴拉河: 지금의 브라질 파라강Pará River이다.

팔안살八安撒: 지금의 브라질 브라간사Bragança이다.

파랍읍巴拉邑: 지금의 브라질 벨렝Belém이다.

위가소읍危可所邑: 지금의 브라질 비소자Vila Viçosa이다.

아마손하亞馬孫河: 지금의 아마존강Amazonas River이다.

흑항黑港: 지금의 네그루강Negro River으로, 브라질 북부를 흐르는 아마존강 지류의 하천이다.

아랍위아아하亞拉危亞牙河: 지금의 아라과이아강Araguaia River이다.

포파읍布巴邑: 지금의 브라질 보르바Borba이다.

다마이읍多馬耳邑: 지금의 브라질 토마르Tomar이다.

소리문부所里門部: 브라질 솔리모스주Solimões로, 지금의 아마조나스주 Amazonas이다.

아리문살阿里文撒: 지금의 브라질 올리벤사Olivença이다.

북로국계北路國界: 페루 경계이다.

아마리하亞摩利河: 지금의 과포레강Guaporé River이다.

마타림항馬他林港: 지금의 브라질 마투그로수Mato Grosso이다.

마타아소부馬他峩所部: 지금의 브라질 마투그로수주이다.

고아파읍古牙巴邑: 지금의 브라질 쿠이아바Cuiabá이다.

애압부愛押部: 지금의 브라질 고이아스주Goiás이다.

파아읍破亞邑: 지금의 브라질 빌라보아Vila Boa이다.

미납열뢰부米納熱賴部: 지금의 브라질 미나스제라이스주Minas Gerais이다.

부읍富邑: 브라질 빌라리카Vila Rica로, 지금의 오루프레투Ouro Preto이다.

서위라부西危羅部: 지금의 브라질 리우데자네이루주Rio de Janeiro이다.

아니라도牙尼羅都: 지금의 브라질 리우데자네이루이다. 옛 수도였는데, 1960년에 브라질리아Brasília로 천도했다.

성보라읍聖保羅邑: 지금의 브라질 상파울루São Paulo이다.

삼보라부三保羅部: 지금의 브라질 상파울루주이다.

파랍위아읍巴拉危亞邑: 지금의 브라질 파라나구아Paranaguá이다.

파랍위애국巴拉危涯國: 지금의 파라과이Paraguay이다.

부읍富邑: 지금의 파라과이 빌라리카Villarrica이다.

고로위읍古路危邑: 지금의 파라과이 쿠루과티Curuguaty이다.

파리위국계破利威國界: 볼리비아 경계이다.

은국계銀國界: 아르헨티나 경계이다.

대하부大河部: 지금의 브라질 히우그란지두술주Rio Grande do Sul이다.

오로위국烏路危國: 지금의 우루과이Uruguay이다.

랍파拉巴: 지금의 우루과이 리오네그로주Río Negro로 추정된다.

서남양西南洋: 지금의 대서양이다.

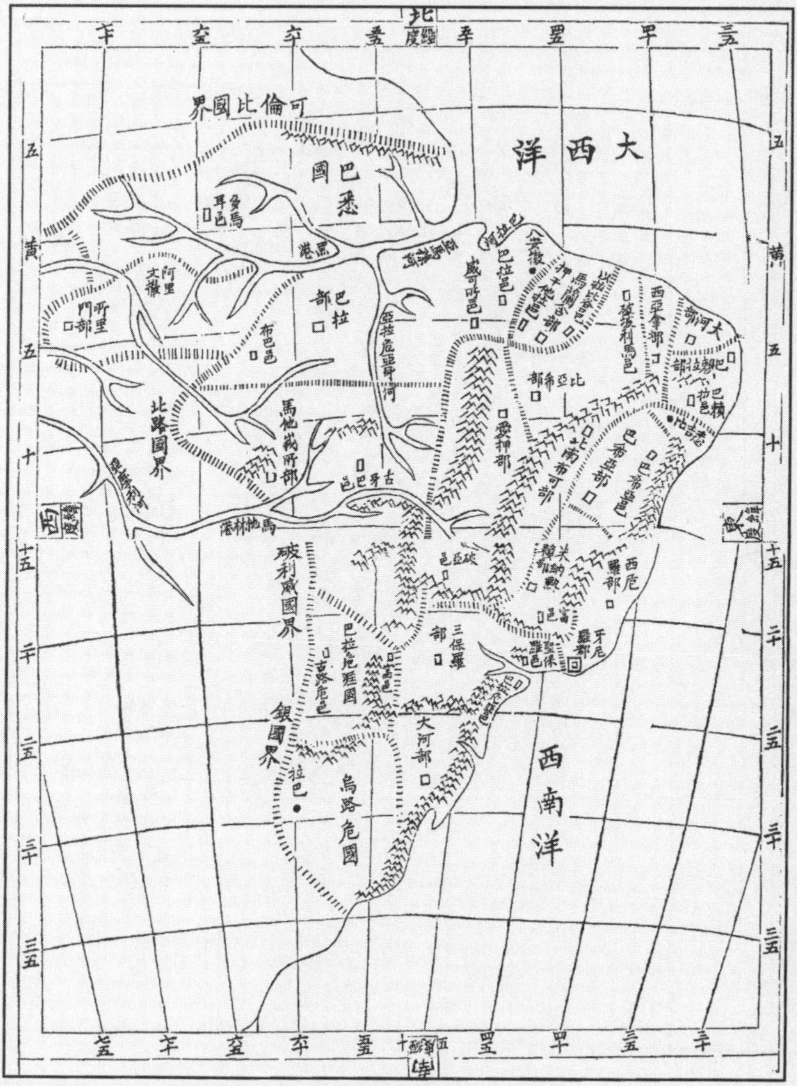
北
可倫比國界
大西洋
巴悉國
巴拉部
北路國界
馬林地港
破利威國界
三保羅部
大河部
銀國界
烏路危國
西南洋
南

北路破利威兩國圖

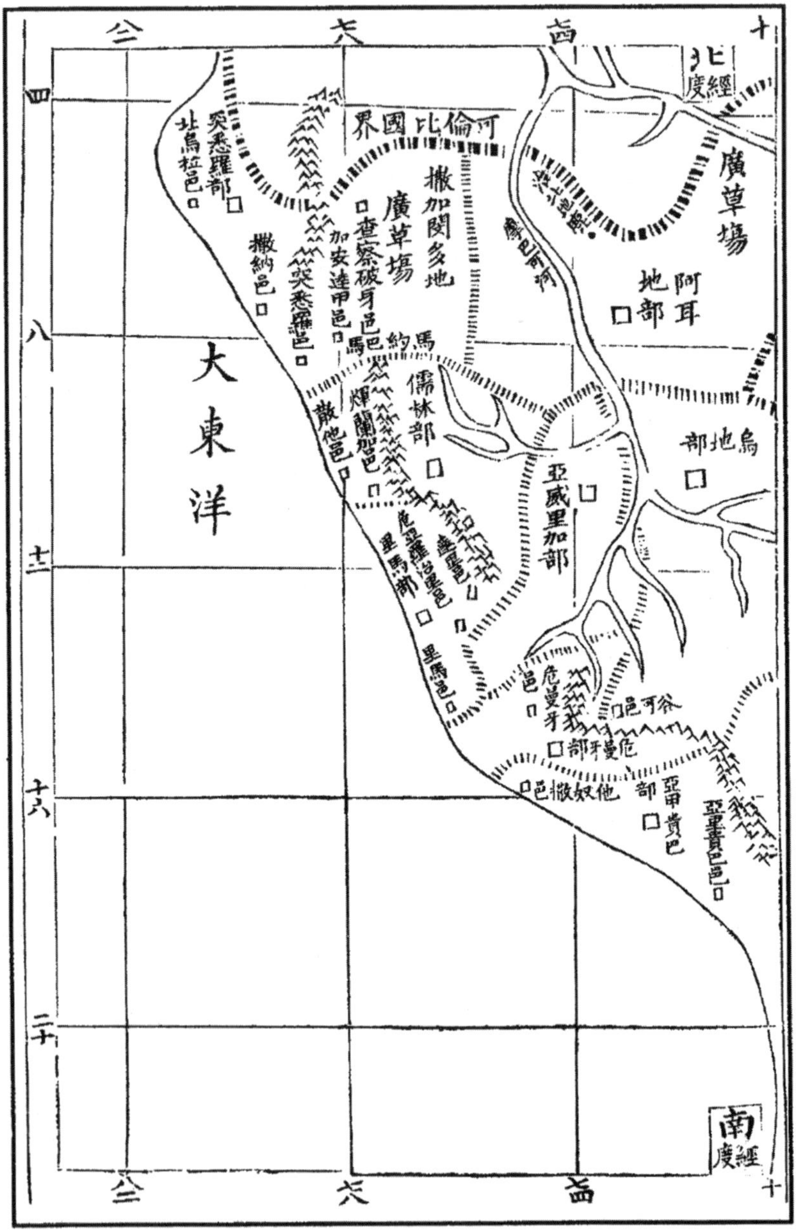

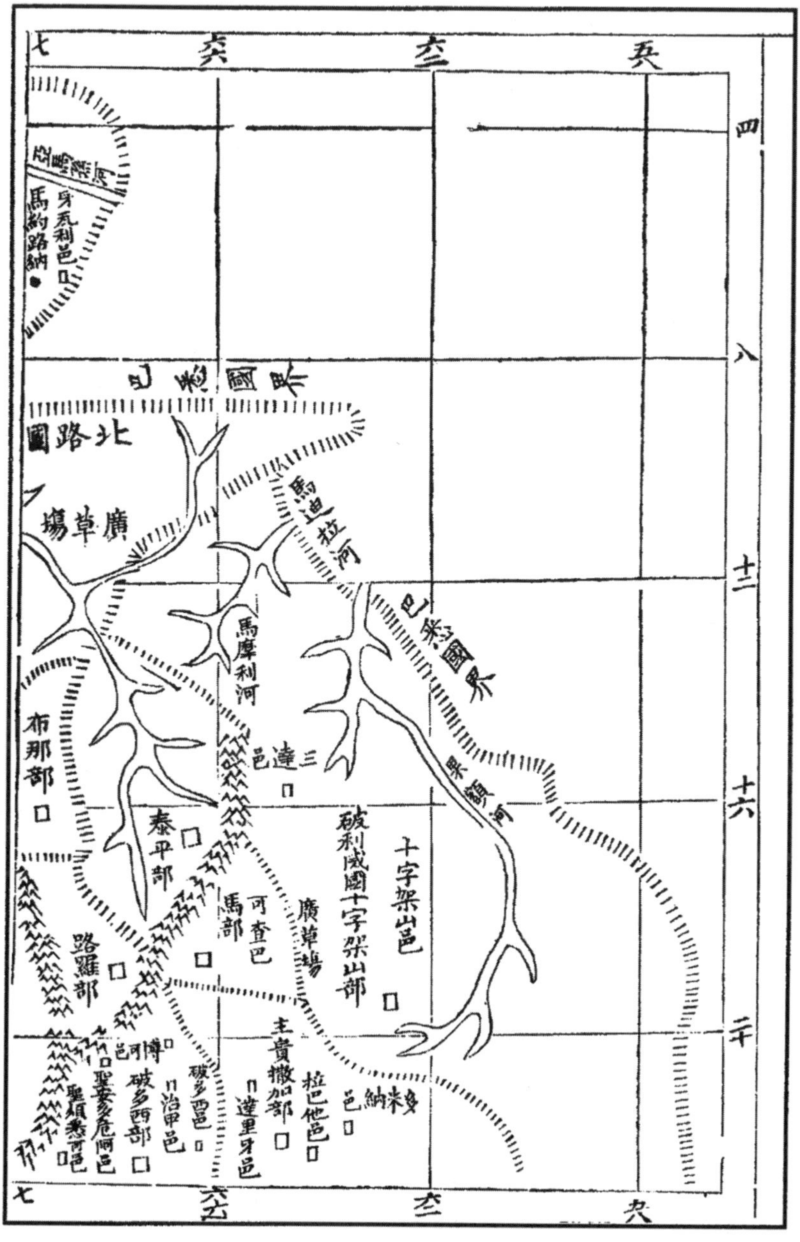
北路圖
廣草場
馬迪拉河
馬摩利河
三達邑
布那部
泰平部
破利威國十字架山部
十字架山邑
路羅部
馬部
可查邑
廣草場
多納邑
拉巴他邑
達里牙邑
破多西部
馬約路納
牙瓦利邑
四
八
十二
十六
二十
七

페루·볼리비아 양국 지도

아마손하亞馬孫河: 지금의 아마존강Amazonas River이다.

아와리읍牙瓦利邑: 지금의 페루 이키토스Iquitos이다.

마약로납馬約路納: 지금의 페루 마이나스Maynas이다.

파실국계巴悉國界: 브라질 경계이다.

북로국北路國: 지금의 페루Peru이다.

광초장廣草場: 대평원이다.

마적랍하馬迪拉河: 지금의 마데이라강Madeira River이다.

마마리하馬摩利河: 지금의 마모레강Mamoré River이다.

삼달읍三達邑: 지금의 볼리비아 트리니다드Trinidad이다.

과액하果額河: 지금의 과포레강Guaporé River이다.

파리위국십자가산부破利威國十字架山部: 지금의 볼리비아 산타크루스주Santa Cruz이다.

십자가산읍十字架山邑: 지금의 볼리비아 산타크루스이다.

가사파마부可查巴馬部: 지금의 볼리비아 코차밤바주Cochabamba이다.

소평부素平部: 지금의 볼리비아 라파스주La Paz이다.

포나부布那部: 지금의 페루 푸노주Puno이다.

로라부路羅部: 지금의 볼리비아 오루로주Oruro이다.

파다서부破多西部: 지금의 볼리비아 포토시주Potosí이다.

파다서읍破多西邑: 지금의 볼리비아 포토시이다.

치갑읍治甲邑: 지금의 볼리비아 치카시카Chicasica이다.

박가읍博可邑: 지도상에는 표시되어 있으나, 현재 어떤 지역을 가리키는지는 미상이다.

성안다위아읍聖安多危阿邑: 지금의 볼리비아 산안토니오San Antonio로 추정된다.
성번실가읍聖煩悉可邑: 지금의 볼리비아 산타루치아Santa Lucia로 추정된다.
주귀살가부主貴撒加部: 지금의 볼리비아 추키사카주Chuquisaca이다.
랍파타읍拉巴他邑: 지금의 볼리비아 수크레Sucre이다.
다미납읍多米納邑: 지금의 볼리비아 타라부코Tarabuco로 추정된다.
달리아읍達里牙邑: 지금의 볼리비아 타리하Tarija이다.
가륜비국계可倫比國界: 콜롬비아 경계이다.
돌실라부突悉羅部: 페루 트루히요주Trujillo로, 지금의 라리베르타드주La Libertad이다.
북오랍읍北烏拉邑: 지금의 페루 피우라Piura이다.
살납읍撒納邑: 지금의 페루 상나Sanna이다.
돌실라읍突悉羅邑: 지금의 페루 트루히요이다.
가안달갑읍加安達甲邑: 지금의 페루 카하마르카Cajamarca이다.
사찰파아읍查察破牙邑: 지금의 페루 차차포야스Chachapoyas이다.
마약파마馬約巴馬: 지금의 페루 모요밤바Moyobamba이다.
살가민다지撒加閔多地: 페루 셀바Selva 지역이다.
마파가하摩巴可河: 지금의 우카얄리강Ucayali River으로 추정된다.
치북지록治北地鹿: 지도상에는 표시되어 있으나, 현재 어떤 지역을 가리키는지는 미상이다.
아이지부阿耳地部: 지금의 페루 로레토주Loreto이다.
유림부儒林部: 지금의 페루 후닌주Junín이다.
휘란가읍煇蘭加邑: 지금의 페루 우앙카요Huancayo이다.
산타읍散他邑: 지금의 페루 침보테Chimbote이다.

아위리가부亞威里加部: 지금의 페루 우아누코주Huánuco이다.

오지부烏地部: 지금의 페루 우카얄리주Ucayali이다.

리마부里馬部: 지금의 페루 리마주Lima이다.

리마읍里馬邑: 지금의 페루 수도 리마이다.

달리읍達里邑: 지금의 페루 우아누코로 추정된다.

위아라치리읍危亞羅治里邑: 지금의 페루 우아초Huacho이다.

위만아부危曼牙部: 페루 과망가주Guamanga로, 지금의 아야쿠초주Ayacucho이다.

위만아읍危曼牙邑: 지금의 페루 과망가이다.

곡가읍谷可邑: 지금의 페루 쿠스코Cuzco이다.

아리귀파부亞里貴巴部: 지금의 페루 아레키파주Arequipa이다.

아리귀파읍亞里貴巴邑: 지금의 페루 아레키파이다.

타노살읍他奴撒邑: 지금의 페루 샬라Chala이다.

대동양大東洋: 지금의 태평양Pacific Ocean이다.

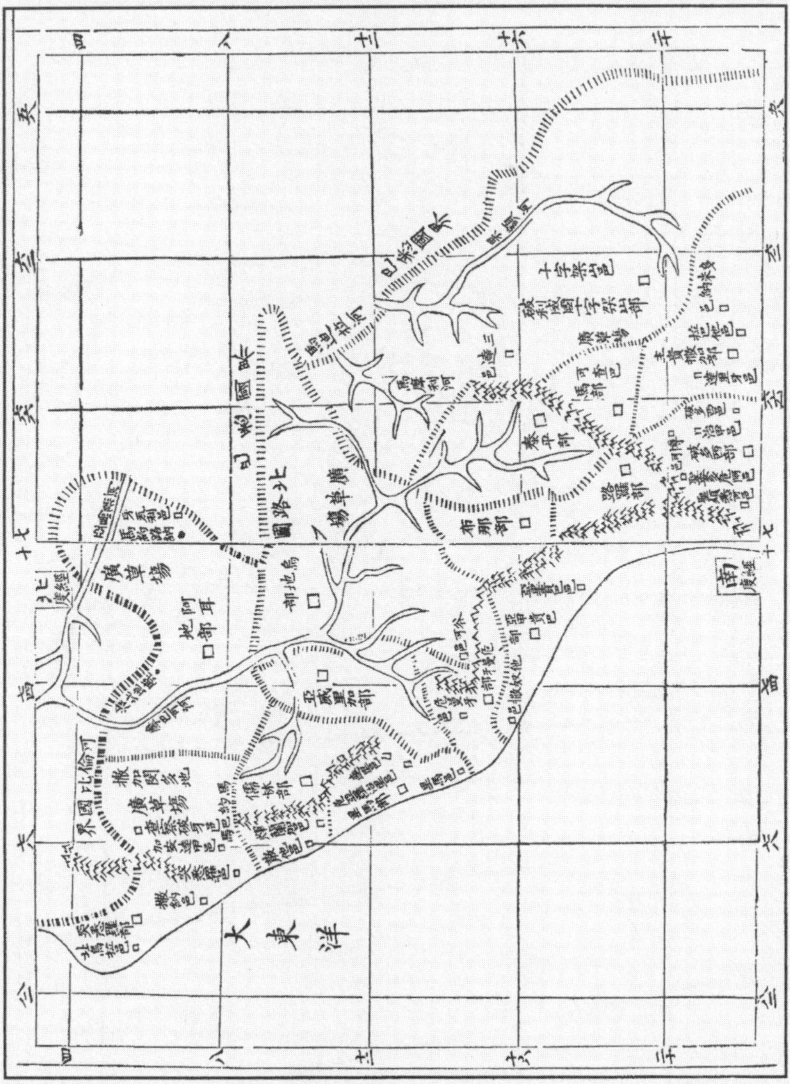
大東洋

亞默利加洲南方五國合圖

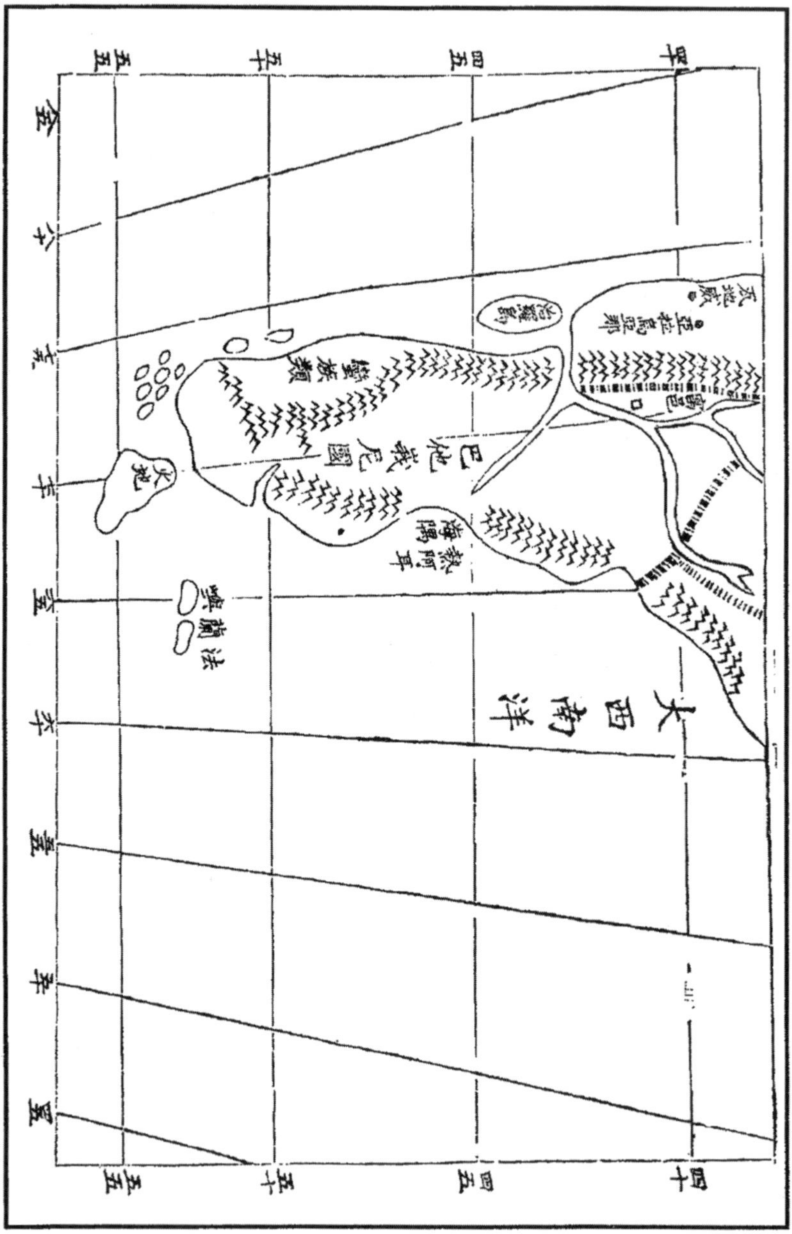

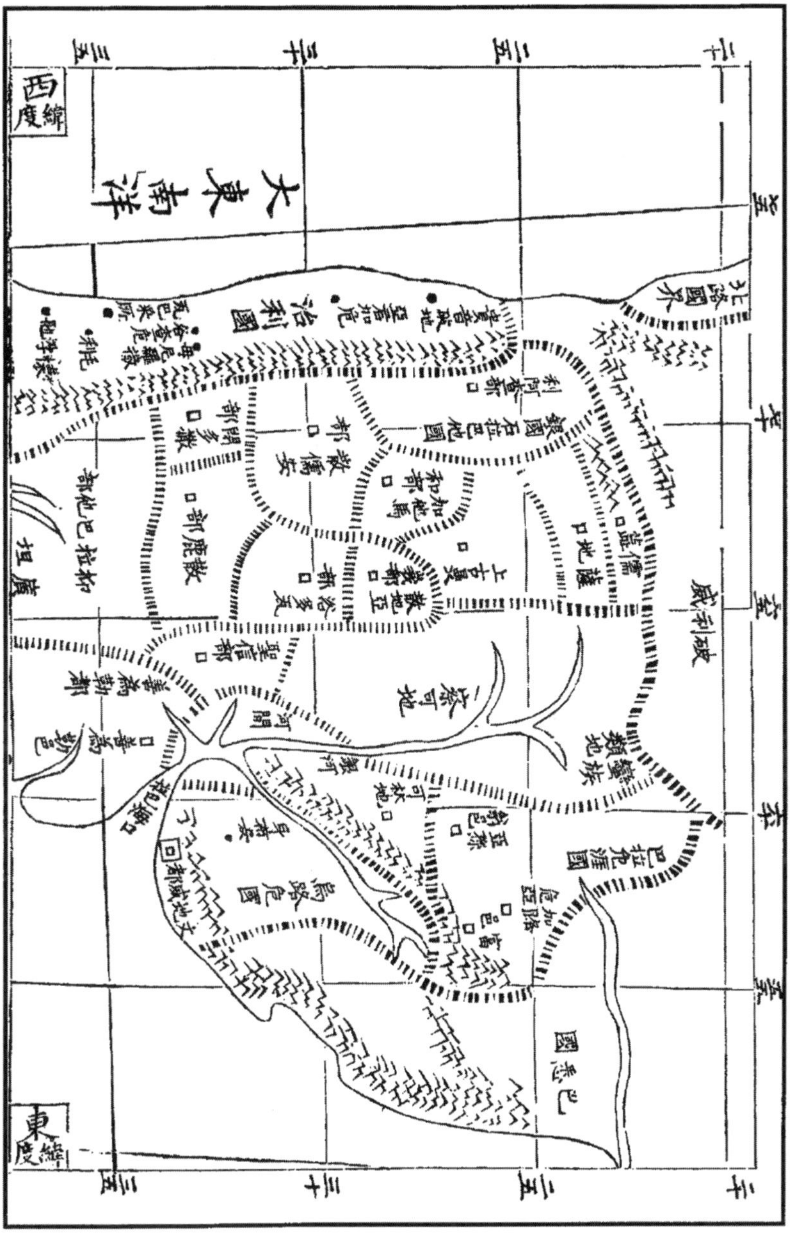
大東南洋
破利威

아메리카 남부 5국 지도

파리위破利威: 지금의 볼리비아Bolivia이다.

북로국계北路國界: 페루 경계이다.

파실국巴悉國: 지금의 브라질Brazil이다.

파랍위애국巴拉危涯國: 지금의 파라과이Paraguay이다.

만족류지蠻族類地: 아메리카 원주민 거주지를 가리킨다.

가로위아加路危亞: 지금의 파라과이 쿠루과티Curuguaty이다.

아손옹읍亞孫翁邑: 지금의 파라과이 수도 아순시온Asunción이다.

부읍富邑: 지금의 파라과이 빌라리카Villarrica이다.

가림지可林地: 지금의 아르헨티나 코리엔테스주Corrientes이다.

은하銀河: 지금의 라플라타강La Plata River이다.

하간河間: 지금의 아르헨티나 엔트레리오스주Entre Ríos이다.

오로위국烏路危國: 지금의 우루과이Uruguay이다.

신포안身布安: 지금의 우루과이 살토Salto이다.

문지위도文地威都: 지금의 우루과이 수도 몬테비데오Montevideo이다.

랍파해구拉巴海口: 지금의 라플라타강 하구이다.

선위륵도善爲勒都: 지금의 아르헨티나 수도 부에노스아이레스Buenos Aires이다.

선위륵읍善爲勒邑: 지금의 아르헨티나 부에노스아이레스주이다.

찰가지察可地: 지금의 아르헨티나 차코주Chaco이다.

성신부聖信部: 지금의 아르헨티나 산타페주Santa Fe이다.

유예儒蕋: 지금의 아르헨티나 후후이주Jujuy이다.

살지薩地: 지금의 아르헨티나 살타주Salta이다.

상고만上古曼: 지금의 아르헨티나 투쿠만주Tucumán이다.

산지아아부散地亞峨部: 지금의 아르헨티나 산티아고델에스테로주Santiago del Estero이다.

가타마화부加他馬和部: 지금의 아르헨티나 카타마르카주Catamarca이다.

욕다와부浴多瓦部: 지금의 아르헨티나 코르도바주Córdoba이다.

산유안부散儒安部: 지금의 아르헨티나 산후안주San Juan이다.

산록부散鹿部: 지금의 아르헨티나 산루이스주San Luis이다.

억랍파타부抑拉巴他部: 지금의 아르헨티나 라팜파주La Pampa이다.

광탄廣坦: 대평원이다.

민다살부閔多撒部: 지금의 아르헨티나 멘도사주Mendoza이다.

리아사부利阿査部: 지금의 아르헨티나 라리오하주La Rioja이다.

은국석랍파타국銀國石拉巴他國: 은국은 지금의 아르헨티나로, 랍파타국拉巴他國이라고도 한다. 악록서사본에 따르면, '석石'은 '우명又名(또한 ~라고도 한다)'의 오기로 추정된다.

치리국治利國: 지금의 칠레Chile이다.

귀음파지貴音破地: 지금의 칠레 코킴보주Coquimbo이다.

아군가위亞君加危: 지금의 칠레 아콩카과주Aconcagua이다.

와파채소瓦巴采所: 지금의 칠레 발파라이소주Valparaíso이다.

곡사위谷査危: 지금의 칠레 콜차과Colchagua이다.

모니라살母尼羅撒: 지금의 칠레 산타로사Santa Rosa로 추정된다.

모리毛利: 지금의 칠레 마울레주Maule이다.

회잉지懷孕地: 지금의 칠레 콘셉시온주Concepción이다.

대동남양大東南洋: 지금의 태평양Pacific Ocean이다.

부읍富邑: 지금의 아르헨티나 파타고니아 지역의 엘쿠이El Cuy로 추정된다.

아랍오아나亞拉烏亞那: 지금의 칠레 아라우코Arauco이다.

와지위瓦地威: 지금의 칠레 발디비아Valdivia이다.

치라도治羅島: 지금의 칠레 칠로에섬Isla de Chiloé이다.

파타아니국巴他峩尼國: 파타고니아Patagonia로, 남아메리카의 최남부를 포함한 지리적 영역이다.

만족류蠻族類: 테우엘체족Tehuelche 거주지이다. 테우엘체족은 파타고니아인이라고도 한다.

열아이해우熱阿耳海隅: 지금의 산호르헤만Golfo de San Jorge이다.

화지火地: 지금의 티에라델푸에고섬Tierra del Fuego Island이다.

법란서法蘭嶼: 지금의 영국령 포클랜드제도Falkland Islands이다.

대서남양大西南洋: 지금의 대서양Atlantic Ocean이다.

一

이상, 홍콩의 영국 회사에서 바친 대헌도大憲圖이다. 내가 『해국도지』를 편찬하면서 활용한 중국인의 저서로는 『황조통고皇朝通考』[1]와 『일통지一統志』[2] 외에 주달관周達觀의 『진랍풍토기眞臘風土記』,[3] 왕운王惲의 『범해소록泛海小錄』,[4] 사청고謝淸高의 『해록海錄』,[5] 장섭張燮의 『동서양고東西洋考』,[6] 황충黃衷의 『해어海語』,[7] 사범師範의 『전계滇繫』,[8] 유건劉健의 『정문록庭聞錄』,[9] 안사종顏斯綜의 『남양여측南洋蠡測』,[10] 황가수黃可垂의 『여송기략呂宋紀略』,[11] 왕대해王大海의 『해도일지海島逸志』,[12] 욱영하郁永河의 『비해기유裨海紀遊』,[13] 장여림張汝霖의 『오문기략澳門紀略』,[14] 진륜형陳倫炯의 『해국문견록海國聞見錄』,[15] 칠십일七十一의 『서역문견록西域聞見錄』,[16] 서계여徐繼畬의 『영환지략瀛環志略』,[17] 섭종진葉鍾進의 『영길리이정기략英吉利夷情紀略』[18] 등이 있다. 서양인의 저서로는 줄리오 알레니Giulio Alleni[19]의 『직방외기職方外紀』,[20] 페르디난트 페르비스트Ferdinand Verbiest[21]의 『곤여도설坤輿圖說』,[22] 미국인 디비 베툰 매카티Divie Bethune McCartee[23]의 『평안통서平安通書』,[24] 미국인[25] 리처드 쿼터만 웨이Richard Quarterman Way[26]의 『지구도설地球圖說』,[27] [영국인] 로버트 모리슨Robert Morrison[28]의 『외국사략外國史略』,[29] 유럽인 호세 마르티노 마르케스José Martinho Marques[30]의 『지리비고地理備考』,[31] 미국인 엘리자 콜먼 브리지먼Elijah Coleman Bridgman[32]의 『미리가국지美理哥國志』,[33] 포르투갈인[34]의 『매월통기전每月統紀傳』[35] 및 『천하만국지리전도집天下萬國地理全圖集』,[36] 『사주지四洲志』,[37] 『무역통지貿易通志』[38] 등을 활용했다.

[이상은] 모두 세상에서 보기 드문 것들을 모아서 기록했는데, 그 내용이 수천 가지나 되어 원고를 무릇 재차 수정했으며, 대략 그 조목을 제시했기에 살펴보면 [다] 근거가 있다. 다만 이 지도들은 광주부廣洲府에서 무원婺源 사람 정승훈程承訓이 모사摹寫하여 [그 위에] 다양한 색을 입힌 것을 취해 책 앞머리에 배치한 것으로, 이는 진실로 외국인(夷人)의 관점에서 외국의 땅(夷地)을 논한 것이다.

一

右香港英夷公司所呈大憲圖也. 余纂此書有取之華人者, 『皇朝通考』及『一統志』外, 如周達觀『眞臘風土記』·王惲『泛海小錄』·謝淸高『海錄』·張燮『東西洋考』·黃衷『海語』·師範『滇繫』·劉健『庭聞錄』·顏斯綜『南洋蠡測』·黃可垂『呂宋紀略』·王大海『海島逸志』·郁永河『裨海紀遊』·張汝霖『澳門紀略』·陳倫炯『海國聞見錄』·七十一『西域聞見錄』·徐繼畬『瀛環志略』·葉鍾奇『英吉利夷情紀略』. 有取之夷人者, 艾儒略『職方外紀』·南懷仁『坤輿圖說』· 美利加人培端之『平安通書』·英人禕理哲之『地球圖說』·馬禮遜之『外國史略』·歐羅巴人馬吉斯之『地理備考』·美理哥人高理文之『美理哥圖志』·澳門人之『每月統紀傳』『天下萬國地理全圖集』·『四洲志』·『貿易通志』諸書.

皆世所尠見, 蒐而錄之, 旨則數千, 稿凡三易, 畧擧其目, 以視有徵. 惟此圖乃廣洲府經歷婺源程承訓所摹, 飾以五色, 因取以冠是書之首, 斯純乎以夷人譚夷地也.

주석

1 『황조통고皇朝通考』: 『흠정황조문헌통고欽定皇朝文獻通考』를 가리키며, 『황조문헌통고皇朝文獻通考』, 『청조문헌통고淸朝文獻通考』, 『황청통고皇淸通考』라고도 한다. 청나라 고종高宗 건륭乾隆 32년(1767)에 혜황嵇璜·유용劉墉 등이 칙명을 받고 『속문헌통고續文獻通考』 가운데 청나라 관련 부분만 분리하여 독자적으로 만든 뒤, 기윤紀昀 등이 교정하여 건륭 52년(1787)에 완성되었다. 청나라 개국(1616)부터 건륭 50년(1785)까지의 전장典章 제도를 기록하고 있다. 전체적으로 전부田賦·전폐錢幣·호구戶口·직역職役·징각徵榷·시적市糴·토공土貢·국용國用·선거選擧·학교學校·직관職官·교사郊社·군사羣祀·종묘宗廟·군묘羣廟·왕례王禮·악樂·병兵·형刑·경적經籍·제계帝系·봉건封建·상위象緯·물이物異·여지輿地·사예四裔 등의 26고考로 구성되어 있다.

2 『일통지一統志』: 원명은 『대청일통지大淸一統志』이다. 청나라 때 강희제康熙帝의 명에 따라 서건학徐乾學 등이 참여하여 완성한 역대 중국 최대의 종합 지리서이다. 건륭 8년(1743)에 완성되었으며, 이후 건륭 48년(1783)과 도광 22년(1842), 두 번에 걸쳐 증보되었다.

3 『진랍풍토기眞臘風土記』: 원나라 주달관(1266~1346)의 저서이다. 주달관은 원나라 성종成宗(1265~1307) 때 관료로, 원나라 사신으로 캄보디아와 앙코르 사원을 둘러보고 여행기 『진랍풍토기』를 지었다. 그는 1296년 8월에 앙코르에 도착하여, 그곳에 1년간 머물면서 보고 들은 일을 기록했다. 『진랍풍토기』는 13세기 말 캄보디아의 정치·경제·사회를 비롯하여 당시 캄보디아인의 일상생활이나 화교들의 생활에 이르기까지 상세하게 기록하고 있다. 캄보디아가 번성하던 시기, 즉 앙코르 시대의 사료로는 비명碑銘을 들 수 있는데, 그 내용이 주로 궁정·귀족층과 관련된 것이어서 상당히 부분적이고 단편적이기에 캄보디아의 전반적 상황을

이해하는 데는 무리가 있다. 이에 반해 『진랍풍토기』는 상류 사회에서 일반 사회에 이르기까지 캄보디아의 폭넓은 내용을 기록하고 있어서 근대 이전의 전통적인 캄보디아 사회를 이해하는 데 중요한 문헌으로 평가받고 있다.

4 『범해소록泛海小錄』: 원나라 왕운(1227~1304)의 저서이다. 왕운은 위주衛洲 급현汲縣 출신으로, 자는 중모仲謀이고, 호는 추간秋澗이다. 원나라 세조世祖 중통中統 원년(1260)에 우승右丞 요추선姚樞宣이 동평현東平縣을 돌아볼 때 그를 상의관詳議官에 임명했고, 여러 차례 승진하여 중서성中書省 평정관評定官으로 발탁되었다. 지원至元 5년(1268)에 감찰어사監察御史에 임명되었고, 지원 26년(1289)에 소중대부少中大夫와 복건福建 민해도閩海道 제형안찰사提形按察使에 임명되었다. 관직이 한림학사翰林學士와 지제고知制誥에까지 이르렀다. 일찍이 탐관오리를 탄핵하고 억울한 일이 있으면 바로잡았으며, 군대를 강화하고 주변국과 연합하기를 주장하는 계책을 바치기도 했다. 저서로 『추간집秋澗集』 100권과 『추간악부秋澗樂府』 4권이 있다.

5 『해록海錄』: 청나라 사청고(1765~1821)의 저서이다. 사청고는 가응주嘉應洲 출신의 상인으로, 18세 때 번박蕃舶을 따라 14년간 해상 교역에 종사하던 중 실명하게 되자 마카오에 정주했다. 그때 그는 동향인 양병남楊炳南에게 해외에서 보고 들은 것을 구술했고, 양병남이 그것을 글로 써서 출간한 것이 바로 『해록』이다. 이 책은 동남아시아에서 유럽의 포르투갈과 영국에 이르는 항로와 연해 각지의 지리적 위치·풍속·물산·풍토 등에 대해 상세히 서술했다. 모두 97개 국가와 지역에 관해 기술하고 있는데, 인도양 지역에 관한 기술이 가장 상세하며, 동시대 다른 저서에서는 찾아볼 수 없는 아메리카대륙 관련 내용까지 기록되어 있다. 「미리간국咩哩干國」과 「아미리격亞咩哩隔」 조에는 미국과 남아메리카 각 주에 관한 간략한 기록이 있고, 영국에서 북아메리카까지, 아프리카 남단의 희망봉에서 남아메리카와 미국까지 중국 선박의 항로를 소개했다. 이 책의 초본은 『해외번이록海外蕃夷錄』에 수록되었고, 1937년에 출

간된 중국 학자 풍승균馮承鈞의 고정주해본考訂註解本이 현재 통용되는 간본刊本이다.

6 『동서양고東西洋考』: 명나라 장섭(1574~1640)의 저서이다. 장섭은 자가 소화紹和이며, 중국 복건 장주부漳洲府 용계현龍溪縣 출신이다. 1594년 과거에 합격했지만 부패한 조정에 불만을 품고 벼슬길을 뒤로 한 채 전국의 명산대천을 방랑하면서 당대의 명사들과 교류하며 문장력을 과시했다. 그는 장주부와 해징현海澄縣 관리들의 요청으로 『동서양고』를 찬술했다. 명말에 해금海禁이 풀리고 해외 무역이 활기를 띠기 시작하자, 복건 남부 연해에 위치한 장주부의 관리들은 이 기회를 이용해 해외 교역을 회복·확대하려 했다. 그들은 해외 정보가 필요했기 때문에 장섭에게 해외 교역과 해외 제국에 관한 소개서를 찬술하게 한 것이다. 『동서양고』는 「서양열국고西洋列國考」 4권 15개국, 「동양열국고東洋列國考」 1권 7개국, 기타 「향세고餉稅考」와 「세당고稅璫考」, 「주사고舟師考」 각각 1권, 「예문고藝文考」 2권, 「일사고逸事考」 1권으로 이루어졌다. 「열국고」 편을 보면 서방 국가(4권 15개국)에 관한 소개가 두드러진다. 장섭은 '중금약고 광채구실重今略古 廣採求實', 즉 '지금 것을 중시하고 옛것은 약술하며, 폭넓게 사실을 추구한다'라는 저술 원칙을 중심으로 당대의 다양한 자료를 수집하여 활용했다. 『동서양고』는 중세 말엽의 동서양 무역과 동서양 제국의 정황을 연구하는 데 중요한 자료이다.

7 『해어海語』: 명나라 황충(1474~1553)의 저서이다. 황충은 광동廣東 남해南海 출신으로, 자가 자화子和이고, 별호가 병수病叟이다. 홍치 9년(1496)에 진사가 되었고, 남경호부주사南京戶部主事를 제수받았으며, 호주지부湖洲知府가 되었다가 복건전운사福建轉運使·광서참정廣西參政·운남포정사雲南布政使를 역임하고 병부시랑兵部侍郎에까지 이르렀다. 저서로 『구주문집矩洲文集』 10권, 『시집詩集』 10권, 『주의奏議』 10권, 『해어』 3권 등이 있다. 『해어』는 남중국해의 산천풍토에 대해 상세히 기록했으며, 전편이 풍속·물산物產·외도畏途·물괴物怪 등으로 분류되어 있다. 16세기 동남아 역사·지리와 남중국해의 교류 관계를 연구하는 데 있어서 참고할 만한 가

치가 있는 책이다.

8 『전계滇繫』: 청나라 사범(1751~1811)의 저서이다. 사범은 자가 단인端人이며, 호가 여비荔扉이고 금화산초金華山樵라고도 한다. 『전계』는 청나라 가경嘉慶(1796~1820) 연간 이전 운남성의 강역疆域·직관職官·사략事略·산천山川·인물人物·전고典故·예문藝文·토사土司 등 운남성과 관련된 다양한 내용을 상세하게 다루고 있다. 1806년에 편찬이 시작되어 가경 13년(1808)에 완성되었다.

9 『정문록庭聞錄』: 청나라 유건(1742~1827)의 저서이다. 유건은 자는 천일天一이고 호는 낭거朗渠·송재松齋라고도 하며, 귀주貴洲 광순廣順 출신이다. 『정문록』은 역사전기歷史傳記류에 속하며 전체 6권으로 이루어져 있다. 명대 후기를 조명하는 진귀한 역사 자료로, 그 내용이 상세하고도 독특하다.

10 『남양여측南洋蠡測』: 청나라 안사종의 저서이다.

11 『여송기략呂宋紀略』: 청나라 황가수의 저서로, 18세기 말에 책이 완성되었다. 『여송기략』은 왕대해의 『해도일지』에 부록으로 수록되어 있다. 황가수는 복건 장주 출신으로, 일찍이 18세기 말에 필리핀제도에 거주했던 적이 있다.

12 『해도일지海島逸志』: 청나라 왕대해의 저서이다. 왕대해는 복건성 용계龍溪 출신으로, 자가 벽경碧卿이며 생몰연대는 정확하지 않다. 그는 건륭 48년(1783)에 자와Jawa에 갔으며, 이후 자카르타Jakarta와 스마랑Semarang 등에서 10년 동안 거주했고, 자와 북쪽 해안과 말레이반도Malay Peninsula의 여러 항구를 돌아다녔다. 귀국 후에 자와섬과 말레이반도 여행기인 『해도일지』 6권을 편찬했는데, 그 내용은 지방지地方志·인물지人物志·방물지方物志·화과류花果類 등으로 이루어져 있다.

13 『비해기유裨海紀遊』: 청나라 욱영하(1645~?)의 저서이다. 욱영하는 욱영화郁永和라고도 하며, 절강성浙江省 항주杭洲 출신으로 자는 창랑滄浪이다. 『비해기유』는 『채유일기採硫日記』라고도 하는데, 17세기 대만의 풍토와 민정民情에 대해 서술했다.

14 『오문기략澳門紀略』: 청나라 인광임印光任과 장여림(1709~1769)이 편찬한 책이다. 인광임은 강소성江蘇省 보산寶山 출신으로, 자는 불창黻昌이다. 건륭 연간(1736~1795)의 인물로 짐작되나, 자세한 행적과 생몰연대는 알 수 없다. 장여림은 안휘성安徽省 의성宜城 출신으로, 자는 예서藝墅이다. 옹정 연간에 공생貢生이 되어, 광동성廣東省 하원河原·향산香山·양춘陽春의 지현知縣과 오문동지澳門同知를 역임했다. 저서로 『장씨시설張氏詩說』, 『오문형세편澳門形勢篇』, 『오문기략』 등이 있다. 오문澳門은 원래 청나라 향산현香山縣에 속하던 곳으로, 건륭 9년(1744)에 오문이 설치되었고, 인광임이 처음으로 동지同知로 임명되었다. 『오문기략』은 인광임이 먼저 저술하기 시작하여 그의 후임으로 부임한 장여림이 그의 뒤를 이어 「형세形勢」·「관수官守」·「오번澳蕃」 등의 3편으로 완성했다. 권상에는 「해방속총도海防屬總圖」부터 「호문도虎門圖」까지 오문의 형세와 지형 요충지를 표시한 「도圖」 12편, 오문의 지형과 연혁을 설명한 「형세편形勢篇」, 「관수론官守論」이 수록되어 있고, 권하에는 「남번도男蕃圖」부터 「양박도洋船圖」까지를 수록한 「도圖」 6편, 섬라暹羅 등 오문 주변 국가들의 왕래와 지형, 특산물 등에 대해 설명한 「오번편澳蕃篇」이 수록되어 있다. 권말에는 가경 5년(1800)에 『오문기략』을 중간重刊할 때 교정에 참여했던 이들의 이름이 수록되어 있고, 인광임의 「후서後序」가 있다.

15 『해국문견록海國聞見錄』: 청나라 진륜형(1687~1751)의 저서이다. 진륜형은 자는 차안次安, 호는 자재資齋로 복건성 동안현同安縣 안인리安仁里 고포촌高浦村 출신이다. 어려서부터 부친을 따라 동서양을 출입하면서 해상 관련 지식을 섭렵했다. 옹정雍正 4년(1726)에 성지를 받들어 대만에 가서 대만 총병總兵을 역임했고, 건륭 7년(1742)에는 절강 영파寧波의 수사제독이 되었다. 『해국문견록』은 진륜형이 옹정 8년(1730)에 지은 책으로, 해양지리 명저이다. 책은 상하 2권으로 분권되어 있다. 대만과 그 부근 섬의 자연풍광 및 인문지리적 상황이 상세하게 기록되어 있어서 역사 자료로서 비교적 높은 가치를 지닌 책이다.

16 『서역문견록西域聞見錄』: 만주족 정람기인正藍旗人 칠십일의 저서이다. 칠

십일은 성이 니마사尼瑪査이고 호는 춘원椿園이다. 『서역문견록』은 칠십일이 고차현庫車縣(신장 우루무치자치구에 속하는 현) 판사辦事 재임 시에 지은 책이다. 이 책은 당시 서역의 인문지리人文地理, 풍토인정風土人情, 물산습속物産習俗 등과 관련된 내용을 상세히 기록하고 있어서 상당히 귀중한 역사 자료이다.

17 『영환지략瀛環志略』: 청나라 서계여(1795~1873)가 출간한 세계 지리서이다. 서계여는 산서성山西省 출신으로, 자는 건남健男이고 호는 송감松龕이다. 1826년 진사에 급제하여 한림원시강翰林院侍講, 어사御史, 각 지방의 지부知府, 안찰사按察使 등을 역임했으며, 복건성의 순무巡撫로 있을 때 많은 서양인과 교류하면서 지도를 수집하여 그것을 기초로 『영환지략』을 저술했다. 서계여는 중국 문헌 기록 26종, 외국인 선교사 간행물 10종, 외국인의 구술 등을 기반으로 1844년에 『영환지략』 초본을 완성했다. 원제목은 『영환고략瀛環考略』이었으나 1848년에 총 10권, 전체 15만 자 분량의 『영환지략』으로 증보해서 출판했다. 책의 체재는 중국에서 시작하여 시계 방향으로 세계를 돌며 각 대륙의 나라를 소개하는 방식을 취하고 있다. 각 대륙과 국가의 정밀한 지도, 각 나라의 지리적 위치, 면적, 인구, 문화, 역사, 문물, 교육, 군사, 정치 제도, 풍속, 언어, 간략한 외모적 특징까지 언급하고 있다. 각 나라의 저술 분량은 대부분 5~10장 안팎이며, 유럽과 미국에 대한 서술이 전체 분량의 반 이상을 차지한다. 『영환지략』은 출간 직후 조선과 일본에 전래되어 양국의 개화사상 형성에 중요한 영향을 끼쳤다.

18 『영길리이정기략英吉利夷情紀略』: 청나라 섭종진의 저서이다. 원문에는 저자가 섭종기葉鍾奇로 되어 있으나, 섭종진의 오기이다. 섭종진은 안휘성 흡현歙縣 출신으로, 자는 용당蓉塘이다. 『영길리이정기략』 상하 편은 도광道光 11년(1831)에 완성되었으며, 『기미산방잡기寄味山房雜記』에 수록되어 있다.

19 줄리오 알레니Giulio Alleni: 원문은 '애유략艾儒略'이다.

20 『직방외기職方外紀』: 명나라 말에 예수회의 이탈리아 선교사 알레니

(1582~1649)가 한문으로 저술한 세계지리도지世界地理圖志이다. 이 책은 중국어로 쓰인 최초의 세계 지리서로 1623년 항주에서 처음 간행되었다. 원래 예수회 선교사 디에고 데 판토하Diego de Pantoja(1571~1618)와 사바시노 데 우르시스Sabbathino de Ursis(1575~1620)가 만력제萬曆帝의 명을 받아 궁내에서 예수회 선교사 마테오 리치Matteo Ricci(1552~1610)가 제작한 세계 지도에 관해 강해講解를 했는데, 알레니가 그 강해 내용을 바탕으로 일부 자료를 보완했고, 이를 양정균楊廷筠이 책으로 엮어 출간한 것이 바로 『직방외기』이다. 이 책은 세계 오대주 각 나라(42개국)의 지리·풍토·기후·명승지·민생 등을 다루고 있다. 말미에는 콜럼버스의 아메리카대륙 '발견' 기사까지 실려 있어 당시로서는 상당히 이색적인 지리서로서 큰 인기를 끌었다. 이 책은 『천학초함天學初函』, 『사고전서四庫全書』, 『수산각총서守山閣叢書』에 각각 수록되어 있다.

21 페르디난트 페르비스트Ferdinand Verbiest: 원문은 '남회인南懷仁'이다.

22 『곤여도설坤輿圖說』: 페르비스트(1623~1688)의 저서이다. 그는 벨기에 출신으로 1659년 중국에 와서 전도에 일생을 바쳤다. 당초 예수회 수사 아담 샬Adam Schall을 도와 흠천감欽天監(국립천문대)에서 근무했는데, 이는 서양의 천문학과 수학에 통달했기 때문이었다. 강희 원년(1662) 양광선楊光先을 중심으로 한 보수파의 반대 운동에 부딪혀 아담 샬과 함께 북경 감옥에 갇혔다. 이어 보수파가 실각하자 다시 흠천감의 일을 맡게 되었으며, 궁정의 분수 등을 만들어 강희제의 신임을 받아 공부시랑工部侍郎의 직위를 하사받았다. 페르비스트는 중국에서 활동하면서 천문역법뿐만 아니라 세계 지리와 지도, 천주교 등 다양한 유럽 문화를 소개한 20여 종의 저술을 남겼다. 『곤여도설』은 페르비스트가 강희 11년(1672) 북경에서 상하 2권 1책으로 간행한 세계 지리서이다. 이 책은 2년 뒤인 1674년에 제작된 그의 세계 지도인 『곤여전도坤輿全圖』를 해설한 책이 아니라, 알레니의 『직방외기』를 계승한 저술로, 『직방외기』와 함께 한문지리서의 2대 명저로 거론되고 있다. 상권에는 곤여坤輿에서 인물에 이르기까지 15조항에 달하는 지리 통론의 내용이 서술되어 있고,

하권에는 오대주五大洲 각 나라의 풍토·인정·명승 등에 관한 인문지리 내용과 사해총설四海總說·해상海狀·해족海族·해산海產·해선海船 등 해양지리 관련 내용이 수록되어 있다.

23 디비 베튠 매카티Divie Bethune McCartee: 원문은 '배단培端'이다. '배단'은 매카티(1820~1900)의 자字이다.

24 『평안통서平安通書』: 미국 선교사 디비 베튠 매카티의 저서로, 기독교 교의와 과학 지식, 천문天文·기상氣象 관련 상식들을 소개하고 있다.

25 미국인: 원문은 '영인英人'으로 되어 있으나, 실제로는 미국인이다.

26 리처드 쿼터만 웨이Richard Quarterman Way: 원문은 '위리철褘理哲'이다.

27 『지구도설地球圖說』: 리처드 쿼터만 웨이가 편역한 세계 지리서이다. 웨이는 미국 장로회 선교사로, 1844년 중국에 들어와 마카오에 도착한 후 영파寧波에서 선교 활동을 하다가 병에 걸려 1859년 귀국했다. 그는 1848년에 『지구도설』을 편역했는데, 총 53쪽으로 세계 지리를 간략하게 설명하고 있으며 표지에 각 나라 국기가 그려져 있고, 『해국도지』에 34차례나 인용되었다. 1856년에 이 책을 증보하고 수정하여 『지구설략地球說略』 3권을 출판했는데, 이는 『지구도설』의 수정본이라 할 수 있다.

28 로버트 모리슨Robert Morrison: 원문은 '마예손馬禮遜'이다.

29 『외국사략外國史略』: 로버트 모리슨(1782~1834)의 외국 역사에 대한 간략한 기록이다. 그는 영국의 개신교 선교사로, 중국 교회사에서는 처음으로 활동한 개신교 선교사이다. 1789년에 런던 전도학교를 졸업하고, 1807년에 중국에 건너가 개척 선교사로 일하면서 중국 전도 사업에 일생을 바쳤다. 그는 1813년 『신약성서』를 한문으로 번역했고, 독자적으로 『화영자전華英字典』, 『중국일람中國一覽』, 『광동성토어자휘廣東省土語字彙』 등 근대 초기 중서문화中西文化 교류 방면에 있어서 중요한 저작들을 편찬했다.

30 호세 마르티뇨 마르케스José Martinho Marques: 원문은 '마길사馬吉斯'이다.

31 『지리비고地理備考』: 원명은 『외국지리비고外國地理備考』이다. 포르투갈인 마르케스(1644~1911)가 1847년에 쓴 책으로 총 10권으로 이루어져 있다.

권1과 권2는 자연지리를, 권4에서 권10까지는 지구총론과 유럽, 아시아, 아프리카, 아메리카, 오세아니아의 지리에 대해 설명하고 있다. 이 책은 자료적 측면에서 『해국도지』와 『영환지략』에 영향을 끼쳤으며, 매우 중요한 문화사적 의의를 지니고 있다.

32 엘리자 콜먼 브리지먼Elijah Coleman Bridgman: 원문은 '고리문高理文'으로, 비치문裨治文이라고도 한다.

33 『미리가국지美理哥國志』: 브리지먼(1801~1861)의 저서이다. 원명은 『미리가합성국지략美理哥合省國志略』이다. 브리지먼은 개신교 선교사로 가장 먼저 중국에 건너온 영국인 모리슨의 요청에 따라 중국에 온 첫 번째 미국인 선교사이다.

34 포르투갈인: 원문은 '오문인澳門人'이다. 이 단어 뒤에 열거된 간행물의 창간 주체 및 저자인 카를 귀츨라프는 독일 출신이고 휴 머레이는 영국 출신이므로, 이 표현에는 오류가 있는 것으로 보인다.

35 『매월통기전每月統紀傳』: 원명은 『동서양고매월통기전東西洋考每月統記傳』으로, 카를 귀츨라프Karl Gützlaff(1803~1851)가 1833년 8월 1일에 광주廣州에서 창간한 중국어 월간지이다. 귀츨라프는 동아시아에서 활동한 독일 출신 선교사로서 조선과 태국 방콕에서는 최초의 개신교 선교사로 알려져 있다. 제1차 아편전쟁 중에는 영국의 통역가로 활약했으며, 중국식 복장을 하고 중국에서 선교 활동을 한 최초의 개신교 선교사 중 한 명이다. 『동서양고매월통기전』은 서양 선교사가 중국에서 창간하여 발행한 최초의 근대적 중문 정기간행물이라는 데 그 의의가 있다. 이 월간지는 중국인에게 세계 각국의 신지식과 신문화를 전면적으로 소개하여 중국인의 서양에 대한 이해의 폭을 넓히고 아울러 외국 독자에게는 중국 사회의 사상·문화·지리·역사·예술·풍토 등을 소개했다.

36 『천하만국지리전도집天下萬國地理全圖集』: 카를 귀츨라프가 편찬한 책이다.

37 『사주지四洲志』: 『사주지』는 임칙서林則徐(1785~1850)가 양진덕梁進德 등에게 휴 머레이Hew Murray(1779~1846)의 『세계지리대전*The Encyclopædia of Geography*』을 번역시킨 후, 직접 번역 원고의 중요 부분을 다소 수정하고

윤문을 가한 책이다. 『사주지』는 세계 4대륙 30여 개 이상에 달하는 국가들의 지리와 역사, 정치 상황을 간략하게 서술했다. 이는 근대 중국에 있어서 첫 번째로 등장한 비교적 완벽하고 체계적인 세계 지리서라고 할 수 있다. 『해국도지』「원서」에 의하면, 위원은 『해국도지』 편찬 시 서양인의 저서를 번역한 임칙서의 『사주지』에 의거했음을 첫 번째로 밝히고 있다. 그로 인해 위원 자신이 활용한 서적을 언급하면서 『사주지』를 서양인 저서 부분에 분류해 놓은 것으로 보인다.

38 『무역통지貿易通志』: 귀츨라프의 저서이다.

찾아보기

해국도지(三) 인물 색인

해국도지(三) 지리 색인

해국도지(三) 서적 색인

해국도지(三) 개념 색인

저자 소개

위 원 魏源(1794~1857)

청대 정치가, 계몽사상가이다. 호남성湖南省 소양邵陽 사람으로 도광 2년(1822) 향시鄕試에 합격했다. 1830년 임칙서 등과 함께 선남시사宣南詩社를 결성해서 황작자黃爵滋, 공자진龔自珍 등 개혁적 성향을 지닌 인사들과 교류했다. 1840년 임칙서의 추천으로 양절총독 유겸裕謙의 막료로 들어가면서 서양에 관심을 갖게 되었다. 같은 해 임칙서에게서 『사주지』를 비롯해 서양 관련 자료를 전해 받고 『해국도지』를 편찬했다. 주요 저작으로는 『공양고미公羊古微』, 『춘추번로주春秋繁露注』, 『성무기聖武記』 등이 있다.

역주자 소개

정 지 호 鄭址鎬

도쿄대학 대학원 인문사회계 연구과에서 박사학위를 취득하고 현재 경희대학교 사학과 교수로 재직 중이다. 주요 연구로 중국의 전통적 상업 관행인 합과合夥 경영 및 량치차오梁啓超의 국민국가론에 대해 다수의 논문을 발표했으며 현재는 귀주貴州 소수민족 사회에 대한 연구를 진행하고 있다. 저서로는 『키워드로 읽는 중국의 역사』, 『진수의 《삼국지》 나관중의 《삼국연의》 읽기』, 『한중 역사인식의 공유』(공저)가 있으며, 역서로는 『애국주의의 형성』, 『중국근현대사 1: 청조와 근대 세계』, 『동북사강』 등이 있다.

이 민 숙 李玟淑

한국외국어대학교에서 중국고전소설로 박사학위를 받았으며, 현재 한국외국어대학교에서 강의하고 있다. 고서적 읽는 것을 좋아해서 틈틈이 중국 전통 시대의 글을 번역해 출간하고 있다. 특히 필기문헌에 실려 있는 중국 전통문화를 이해하고 재구성하는 것에 관심이 많다. 저서로는 『한자 콘서트』(공저), 『중화미각』(공저), 『중화명승』(공저), 역서로는 『태평광기』(공역), 『우초신지』(공역), 『풍속통의』(공역), 『강남은 어디인가: 청나라 황제의 강남 지식인 길들이기』(공역), 『임진기록』(공역), 『녹색모자 좀 벗겨줘』(공역), 『열미초당필기』 등이 있다.

고숙희 高淑姬

성균관대학교 대학원에서 중문학 박사학위를 받았으며, 현재 중앙승가대학교에서 강의하고 있다. 동서양 고전을 즐겨 읽으면서 동서양 소통을 주제로 한 대중적 글쓰기를 시도하고 있다. 특히 18세기 한중 사회의 다양한 문화에 대해 큰 관심을 가지고 소소한 글쓰기를 하고 있다. 최근에는 법의학과 전통 시대 동아시아 재판 서사에 대해 깊은 관심을 가지고 연구를 진행 중이다. 저서로는 『고대 중국의 문명과 역사』와 『중국 고전 산문 읽기』가 있고, 역서로는 『송원화본』(공역), 『중국문화 17: 문학』, 『백가공안』, 『용도공안』, 『열두 누각 이야기十二樓』, 『新 36계』 등이 있다.

정민경 鄭暋暻

중국사회과학원에서 중국문학 전공으로 박사학위를 받았다. 현재 제주대학교 중문과 조교수로 재직 중이다. 중국소설과 필기를 틈틈이 읽고 있으며 중국 지리와 외국과의 문화 교류에도 관심이 많다. 저서로는 『옛이야기와 에듀테인먼트 콘텐츠』(공저), 『중화미각』(공저), 『중화명승』(공저)이 있고, 역서로는 『태평광기』(공역), 『우초신지』(공역), 『풍속통의』(공역), 『명대여성작가총서』(공역), 『강남은 어디인가: 청나라 황제의 강남 지식인 길들이기』(공역), 『사치의 제국』(공역), 『(청 모종강본) 삼국지』(공역) 등이 있다.

해국도지
海國圖志